四川省基础教育立德树人创新实践

第二辑

2021—2022

四川省教育学会 编

四川教育出版社

图书在版编目（CIP）数据

四川省基础教育立德树人创新实践．第二辑，2021—2022／四川省教育学会编．—成都：四川教育出版社，2023.4

ISBN 978-7-5408-8566-3

Ⅰ．①四…　Ⅱ．①四…　Ⅲ．①基础教育—教育研究—四川　Ⅳ．①G639.2

中国国家版本馆CIP数据核字(2023)第038819号

四川省基础教育立德树人创新实践·第二辑（2021—2022）

SICHUAN SHENG JICHU JIAOYU LIDE—SHUREN CHUANGXIN SHIJIAN · DIERJI（2021—2022）

四川省教育学会　编

责任编辑　高　玲
助理编辑　李萌芽
责任校对　梁康伟
封面设计　许　涵
版式设计　武　韵
责任印制　田东洋
出版发行　四川教育出版社
地　　址　四川省成都市锦江区三色路266号新华之星A座
邮政编码　610023
网　　址　www.chuanjiaoshe.com
制　　作　四川胜翔数码印务设计有限公司
印　　刷　成都市锦慧彩印有限公司
版　　次　2023年4月第1版
印　　次　2023年4月第1次印刷
成品规格　185mm×260mm
印　　张　21
字　　数　410千
书　　号　ISBN 978-7-5408-8566-3
定　　价　78.00元

如发现质量问题，请与本社联系。总编室电话：(028) 86365120

四川省基础教育立德树人创新实践·第二辑（2021—2022）

编 委 会

前言

四川省教育学会是四川省教育厅领导下的一个重要学术社团，在全省基础教育领域拥有众多会员。自 1980 年成立以来，学会始终坚持党的领导，全面贯彻党的教育方针，围绕教育中心工作和教育改革发展热点、难点问题，谋划和组织了一系列卓有成效的学术活动，为推动四川基础教育改革发展和繁荣群众性教育科研发挥了积极作用，做出了重要贡献。2019 年第四届理事会换届以来，新一届学会领导班子继续坚持紧跟时代、服务大局，以新思想、新理念推动学会事业科学发展，确立了“规范建会、学术立会、服务兴会、创新强会”的办会理念。从 2019 年开始，学会在全省基础教育领域组织开展“立德树人优秀实践案例的征集与展示”学术活动，并计划长期坚持，通过 5～10 年的努力，把该项活动打造成具有广泛影响力的品牌学术活动。

“培养什么人，怎样培养人，为谁培养人”是教育的根本问题。立德树人是发展中国特色社会主义教育事业的核心所在，是培养德智体美劳全面发展的社会主义建设者和接班人的本质要求。党的十八大以来，习近平总书记多次强调，要把立德树人融入思想道德教育、文化知识教育、社会实践教育各环节，并对中小学校要立什么样的“德”、树什么样的“人”提出了明确要求。他在北京市八一学校视察时指出：“中小学生要立志成才，必须勤奋学习，提高综合素质，努力做到修身立德、志存高远，勤学上进、追求卓越，强健体魄、健康身心，锤炼意志、砥砺坚韧。”

“立德树人优秀实践案例的征集与展示”学术活动在 2022 年已进行到第 4 年，为指导和引领全省基础教育学校把立德树人根本任务落地、落实、落细，在编辑出版《四川省基础教育立德树人创新实践·第一辑（2019—2020）》的基础上，我们决定将 2021 年和 2022 年征集评选出的立德树人优秀实践创新案例结集汇编，并以《四川省基础教育立德树人创新实践·第二辑（2021—2022）》之名出版，以期推动四川省基础教育领域立德树人工作的深入开展。

本书从 2021 年和 2022 年全省 21 个市州选送的 364 个立德树人实践创新案例中精选了 67 个优秀案例。这些案例从不同角度回答了如何在实践中落实立德树人、“五育”并举、“五育”融合等热点与难点问题，特色鲜明，操作性强，值得学习借鉴。

本书的编辑出版得到了中共四川省委教育工委副书记，教育厅党组成员、副厅长崔昌宏同志的指导。四川省教育学会秘书处和学术委员会组织专家对精选的案例进行了完善。四川教育出版社鼎力协助出版，使得本书能及时与读者见面。在此，我代表四川省教育学会表示衷心的感谢！

未来，四川省教育学会将继续聚焦立德树人有关重要理论和现实问题，不断提高学术研究、政策咨询、基层服务、对外交流等方面的专业能力，不断提高为广大会员服务、为基层学校服务和为政府决策服务的质量与水平，着力把“立德树人优秀实践案例的征集与展示”打造成四川省教育学会有影响力的学术品牌。

让我们携起手来，在四川省教育厅的领导下，在各级领导和社会各界的关心、支持下，齐心协力、砥砺前行，不断推动学会事业再上新台阶，为加快推进四川教育现代化，建设教育强省，全面推动四川基础教育高质量发展做出更大贡献！

四川省教育学会会长

2022 年 7 月 25 日

目录

1 / 课程育人篇

课程育人篇

学校的根本任务在于立德树人，树人是目的，立德是前提。作为人才培养的主渠道和主阵地，学校落实党的教育方针的主要抓手，课程育人的每一个环节都应该守好一段渠、种好责任田。学生发展的核心素养培养要求提出，课程改革进入新阶段，必须回到课程的价值原点冷静思考，面向学生的未来发展对本校课程进行系统化建设的分析与解构，以找到未来学校课程建设的生发点与关键点。

四川省广大中小学校紧扣立德树人根本任务，遵循教育教学和人才培养规律，注重学校课程育人体系建构，在丰富课程类型、完善课程结构、探索课程融合、聚焦育人目标等校本层面的课程变革方面，因地制宜、因校制宜，进行了积极的、生动的、鲜活的学校课程育人探索与实践，取得了明显成效，积累了有益经验，并形成了一些典型案例。

本篇所选的16个课程育人典型案例，来自幼儿园、小学、初中和高中等各个单位；成果主题涉及语文阅读、数学实践、劳动教育、“劳美”融合、特殊儿童教育、生命教育、STEM教育、德育课程、作业设计、课后服务、思政课程、兴趣课程等多个方面；成果内容既有对实施路径与模式的详细阐释，也有对实践策略与方法的具体介绍。总体而言，这些典型案例均具有较强的代表性，对各级各类学校和广大教育工作者践行课程育人的理念与要求、创新人才培养模式、落实立德树人根本任务，有着重要的参考和借鉴价值，值得宣传推广和学习研读。

基于学科育人功能的初中语文学科教学创新实践

成都高新区教育发展中心

为实现立德树人育人目标，探索学科育人路径，推进课堂教学高质量发展，成都高新区初中语文学科教研组基于“整体”教学站位，围绕单元核心任务，创新采用“整合融通”核心手段，合理设计基于学科育人功能的单元教学，探索基于学科育人功能的教学创新实践，开展了长达五年的单元教学研究与实践，努力将教学从“知识本位”转向“素养本位”。

一、基于学科育人功能审视学科教学创新实践

（一）重拾学科教学的育人价值

育人是教育的根本使命，是教师的根本职责，学科育人是学科教学的根本价值。“聚焦核心素养，探索学科育人路径”成为学科教学改革的首要任务。结合区情“认识统编教材、用好统编教材”，实现学科育人目标成为当务之急。教师亟待提高备课站位，在课程视野下，去探索与统编教材编排体系相匹配的整体单元教学，以实现在语文学科教学中育人。

（二）基于学科育人功能探寻单元教学目标的确定依据

单元教学目标是学生在学科单元学习中所要达到的预期结果，它在教学目标层级中处于承上启下、前后关联的位置。《义务教育语文课程标准》是“使用统编教材教学”的唯一准则，教师应深入研究课程标准与教材，再精准对标，细化目标，逐步将课标中的“一级指标”细化成“二级指标”（单元目标），并在单元教学评的实践中逐一细化成“三级指标”（课时目标）。故单元目标既是基于国家课程标准的目标分解细化，又是课时目标的依据。

成都高新区初中语文学科组以统编教材“双线组元”结构为依据，将单元目标精准对标，细化后分为人文主题目标和语文要素目标来分类呈现，并根据成都市对学生语文学习能力层级（如表 1 所示）的划分确定学习水平。

表 1　学生语文学习能力层级表

能力层级		考查内容
A	识记	识别与记忆
B	理解	理解、解释
C	分析综合	分解剖析、归纳整理
D	鉴赏评价	鉴别、赏析、评说
E	表达应用	语文知识与能力的应用

（三）基于学科育人功能厘清教学实践中的四种关系

1. 合理使用统编教材与实施单元教学的关联

单元是沟通课程与教学的桥梁，既衔接课程，又衔接教学。单元教学是突破单篇教学“教课文”固化教学思维的有力抓手，唯有实施统整的单元教学，才能提高站位，系统培养学生的核心素养，真正让课堂从“知识本位”走向“素养本位”。

2. 单元教学与单篇教学的区别

在目标对标、编者意图、教材解读、教学活动设计等方面，单篇教学仅侧重课文文本，并以此为出发点；单元教学则侧重单元，立足语文课程和核心素养，更加注重整体规划。在此框架中，单篇阅读、群文阅读、整本书阅读、读写融通等均成为具体的教学策略，服务于单元目标及整体教学规划。单元教学较之单篇教学，教学更系统，素养更融通。

3. 单元教学中整体与整合的关系

单元教学的站位是相对于部分、单篇而言的整体，在整体意识下设计教学，需考量单元建构、能力框架、学习活动、主要问题、能力层级、问题追问、思维碰撞等要素。整合是单元整体教学的核心手段，把零散资源通过关联、增删、重组、优化，形成系统的、有价值的资源整体，再依据学科思维实现文本重组与单元教学。

4. 整合融通命题与整合融通教学的关系

评价的目的在于诊断与促进，达到“以测导教，以测促改”。当整合融通教学这一新的课堂样态被引入语文教学后，必然需要相应的整合融通命题改革来匹配，与之相辅相成。

二、构建基于学科育人功能的单元教学课型

（一）树立整合融通意识，统整单元教学的五种课型

在课程思维引领下，在单元教学的内在逻辑与规律指引下，凭借整合融通核心手段，我们界定了单元教学的五种课型，即单元导读课、单元教读课、单元自读课、单元融通课、单元测评课，并将教读课作为区域初中语文学科育人的支撑点，将融通课作为着力点，将测评课作为生长点。

（1）单元导读课：学生初读，重在明确目标、整体感知、完成预习、质疑文本。教师做统整引领和指导。

（2）单元教读课：亦称作学法示范课，核心在于“共读授法—精准悟法”，重在教读中引领学生学习听说读写方面的方法和策略。

（3）单元自读课：重在引导学生将所学知识、方法和能力，运用于实际的不同环境中，有效解决问题、习得学法，形成自学能力和创造能力。

（4）单元融通课：重在通过单元视域下的整体学习，将所学知识、能力、核心价值融会贯通。学生活用方法，教师搭建支架、适时导引，将学生逐步引向深度学习。

（5）单元测评课：借助多元的测评手段，对单元所学实施测评，来检验目标是否达成。基本环节为精准定标—精准测评—及时反馈。

（二）强化整合融通力度，细化单元融通课型

依据高新区“区域跨度大，师生体量大”的特殊区情，针对“统编教材单元内的阅读体系与写作、综合实践活动体系的黏合度不够”这一短板，再将融通课分为知识整理课、读赏鉴评课、读写结合课、综合实践课四种课型，分别满足不同单元、不同学情的教学需求。我们立足本区实践，设计出基于本区教学实际的单元融通课教学模型。

（1）知识整理课的课型步骤为：教师提出目标—学生自主整理—互助完成任务—达标交流分享—进行自主完善。该课型指向识记理解、分析综合的能力层级，属于低阶—高阶的思维活动，以训练学生思维的严谨性、全面性。

（2）读赏鉴评课的课型步骤为：明确品鉴目标—回读单元文本—拓读关联文本—对比品鉴升华。该课型属于高阶思维活动，学生在鉴赏评价中，思维从直觉思维、形象思维逐级上升到逻辑思维、辩证思维、创造性思维，以训练学生思维的逻辑性、批判性、独创性。

（3）读写结合课的课型步骤为：回读文本明写法—关联读写习写法—拓展积累精

习作—评论创写促阅读。该课型指向分析综合、表达应用的能力层级，属于高阶思维活动，以训练学生思维的灵活性、批判性、独创性。

（4）综合实践课通过创设真实情境，让学生从真实问题出发，在真实情境中动脑、动口、动手，进行语文综合实践，以获取知识、形成成果。该课型指向分析综合、表达应用的能力层级，属于高阶思维活动，以训练学生思维的逻辑性、灵活性、独创性、全面性。

通过五年的探索实践，全区逐步推进单元融通课的实践研究、验证推广，丰富课型资源，形成更为结构化和系统化的研究成果。

（三）完善整合融通体系，配套推进教学评考

1. 构建单元教学评操作模型

从学生、教师、课型、步骤、心理学、生理学的不同角度，构建了“成都高新区义务教育阶段语文单元教学评操作模型”。

2. 开发整合融通课的课堂评价量表

参照李松林教授深度学习评价量表，结合初中语文学科特点和实际，对标设计开发了“初中语文整合融通课评价模板”，使观课者的评价指向更明确、建议更聚焦。

3. 持续推进基于整合融通的命题改革

一是基于单元教学背景，整合融通教材中的字词段篇命题；二是联结教材、生活与学生体验，融通素养命题。在单元教学视域下，在区域期末测试和诊断性测试中，用“整合融通命题”回应和反推“整合融通教学”。关注内容和形式上的整合融通，履行考试方向对教学改革方向的引导和推进，真正实现区域标准化测评“以考导教”的目的。

三、基于学科育人功能的学科教学创新实践成果

（一）推进基于学科育人功能的学科教学系统研讨

遵循教研培一体化原则，合力培育优质教师，以保障学科育人的改革实践创新质量。通过送教示范、名师优课、结对帮扶、活动竞赛、合作研讨、专家讲座、远程学习等方式，组建中小学语文骨干教师培训班，开展定向研究；组织课题组及区内骨干教师学习“合理使用统编教材”的相关书籍，多次组织区内全体教师参加教研培训，并利用教学质量的统测统评，检验教研培一体化成效。

（二）通过教学改革实现师生共生共长

基于国家课程的统编教材区本化实施，以面带体，提质增效，让“种子教师”在

区域各校生根发芽，力促“优教高新”。通过实践创新与探索，全区中小学语文教师的统编教材理解执行能力、科研能力、学科课程育人意识均得到有效提升，课堂教学全面转型优化，教学水平显著提高。一大批学科素养优、综合能力强、教学水平高的教师，在全国及省市区各级各类赛事活动中取得丰硕的成果。

学生方面，实现了让全区初中学生在人文素养丰盈发展的基础上，得到语言建构力、语文实践力、语文思维力、语文鉴赏创新力的突破性提升，实现了语文素养和能力的优化发展。在近三年的中考选拔中，区域内优生群体日益扩大，合格率大幅提升，学困率逐渐降低。

（三）形成教学改革系列物化成果并实现辐射

我们编撰出版了系列专著，直指学科课程育人具体策略，使单元教学体系化，对促进高新区中小学语文教学的规范性、统一性发挥了重要作用。编写了相关知识、试题、课例、论文等汇编集，形成全区中小学语文教师可资借鉴的资源库，推动了区域语文学科育人的长效高质发展，为区域教学质量整体提升起到了推动作用。同时，作为国培计划生成性课程资源，区域系列物化成果向全市、全省、全国辐射，为如何在学科教学中实现育人功能的改革提供了案例依据。

在语文学科育人的探索之路上，我们构建了研究平台（网络平台、线上线下培训平台及课程资源）并开放共享，形成了“处处能学、时时可学”的区域开放式教师研修环境，大力促进了高新区教育的高质量发展，实现了区域教育资源公平、均衡发展。

撰稿人：徐文娟

编辑手记

教育和教学从来都是一体两面，正如赫尔巴特所说，既不存在“无教学的教育”，也不可能存在“无教育的教学”。发挥学科教学的“教育性”是当下落实立德树人根本任务的应有之义，更是教育教学改革永恒不变的初心。成都高新区以整合融通的理念优化使用统编教材的方法，重构单元教学设计，界定五种课型，基于核心素养构建教学评操作模式，不仅力促师生成长，更形成物化成果，启迪同仁，形成立德树人在课堂教学中落实落细的有效范例。

《教育科学论坛》编辑部　张文龙

开发“生命新语”课程 提升生命教育效能

成都市泡桐树小学（天府校区）

生命是个体和人类群体生存发展的前提。教育作为“用一个生命去影响另一个生命的过程”，从根本上讲应当是指向生命、维护生命、提升生命的。因此，任何教育都应当天然地内在包含着生命教育的内容和要求。然而，现实中各种与生命问题相关的教育事件，在使得人们反思和感叹“生命教育在学校里被弱化、在家庭中被软化、在社会上被淡化”的同时，越来越强烈呼唤构建专门的生命教育课程体系，加强对少年儿童进行人生观、价值观、生命观等系统化的生命教育。

我们基于多年的研究和实践，开发了“生命新语”这一适用于小学生的课程，期望能够为改进小学生命教育效能提供助力。

一、“生命新语”课程的问题背景

小学生的生命教育在社会激烈竞争、家长群体焦虑的紧张氛围中，主要面临两个问题，这些问题正是“生命新语”课程应需而生的现实基础。

（一）生命意识淡薄：心中无人，悟不明生命之重

当下，校园霸凌、生命自绝、暴力伤害的事件时有发生，这些触目惊心的事件虽然为教育亮起红灯、拉响警报，但不少教师因为没有发生在自己身边而不去积极反思，更没有从这些沉痛的事件中吸取教训。面对部分学生认知单一、自信缺失、情绪压抑、心理扭曲等精神生命“亚健康”或不健康的“险情”，不少教师认为这没有危及学生生命而置若罔闻、视而不见，更没有立足长远、着眼未来去引导学生、帮助学生。正是由于生命意识淡薄，部分教师并没有真正把学生放在自己的心中、放在教育的“正中央”，自然就看不见一个个鲜活的生命，也无法把育人作为教育教学工作的根本出发点

和落脚点，未能有效引领学生感受生命的尊严和价值。

（二）育人方式不佳：手中无策，解不了成长之困

在生命教育中，不少教师受制于经验不足、学习不够、沟通不畅而存在“有心无力”的状况：当学生屡教不改时茫然无措，当学生思想波动时无力相助，当学生急需帮助时无能为力，当突发事件降临时措手不及，当该果断决断时举棋不定……正是由于生命教育路径不明、教育方式方法欠缺，这一部分教师自然就看不见孩子的优势、问题、潜能、需求、发展，进而影响了、耽误了孩子的成长。

二、“生命新语”课程的价值和功能定位

生命教育不仅是一切教育的前提，还应是教育的最高追求，更应该成为指向人的终极关怀的重要教育理念。为此，我们针对当今生命教育现状需求，从“优化学生当下的生命体验，增加学生未来的多元发展，为学生的幸福人生奠基”的立场出发，确立了纠偏守正、转危为机、筑基固本三大价值定位。

（一）纠偏守正，注重生命教育的预防性功能

生命教育要及时发现和纠正学生已出现的认知偏差、体验偏差和行为偏差，使其能尽快澄清认知、体验意义、端正行为，从而形成正确的生命观与人生观，获得人生幸福感。这一价值导向突出了生命教育的预防性功能，即生命教育可帮助学生掌握相关知识和社会技能，学会用有效、合理的方式满足自己的需要，提高自我认知、情绪调节和生活事件处理的能力。

（二）转危为机，注重生命教育的矫治性功能

生命教育要对学生已形成的错误行为的“险情”进行应急处理，使其迅速转危为安，渡过成长的危险期，切实避免悲剧的发生，并借此机会，重新回到生命健康成长的轨道上来。这一价值导向突出了生命教育的矫治性功能，即生命教育可矫治学生的不当行为，提高学生对生命意义的体验发现、创造，从源头上消除了学生的心理健康问题，通过认识疗法、体验疗法和行为疗法，重建生命意义，从而矫治认知、心理、行为方面的问题。

（三）筑基固本，注重生命教育的发展性功能

生命教育的根本在于为生命健康和人格健全奠基，为每一个学生增加生命成长能量。这一价值导向突出了生命教育的发展性功能，即生命教育可协助学生树立有价值的生活目标，认清自身潜力和可利用的社会资源，承担生活的责任，发挥个人潜能，过健康、充实、有意义的生活。

三、“生命新语”课程结构的构建与实施

依据儿童生命成长规律和发展的阶段性特征，参照课程开发经典理论“泰勒模式”的“四大”要素，我们初步建构了“生命新语”课程。

（一）问题导向，分层制订目标

“生命新语”教育课程，基于学生成长的关键点、教师育人的盲点（育人困惑）、家庭教育的痛点，基于几十年班主任工作和德育工作的经验，基于学生的成长规律和生命成长规律，在六大主题层级下，生成三十六个核心问题。以问题为导向，通过课程目标、课程内容、课程活动的设计，形成“有味道、有营养的生命营养套餐”，为生命当下与未来发展输入正能量和高能量。

为了让生命教育真正落到实处，我们基于生命教育的总体价值定位，将生命教育纳入学校的课程体系，确立了生命教育的课程目标：一是培养学生的国家意识、法治意识和社会责任，提升科学素养和文化自信，为学生的幸福人生奠定坚实的思想基础；二是培养良好的道德品质，养成良好的行为习惯，增强情绪调控、人际互动、自主自助、应对挫折、适应环境的能力，培养健全的人格、积极的心态和良好的个性心理品质；三是习得安全生活、健康生活的基本知识和技能，提升生活能力和生命智慧；四是理解生命的唯一性和不可逆性，树立珍爱生命、尊重他人、自我激励、自主发展的生命意识；五是构建小学生命教育课程体系，为广大学校和一线教师开展生命教育提供线索与资源，打造小学生命教育活动序列，为学校引导家庭教育提供方法和素材。

在课程目标的基础上，生命教育课程依据不同年段分层定标，让不同阶段的目标呈现出序列化：低段——认识生命来源和生命的奇妙，启蒙生命意识；中段——建立尊重生命的意识与态度，了解生命的独特性、生命具有尊严，形成尊重生命的态度，学会与他人与自然和谐相处；高段——丰盈生命，懂得生命的责任，引导生命价值追求。

（二）科学定标，选择适宜内容

基于生命教育课程土壤的丰厚和养分供给，我们科学定标，依据“活着、活好、活出价值”的内在逻辑，以生命问题为导向选择课程内容，分别从自然生命、精神生命、社会生命三个维度出发，精选适合各年段儿童的内容。一是“活着”，指生命教育中的“生存”领域，指向安全、自护，针对学生可能面临的安全问题开展教育，以增强学生的生存技能，养成良好的行为习惯。二是“活好”，指生命教育中的“生活”领域，指向生活能力和智慧，重在引导学生认识自身成长的生理和心理变化，学习认识

和欣赏自己，学习悦纳与发展自己，从而为一生的幸福打下基础。三是“活出价值”，指生命教育中的“生长”领域，指向生命意义，通过培育学生的优良品质来提升学生的幸福感，帮助学生努力去实现生命价值的最大化，在直面挫折、勇于挑战、心怀感恩的生命体验中，形成积极进取的生活态度，追寻生命的价值和意义。

上述内在逻辑具体化为六个主题层级：生命的创造、生命的奇妙、生命的独特、生命的尊严、生命的责任、生命的价值。各个主题层级由浅入深，由近及远，螺旋向上。在六个核心主题的基础上，依据学生的生命成长规律，确立起三十六个次主题，再结合当今时代生命成长节点上可能遇到的一些关键问题，生成三十六个核心问题，最终围绕核心问题精选内容、设计活动，从而建立起小学生命教育核心主题课程三级内容体系。而每一学习主题（次主题），基本由场景在线、学习目标、课程准备、教学设计基本思路、课程教育活动、生命语录、板书设计等部分组成。

（三）三策六环，有效实施课程

在实施“生命新语”课程时，总体上采取“三策”。

一是“问题驱动”策略，即以问题为主线，结合学生的成长困惑，把教学主题转换提炼成核心问题，再围绕核心问题来精选内容、设计活动，展开课例设计，旨在帮助学生认识并顺应自然界的规律、生命成长规律，尊重并理解生命特有的意义，实现生命的最大价值。

二是“具身体验”策略，即基于学生的生活经验和情感经历，对文本所展现的意义世界进行深层领悟，从而产生某种身临其境、感同身受的替代性情绪体验。具身体验可从情境体验、切身体验、换位体验三个层面展开。

三是“价值澄清”策略，即选择贴近学生生活实际的主题，创设有意义的教育情境，让学生在讨论、交流、争辩、对比中听取对方的意见，引导学生正视现实冲突，自主思考，积极探究、体验、辩论，在不断判断、选择中理清认知头绪，完成对价值观的选择、认同，实现基于现实生活的价值澄清，促进德行品质的内在生成。

每节课通常采取“六环”教学模式，即每课按照“情景剧—游戏场—故事会—有话说—金钥匙—名言萃”六个环节进行。情景剧，即用一两段文字描述一个小故事，引出学生在这一年龄段的生命成长中会关注的话题，聚焦生命教育核心问题；游戏场，即通过与主题高度相关的游戏或体验活动，激发学生情绪，聚焦学习主题；故事会，即通过精心选择蕴含生命韵味的绘本、故事等，引导学生在欣赏、品读、感悟中，达成认知的改变和情感的升华；有话说，即在前两部分学习的基础上，把学生的关注点引导到自身，联系学生自己的生活经验和生命经历，对学习主题进行深入的思考和讨论；金钥匙，即提炼具体方法，以指导学生的行为和实践；名言萃画龙点睛，升华主题并促进价值形成。这样，通过“脚手架”的搭建，让学生眼、口、手、脑并用地进行体验。

（四）及时反馈，形成增值评价

生命课程评价，目的不在于甄别和选拔，而在于调控、改进和激励。增值评价理念关注课程实施活动中不同阶段学生的努力和进步，借助成长档案袋、正向反馈法等质性评价方式，对学生开展积极评价，增强学生自主发展的效能感和不断进取的意愿及动力。

在进行增值评价时，我们要注意以下三点：

一是关注过程。教师要关注活动不同阶段中学生的进步和努力，借助成长档案袋、正向反馈法等质性评价方式，对学生开展有助于其生命成长的动态评价。

二是主体多元。学校开展学生、教师、家长、管理者和教育专家共同参与、交互进行的评价，特别重视教师、学生自我对教学过程、学习收获、生命成长的反馈，尊重差异，尊重个体独特的生命体验。

三是重在激励。教师借助“生命树”表现性任务库资源，适当运用其他方式，用更多元的评价标准和评价形式，从学生生命认知、态度情感、行为表达、价值形成等方面开展评价和反馈，核心是能激发、保持学生珍爱生命的意愿和行为。

从具体操作层面讲，课程设计了“四单”，即每课的学生作业单由“我的成长、幸福的秘诀、我的小目标、好好爱自己”四个部分组成。“我的成长”记录了学生在认知、行为等方面的收获或变化，是学生从“惑”到“知”、由“浅”入“深”的见证；“幸福的秘诀”强化学习此课及获得的成长带给学生的收益感、获得感、成就感，促进学生在知识、态度、行为方法等方面的“学到”和“得到”；“我的小目标”重在引导学生下一步努力的方向，导向具体的行为；“好好爱自己”既是对目标的行为化，也是对行为的评价与反馈。各个小板块既相互独立，又彼此联系，教师可以在课前、课中、课后使用，也可以指导家长，结合家庭生命体验活动来使用。

四、“生命新语”课程呼唤育人合力

生命教育不是一种训导，也不是一种训练，而是真实触碰孩子的心理需求，是用生命温暖生命、生命成就生命的过程。为此，我们呼唤以课程为切入点，以课堂为主渠道，依托班会课、道德与法治课、心理健康课等，适当结合其他学科教育或家长课堂、行政管理等创新途径和载体，将生命课程融入小学段育人全过程，形成教育者全员、全过程、全方位参与学生生命健康成长的教育生态，在发挥学校主导作用的同时，协同校外资源，努力引导家庭教育，形成学校、家庭、社会协调一致的育人合力。

撰稿人：曹娟、彭晓娟、朱琴音

编辑手记

生命教育既是一切教育的前提，也是教育的最高追求。因此，生命教育应该成为指向人的终极关怀的重要教育理念，成为在充分考察人的生命本质基础上的、符合人性要求的、全面观照生命各层次的人本教育。成都市泡桐树小学（天府校区）以纠偏守正、转危为机、筑基固本为价值和功能定位，以问题为导向，分层制订目标，科学定标，选择适宜内容，采取“三策六环”（即“三大”策略、“六环”教学模式），有效实施课程，并及时反馈，形成增值评价，开发了“生命新语”这一适用于小学生的课程，从而为改进小学生命教育效能提供助力。

四川教育出版社　高玲

以劳育德 以劳树人 以劳“创·世界”

成都市龙泉驿区实验小学校

成都市龙泉驿区实验小学校（以下简称“龙泉驿实小”）前身是有两百余年历史的“凤仪书院”，多年积淀的“龙行凤仪”校园文化形成了学校“大雅祥和，多元和谐”的文化精神。但作为一所历史悠久的城区学校，龙泉驿实小在实践“五育”并举、全面育人的路上，却面临校园劳动资源有限、劳动场所缺乏、劳动环境受限等困境。

为突破城市小学劳动教育困境，为每个孩子搭建可持续发展的劳动平台，龙泉驿实小统筹学校、家庭、社会各方力量，开发了“创·世界”校本劳动教育课程。

一、凸显创新与融合，搭建全新课程框架

“创·世界”劳动教育课程根据学段特点和劳动内容，分为低、中、高三个学段，每个学段均将常规劳动和特色劳动项目相结合。课程围绕两大生长点进行设计：以科技创新作为课程落脚点，充分挖掘学生的创新能力与对科学的探索兴趣；科技劳动与其他学科内容有机融合，提升学生的知识理解层次与灵活运用能力。

（一）课程目标

课程以“贯彻国家劳动教育政策，以塑造学生的社会主义核心价值观为核心，将劳动教育融入学生学习生活的各个方面，完善‘五育’并举课程体系，打造以‘创造、创新’为特点的劳动课程体系，构建学校、家庭、社会三位一体的协同育人格局”为总目标，融合“龙行凤仪”校园文化，打造专业劳动师资队伍，设置个性化、序列化劳动课程，构建多元评价体系，提升学生劳动素养，最终实现“培养具有‘志存高远，灵思笃行’的‘五能’才颖少年（能尊重劳动者、能爱惜劳动成果、能养成劳动习惯、能掌握劳动技能、能创新劳动方法）”的育人目标。

（二）课程内容

在低段课程“凤之出生·蓄毛丰羽”中，常规课程包括“学整理”“学清洁”“学回收”“学烹饪”“学养护”，特色课程为“学制作”；在中段课程“向阳而生·振翅欲飞”中，常规课程包括“收纳与维护”“会清洁”“学养护”“学烹饪”“学服务”，特色课程包括“会传承”“会利用”；在高段课程“凤仪人生·展翅翱翔”中，常规课程包括“整理维护”“会烹饪”“学养护”“学烹饪”“学服务”，特色课程则聚焦“会创新”。

二、拓展课程实施途径，丰富劳动教育实践

为让劳动教育落地有声、持续发展，学校开发劳动师资、劳动场所、劳动课程，开辟多元劳动课程实施路径，实现全域融合、合而有序。

（一）夯实劳动教育必修课

按照国家规定，中小学劳动教育每周不少于 1 课时。由此，学校对校本教材《创·世界》进行优化，并在学期初梳理出劳动任务清单。教师根据班级实际，选择清单里的一项或多项内容进行课堂教学和生活实践。

例如，苏大方老师根据高段任务清单里“烹饪与营养”任务板块中“学做家常菜”的相关要求，设计“凤仪小厨传承非遗”课程，带着学生制作龙泉客家文化非遗美食“柏合豆腐皮”。课堂上，学生掌握了制作的基本方法和流程，明确了注意事项要点，在分工合作中掌握技能。耐心细致的劳动让学生明白了美食的来之不易。

学校还开启家校联动共育模式，教师根据劳动清单指导家长给孩子设置“家庭劳动小岗位”，确定孩子每天适当的常规家务劳动量，要求每半月掌握一项家务劳动技能。家长负责每日打卡，从完成度和劳动态度两个方面进行评价。

（二）学科中有效渗透劳动教育

围绕劳动教育课程，学校开发了“劳动最光荣”五一小专题学科融合课程。一至六年级分别围绕“劳动之乐”“劳动之美”“劳动之喜”“劳动之新”“劳动之值”“劳动之奇”主题开展多元劳动体验活动，在学科融合中拓宽劳动教育的时空。

（三）开展丰富的课外实践活动

为了让城市孩子在有限的条件下积累更多真实的职业体验，龙泉驿实小以丰富的课外劳动实践活动，将劳动教育与学生个人生活、校园生活和社会生活有机结合。

1. 多样的职业体验活动

学校开展校内、校外职业体验活动。如在校园中设立课间文明岗、早晚路队岗、用餐礼仪岗、“我当小老师”等各类岗位，构建以劳动习惯养成为主的“校园百岗”培

养体系。同时，学校积极与各社会单位联系，让学生到区保健院体验“我是小小保育员”，到社区派出所体验“我是小警察”，到税务部门体验“一天小税官”，到茶叶种植园体验“我是采茶小能手”，等等。

2. 多彩的劳动周活动

每年五月的第一周是学校劳动教育周活动时间。活动主要分为两大系列：一是相关专家讲座与劳模报告会。周三下午，学校邀请相关行业专家或劳动模范向学生作主题讲座，分享劳动经验。二是各年级主题劳动实践活动。周一至周五有六个课时供学生分组开展专项劳动实践与探索学习，学生撰写课题报告或创作课题作品，并举办四个课时的成果展览，集中展示各年级劳动教育课程成果。

3. 劳动项目创新活动

学校开展项目式劳动主题教育活动，密切联系校园、家庭、社会三大场域，通过问题探究、合作学习、实践操作等，聚焦学生劳动素养的培育。如在“行走龙泉，探秘家乡”活动中，四年级学生走进航天研究院，了解我国航天科技的发展与成就；建立“水火箭”项目组，自制既可以发射又可以收回的个性水火箭。

4. 加强校园劳动文化建设

龙泉驿实小将劳动习惯、劳动品质的养成教育融入校园文化建设中。①结合少先队活动、综合实践活动和传统文化活动，开展以劳动为主题的特色活动，例如，在学雷锋日到社区开展文明劝导、清除卫生死角活动，在植树节开展植树认养活动等。②将每年三月定为“校园农耕节”，让学生了解和宣传农耕文化，体验农耕过程，创新劳动形式。例如，一年级围绕“晓节气，知农耕”主题，演唱《二十四节气歌》；四年级围绕“驿都桃红”主题，设计桃花节明信片；等等。③在每年九月开展“创·世界”劳动教育“校园丰收节”。如 2021 年的“校园丰收节”分为识（劳动知识讲堂）、动（劳动实践体验）、展（劳动教育成果展示）和送（分享劳动丰收喜悦）四个板块。

三、开发劳动课程资源，保障劳动课程实施

新时代劳动教育具有空间开放、内容多样和参与主体协同的新特征。龙泉驿实小通过有效开发劳动教育的师资、场所、课程，让劳动教育更加适合学生的发展，适应时代的需要。

（一）开发师资

所谓师资，既指学校劳动教育的指导教师，也指劳动教育的引领者。校内各岗位教职员工、身处不同行业的家长、校外研学实践教师、外聘专业教师等都是学校劳动

教育的师资。

（二）开发场所

从班级值日岗位到校园百岗，从自己的房间管理到全家生活助理，从小区的志愿者到社区宣传员，从校园到劳动实践基地等，学校开发多个劳动实践基地，形成“处处是课堂，时时可实践”的全覆盖劳动教育场所。

（三）开发课程

劳动课程没有边界，没有固定模式。劳动课程以学校的办学理念“龙行未来、凤仪人生”为依托，以培养适应未来、创造未来的学子为目的，在“龙行凤仪”学校课程体系下，整合学科，跨越场域，彰显特色，突出创新，构建了校本化、活动化、项目化、综合化的“创·世界”劳动教育课程体系。

四、构建多元评价体系，唤起劳动实践兴趣

龙泉驿实小以学校劳动教育目标、内容要求为依据，结合过程性评价和结果性评价，健全和完善学生劳动素养评价标准、程序、方法，利用多元评价方式，提升学校劳动教育评价有效性。

（一）个人劳动记录表：有记录，有评价

学校制作了统一的《劳动实施记录表》，既记录了学生实践过程的主要资料（图片、成果、感悟等），又设计了学生自评、家长测评、小组评价三个层面的评价内容。学生可以根据劳动清单选择不同的劳动实践内容，但是对劳动的过程、方法、成果都会有相应的评价标准。

（二）班级劳动展览区：是鼓励，也是分享

每个班级都有劳动展览区，展示学生的小制作、手抄报、绘画作品、劳动主题作文、心得等。可视化的成果展示既丰富了学生的劳动经验，也加深了学生的劳动体会。

（三）信息化平台推送：是展示，也是宣传

学校通过微信公众号、班级钉钉群、家委会微信群等定期推送个人、班级、学校层面的劳动实践活动宣传内容，尤其对评选出的劳动先进个人、劳动实践优秀班级进行重点宣传。通过信息宣传平台实现劳动教育线上线下交互评价，提升师生、家长、社会对学校劳动教育的关注度。

（四）红领巾奖章争章：是奖励，也是育德

红领巾奖章争章活动与学校劳动教育活动有机融合，互为补充，相互促进，形成

育人合力。学校定性定量开展红领巾奖章评选，融入学生素质综合评价。

五、劳动教育显特色，育人成效结硕果

经过三年实施，龙泉驿实小收获了不少经验，也得到不少认可。学校被评为“成都市首批劳动试点校”，在龙泉驿区首届劳动成果展示与劳动技能比赛中荣获劳动教育成果展示一等奖。“创·世界”劳动教育课程在全区进行交流和推广，学校代表龙泉驿区在由四川省教科院组织的全省劳动主题教研活动上进行交流发言，“凤仪小厨传承非遗”课例在全省教研活动中进行展示。《成都日报》、新浪网、“龙泉教育”微信公众号等媒体纷纷对学校的劳动教育成果进行报道。

撰稿人：廖蓉华、程琳、付燕

编辑手记

劳动的普遍存在以及劳动教育的实践性、体验性等特质，决定了劳动教育需要更真实、更多样的社会参与；同时，劳动教育与德、智、体、美等教育的融合关系也决定了劳动教育的全学科渗透属性。为让劳动教育发挥自身的特殊属性，尤其是在整体育人中的统整与实践优势，成都市龙泉驿区实验小学校在传承和融合学校百年文化的基础上，通过持续的教育实践给出了自己的答案。通过劳动教育校本课程的开发，学校打破劳动教育的时空壁垒，培育学生创新之思维、实干之精神、自主探究之习惯，促进德智体美劳全面发展，为学生种下“创造未来更美世界”的种子。

《全视界·教育》编辑部　邹蜜

“多方协同”推进中学 STEM 教育高质量发展

四川省成都市玉林中学

作为一种跨学科学习的重要方式和培养创新型人才的重要途径，STEM 教育越来越受到基础教育界的重视。但在深入推进 STEM 教育的过程中，学校顶层设计不全、师资匹配匮乏、社会联动机制缺乏是三个典型问题。四川省成都市玉林中学（以下简称“玉林中学”）近年来聚焦 STEM 教育实施中的痛点和难点，不断探索、不断尝试，尤其是在推进各行各业科学家参与中学 STEM 教育方面进行了有益探索，走出了一条具有玉林特色的大科创教育之路。

一、背景——地缘优势，构建联合育人教育生态圈

STEM 教育是一项涉及面广、影响力大的工程，需要全社会的共同参与。为了推动 STEM 教育在中国的发展，国家和地方都相继出台了支持政策文件。玉林中学作为地处成都市高新技术产业开发区的一所省级示范性普通高中，毗邻四川大学、四川省农业科学院、中国科学院成都分院、四川省科技馆、高新孵化园和大量高端科技企业，具有极大的地缘优势。玉林中学利用这些政策和各种资源优势，积极联动周边高校、企业、科研院所、科技协会等社会机构，构建联合育人的教育生态圈。

二、探索——顶层架构、平台建设、优势参与

（一）顶层架构——丰富“三类七型”课程体系

STEM 教育理念要在中小学落地必须依赖 STEM 课程的开展。学校构建了“三类七型”多元发展课程体系和 STEM 教育课程群，参见图 1 与图 2。

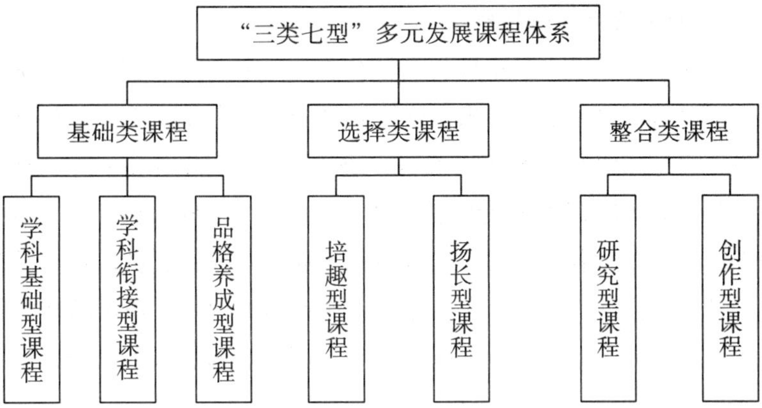

图 1　玉林中学"三类七型"多元发展课程体系

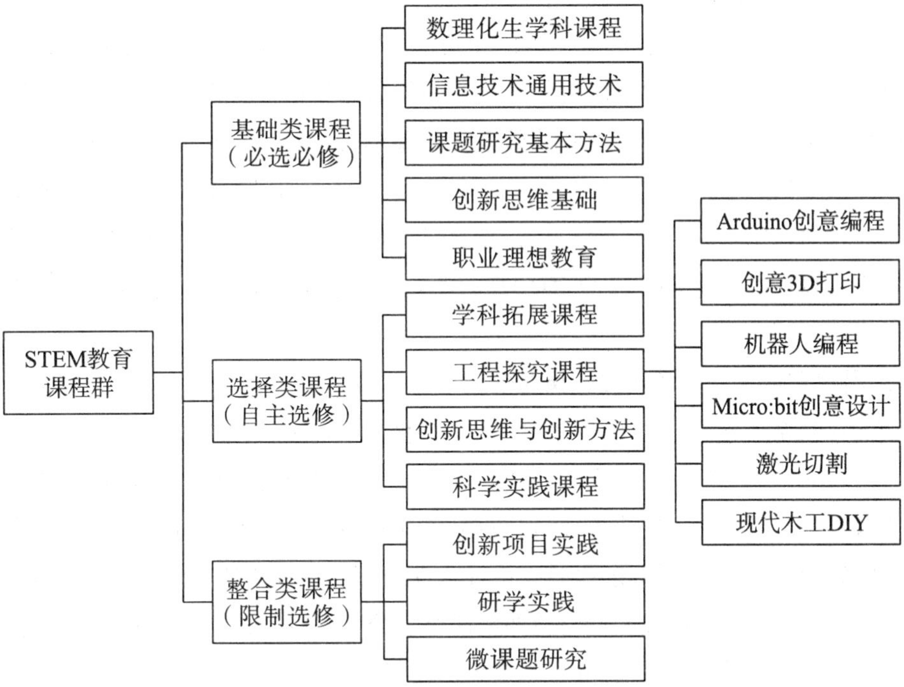

图 2　玉林中学基于"三类七型"多元发展课程体系的 STEM 教育课程群

（二）平台建设——成立玉林中学博士工作站

1. 博士工作站科学家来源

为了让更多领域的科学家参与到中小学 STEM 教育中来，形成科学家智库，拓展学校 STEM 教育师资范围，玉林中学根据学校校情、区域资源、学生特点等成立博士工作站，吸纳研究所科研人员、高校教授、计算机领域领军人才、工程制造专家、教育专家等加入。

2. 博士工作站管理与运行机制

博士工作站由玉林中学一名副校长直接分管，一名中层干部专门负责。博士工作站设站长室、办公室、财务室和专家工作室，站长由一名德高望重的科学家担任，负责整体谋划各方力量如何参与STEM教育，决定进驻专家工作室专家人选；办公室成员由玉林中学的一名STEM教育专职教师和各方机构一名联络员组成，负责拟订学校STEM教育联合育人工作各项方案，进行协调沟通；财务室成员包括中学和各方各一名教师，负责博士工作站的财务工作；专家工作室内由博士工作站聘请的各方面科学家、专业技术人员等驻校导师，负责课程设计、课程实施、教师培训、竞赛辅导、课题研究等方面的工作。

（三）资源助力——借助各方优势发展STEM教育

1. 高校——课程研发、师资培养

要实现中学STEM教育的真正落地和长远发展，必须培养一支校本化的STEM教师队伍，为此，学校采用“首席讲师”与“师徒结对”相结合的方式。在第一个周期，由高校师父执教某课程，中学教师徒弟全程跟踪学习；第二个周期，由师父上一半的课程，徒弟上另一半的课程；第三个周期，完全由徒弟执教，师父旁听。这样，经过一年半的时间，建立起了一支学历高、能力强、观念新的STEM教师团队，更重要的是，这些一线教师会将STEM教育的理念融入自己的学科教学中，引发STEM教育的真正变革。

2. 科研院所——研学实践、课题研究

STEM教育理念倡导学生“做中学、学中做”，提倡“生活在科学家身边”，中学周边的科研院所及其基地就是很好的资源。学校先后与四川省农业科学院作物研究所、生物技术核技术研究所、现代农业科技创新示范园建立起合作关系，挂牌“成都市玉林中学拔尖创新人才研学实践基地”，由浅入深地开展各种研学实践活动，形成了“参观科研院所、学习科研过程、参与微课题研究、分享科研成长经验”的深度合作方式，促进了科研院所的科学家参与到中学STEM教育中来。

3. 科技企业——空间打造、课堂延伸

STEM空间打造是学校STEM教育整体方案的重要一环。学校与成都树懒信息技术有限公司等科技公司合作，在“重功能、轻装修，重融合、轻形式”的原则指导下，整合创客实验室和通用技术室资源，打造了简洁、实用、开放、共享、融通的玉林中学STEM创新中心。此外，学校积极拓展STEM教育线上空间，为学生提供更多的优质STEM课程资源，为学生提供更广阔的作品展示空间和更多的交流分享机会。

4. 社会机构——生涯教育、科普教育

学校与香港抱抱熊公益组织长期合作，开办“科学家讲堂”，邀请行业大咖进行

“iDream 职业理想教育”。每学年初始，学校和抱抱熊公益组织共同商讨制订年度计划，确定学期分享主题，选定学月分享嘉宾，然后有计划、有组织地实施主题化、系列化、活动化的分享。此外，学校还积极邀请成都市科学技术协会的相关专家和老师，定期、不定期到学校对教师进行政策巡讲，对学生进行科普教育、科技论文写作培训、项目辅导、竞赛指导等，这些专家都成了学校 STEM 教育的重要后援。

三、实践——形成多角度、全方位联合的育人新生态

近年来，玉林中学在 STEM 教育整体规划与顶层设计的基础之上，依托博士工作站，借力高校、科研院所、科技企业、社会机构等多方社会资源，开发了一系列具有跨学科特色、实践性强的 STEM 课程，组建了一支思想观念新、专业能力强的 STEM 教师团队，共建了多个校内外 STEM 教育实践基地，孵化出了一批优质的 STEM 研究微课题，培育了一批具有创新精神、实践能力和探究精神的学生。

（一）资源整合：构建特色 STEM 教育课程

学校将 STEM 课程与科创教育相结合，在原有的科创课程体系之上，充分利用校外社会资源，开发了一系列特色校本课程。开设了以创新思维培养为主的“创新思维与创新方法”课程，以工程思维、创新实践能力培养为主的“创意 3D 打印”“Arduino 创意编程”“Makeblock 机器人编程”“现代木工 DIY”等课程，以科学素养、实践探究精神培养为主的“科学家讲堂”“研学实践”等课程。这些课程就像兴趣导师，开阔了学生的眼界，激发了学生的潜能，唤醒了学生的创新思维，燃起了学生的科学梦想。

（二）合作共享：拓宽 STEM 教育活动空间

学校与四川大学合作，以四川大学理化生实验室作为长期实验基地，送学生前往参与实验过程；与四川省农业科学院作物研究所、生物技术核技术研究所等合作，成立了“成都市玉林中学拔尖创新人才研学实践基地”，开展系列研学实践活动。校外实践基地的建立，让学生能够有机会走进真实的研究环境中，有利于激发学生的创造潜能，培养学生的实践能力。

（三）联合共建：培养跨学科的创新型教师队伍

2018 年初，学校与四川大学签订战略合作协议，对青年教师进行每月一次的创新教育培训，主题涉及“课堂教学中融入创新能力培养”“创新思维与创新方法”“教师如何辅导学生参加青少年科技创新大赛”“研究性学习如何开展”“STEM 教育这样做”等诸多课程。同时，学校聘请四川省农业科学院、四川省科技馆、高新科技企业的专业技术人才作为学校的兼职科技辅导员，与本校教师一起指导学生进行科学研究、科技创作、竞赛比赛等。青年教师在一次次的“请进来、走出去”的学习活动过程中，

提升了科技创新意识，增强了创新实践能力和辅导能力，他们已经成为玉林中学创新教育品质提升的中坚力量。

（四）多方合力：助力学生研究性微课题的孵化

学校以实施综合实践活动课程为契机，以“关注学生生活中的科学技术问题”为切入口，将 STEM 理念与项目式学习相结合，以研究性学习课程为依托，在高一、高二年级和初一、初二年级开展“研究性微课题”研究。基于博士工作站的大平台，对每一个有科学兴趣、有科研潜力、有创新志向的学生采用双导师制进行定向化培养。近年来，学校 STEM 研究性学习的开展产生了大量的学生研究性微课题，其中部分创新性强、价值高的课题在校内外教师的联合指导下，孵化出了一批优秀的课题成果。这些创新成果在全国、省市级科创类比赛中得到了评委专家的广泛认可。在多方联合育人模式下，学校 STEM 教育在课程开发、师资培养、基地建设、课题研究、人才培养等方面都取得了明显成效。在不断的实践探索中，学校与社会各界初步形成了有效的、稳定的联合育人教育新生态。

四、多方协同推进 STEM 教育高质量发展

承上启下的中学阶段是培养学生创新思维能力的黄金时期，因此，我们更要注重中学 STEM 教育的推行普及与真正落实，不能出现“两头重、中间轻”甚至“两头热火朝天、中间断层掉链”的局面。为此，玉林中学一线教育工作者更要更新观念、与时俱进，不断探索 STEM 教育的新途径与新形式，只有教育观念“更新”了，教育方法“创新”了，育人途径“革新”了，学校才能跳出“一考定终身”的框架，为祖国真正培养更多的创新型人才。

撰稿人：邓铭、谢发超、周群

编辑手记

四川省成都市玉林中学的这个项目进行了“中—大”衔接的有益尝试。虽然这不是第一个，但是，作为普通高中的代表，这显示了一种趋势。以 STEM 教育作为“中—大”衔接或合作项目，探索了具体的多方协调的工作机制，建构了“三类七型”的课程体系，具有创新性。这给广大普通中学在改革育人方式上以启发。

内江师范学院　陈理宣

阅读经典提升素养 践行立德树人任务
——《故事新编》的整本书阅读活动

绵阳南山中学

一、全面贯彻党的教育方针，落实立德树人根本任务

党的十九大明确提出："要全面贯彻党的教育方针，落实立德树人根本任务，发展素质教育，推进教育公平，培养德智体美全面发展的社会主义建设者和接班人。"根据中共中央办公厅、国务院办公厅联合印发的《关于实施中华优秀传统文化传承发展工程的意见》和教育部《中国学生发展核心素养》提出的"三个方面""六大素养""十八个基本点"精神，要培养这些核心素养，必然要有对经典作品的整本书阅读与研讨交流学习。

整本书阅读有利于帮助学生更好地在"语言建构与运用""思维发展与提升""审美鉴赏与创造""文化传承与理解"等方面提高语文学科核心素养，促进学生对中华优秀传统文化、革命文化、社会主义先进文化的深入学习和思考，形成正确的世界观、人生观和价值观，最终实现立德树人的教育目标。

二、整本书阅读与研讨的课程标准分析

《普通高中语文课程标准（2017 年版）》为培养学生语文学科核心素养，把课程内容分为十八个学习任务群，第一个任务群便是"整本书阅读与研讨"。从语文课程建设角度看，进行整本书阅读是实现立德树人育人目标的需要，也是推进课堂教学升级的动力。

基于新课标中有关"整本书阅读与研讨"的任务要求，在学生研读过程中，教师可以运用专题阅读、比较阅读等研读策略，对学生的整本书阅读进行指导点拨，总结短篇小说集的阅读方法；学生通过自主阅读，发现有研读价值的专题或者研读角度，

通过对内容梳理概括、比较分析、撰写读后感或小论文等方法，体会单篇小说内各个要素间的关系，探究多篇作品的异同点和关联比较点，品味经典作品的文学价值，从而全面提升语文学科核心素养，实现立德树人的育人目标。

三、《故事新编》的文本学习价值分析

出版于1936年的小说集《故事新编》，取材于中国古代神话传说与历史典籍，与传统文化有着密切的关系。本书收录了鲁迅在1922—1935年创作的八篇小说。如此长的创作周期，体现了鲁迅对传统文化与现实关系的思考，表现出作者强烈的责任心和直面问题的勇气。因此，中学开展《故事新编》整本书阅读活动有助于实现两大意义。

一是引领学生从整体上把握其思想内容和艺术特点，可以更为全面深入地理解鲁迅对传统文化与现实关系的思考，学习鲁迅先生拯救民族的强烈责任心和直面问题的勇气，并且学以致用，用来审视当代的文化生活。

二是使学生在经典名著阅读过程中，形成自己阅读整本书的经验，建构起阅读方法，培养良好的阅读能力和习惯，发展语文学科核心素养，培育社会主义核心价值观，落实立德树人根本任务，从而促进学生的全面发展，为他们的人生发展奠基。

四、《故事新编》的整本书阅读学习目标

学生通过阅读与鉴赏、表达与交流、梳理与探究等语文学习活动，建立篇目间的有机联系，能够将具体篇目的内容置于特定的历史文化背景中去进行解读、理解和赏析；能够运用比较、归纳、概括、鉴赏等方法去分析作品，运用精准的术语去表达阅读体验，有理有据地进行阐述，学会《故事新编》这类小说集的阅读方法。

五、《故事新编》的整本书阅读学习框架和策略途径

（一）学习框架（见图1）

- 《故事新编》的整本书阅读
  - 单篇研读
  - 专题研讨
    - 人物专题
      - 英雄圣贤与小人庸众
      - 暴君与复仇者
      - 创造奉献者与毁坏者
      - 实干改革者与阻挠守旧者
    - 物象专题
      - 食物
      - 动物
      - 水
      - 月光
    - 艺术特色专题
      - 描写的色彩感与漫画性
      - 解构与反讽
      - 英雄圣贤形象的再塑造
      - 油滑荒诞与严肃的统一
      - 叙事的戏剧化
      - 蒙太奇手法

图1　《故事新编》的整本书阅读学习框架

（二）策略途径

1. 选取单篇或重点章节：圈点批注，深入研读

单篇研读的主要目的是起到示范和引导作用。本策略的重点在于培养学生对单篇及重点章节的赏析和评论能力，为学生多角度、多层面赏析整本小说集奠定基础。

圈点批注法是把握人物形象和主题的重要阅读方法和习惯，更是未来进行专题研读的必要条件。可以制订一份圈点批注评价标准表，方便教师针对学生的阅读习惯、阅读行为、阅读方法进行指导。

另外，要对《故事新编》中的情节结构、人物形象、社会环境等进行解读研讨，就离不开对相应语段进行鉴赏的活动任务。鉴赏优秀的语段应该关注《故事新编》中的重要细节，并进行品读鉴赏，这是整本书阅读所要求的能力的体现，也是培养语文学科核心素养的有效路径。并且，语段鉴赏任务不仅是单篇研习落实的重点，也是为后面进行专题研讨奠定基础。为指导和帮助学生达成此学习目标，也为了对学生的鉴赏水平进行评定，教师可以从语言细节、语言赏析和语言表达三个维度指导学生完成

鉴赏，制订语段赏析评价标准表，用以培养和衡量学生的鉴赏能力。

2. 品味人物形象，完成任务表格

指导学生从不同的角度或层面先确定相对单一的阅读任务。比如，可以先从人物形象赏析方面入手，反复阅读品味、深入探究，利于把整本书阅读的难点逐个攻破，以帮助学生对整本书的理解逐步走向深入。这样的阅读过程有助于化整为零，帮助学生养成良好的阅读习惯，建构起整本书阅读方法，并形成良好的整本书阅读能力。

小说的核心任务是通过塑造典型人物形象来表现主题，因此，抓住人物形象也就抓住了小说的重点。下面这张任务表（见表 1）通过让学生对《故事新编》人物形象特点中有关立德树人的内容进行梳理及概括，以此来带动单篇阅读，从而为整本书的专题阅读奠定基础。而对“立德树人关键词”进行分析提炼，一方面可以锻炼学生的概括能力，另一方面也可以深植民族优秀精神，培育高尚品格，把立德树人根本任务落到实处。

表 1　任务表

人物类型	人物名称	人物形象特点中有关立德树人的内容梳理及概括	“立德树人关键词”及思考
英雄圣贤			
小人庸众			

3. 形成专题方向：聚焦问题，关联篇目

通读阶段：本阶段需要一个月左右的课余时间，主要是让学生形成整本书阅读初始体验。学习任务包括：对小说中的人物形象和情节等进行简要分析、归纳和概括，并在阅读中随时记录自己的疑问，带着问题进入精读，为后面的专题探究奠定基础。教学任务指向解答问题、引导帮助。

选题阶段：用一个月课余时间，培养学生的整本书选题能力。学习任务是梳理探究关注点；教学任务的重点是梳理学生的选题特点，对学生的选题做总结。

研究专题阶段：用两个月课余时间，培养学生的整本书独立研究能力。学习任务是围绕选题收集材料、撰写论文提纲；教学任务的重点是批阅反馈论文提纲，对学生的研究做总结。

写作阶段：用一个月课余时间，培养学生的论文写作能力。学习任务在于完成初稿并修改形成定稿；教学任务的重点是解答学生的提问，批阅反馈学生论文初稿，对学生的作品做总结。

总结阶段：用一周课余时间，总结整本书阅读学习经验。学生梳理整本书全过程的阅读研究经验，并在班内发言分享；教师对学生的成果及表现进行总结。

通过以上阶段，学生确定了相关研究专题。专题一：《故事新编》中的英雄圣贤们的困境；专题二：《故事新编》中的荒诞情节；专题三：《故事新编》中英雄圣贤的生活化。

4. 整合比较，深入研讨

运用比较阅读法，建立篇章之间的联系，渗透短篇小说集的阅读方法，帮助学生建构整本书的阅读方法。为达到这一目标，可以根据不同阅读阶段，设置不同阅读任务，制订比较阅读表，让学生深入分析、理解文本，了解作者意图。

采用方式有问题驱动、批注比较阅读、小组合作等。

（1）运用比较阅读法，建立篇章之间的联系。

（2）学会将现象及其成因放在社会文化背景下去分析，培养思维的深度和广度。

（3）深入体会鲁迅深沉的家国责任感和文化使命感。

（4）培养对社会历史进行深刻反思的意识，增强学生的民族责任感和为民族振兴而努力的使命感。

通过这些对《故事新编》的研究专题，学生可以深刻体会理解鲁迅对民族、对民众命运的深切关注之情。

5. 交流与分享研究成果：观点碰撞，丰富认识

每个学习小组把研究成果写成小论文，并在班内进行交流与分享，这样既可以给全体学生提供赏析《故事新编》的不同视角和方法，又可以帮助其他学生对《故事新编》有更深入、更全面的理解，这样的学习对学生的启发是多角度和高质量的。另外，在交流分享的过程中，教师的点评、指导很重要，教师既要指出优点，还要指出不足，提出适当的建议。学生要积极思考，不断修改和完善小论文，培养边读边写的习惯，提高论文写作能力。

另外，在专题研讨阅读指导中，应随时进行方法的归纳总结，对优秀批注或小论文进行点评。学生在经历了内容整理、比较分析、撰写论文等综合阅读活动后，形成有关阅读整本书的经验，从而掌握适合自己的有关整本书阅读的读书方法，全面提升语文学科核心素养。

六、总结

从语文课程建设的角度来看，通过整本书阅读教学，教师能发挥语文学科立德树人的功能，使学生在阅读经典名著过程中，建构阅读方法，培养良好的阅读能力和习惯，并且获得在语文核心素养上的发展，这既是语文学科在教书育人本质上的需要，也是推进课堂教学不断改革的动力。

综上所述，对经典作品《故事新编》的整本书阅读教学，有助于培育学生的社会主义核心价值观，滋养家国情怀，落实立德树人根本任务，为学生的人生发展奠基，促进学生的全面发展。

撰稿人：田春华、付冬梅、王方斌

编辑手记

“要激发学生读书兴趣，要求学生多读书，读好书，读整本书，养成良好的读书习惯，积累整本书阅读的经验。”在2011版《义务教育语文课程标准》基础上，2022年4月最新发布的新课标对阅读尤其是整本书阅读提出了更具体的要求，不仅明确提到要养成良好的阅读习惯，还要求积累阅读经验，掌握阅读方法。绵阳南山中学通过对《故事新编》的整本书阅读教学，让学生在阅读中学会阅读，走向有思考的阅读，提升了学生的学科核心素养，对于在立德树人教育背景下发挥语文学科育人功能极具启示意义。

《全视界·教育》编辑部　王渊

立足初中数学“综合与实践”课程校本化实施 提升数学学科立德树人功效

成都市石室联合中学

《义务教育数学课程标准（2022年版）》提出的课程理念，要求确立核心素养导向的课程目标。数学学科独特的育人价值表现为“会用数学的眼光观察世界，会用数学的思维思考现实世界，会用数学的语言表达现实世界”。成都市石室联合中学（以下简称“石室联中”）数学教研组围绕课堂教学改革这一核心主题，从2020年秋季学期开始，以“综合与实践”课程校本化实施为切入口，科学理性地开展深层次的课堂革命，切实有效地落实数学课堂立德树人的使命。

一、案例背景

习近平总书记在全国教育大会上提出的“六个下功夫”的基本要求指出，要在课程教学的内容中有机融入有助于让学生坚定理想信念、厚植爱国主义情怀、加强品德修养、增长知识见识、培养奋斗精神、增强综合素质的育人元素。在深入研究教材后，石室联中从数学课程标准中“四大领域”之一——“综合与实践”课程的校本实践入手，走出了一条在数学课程中深度渗透育人理念的新路。

“综合与实践”课程以问题为载体，“问题”是学生学习的基本依据，“问题解决”是学生成长的根本路径。学校发现，虽然北师大版的初中数学各册教材均设置了螺旋上升的三个综合实践课题，设计这些课题的初衷体现了综合性、实践性、数学性和现实性需求，但事实上，不少素材离学生的现实较远，脱离时代特征，有的太过于书本化，可操作性不强，有的受限于地域特征和配套化资源。

为此，石室联中数学教研组以北师大版初中教学教材为蓝本，着眼于开发符合时代特征和本土特色的“综合与实践”课程资源，将课程内容所蕴含的育人价值转化为一个个富有挑战性、有价值的问题。

二、案例设计

1. 求真务实，调查先行

为了了解学生对“综合与实践”课程的看法，学校对八年级四个班的学生进行了访谈，多数学生都有一个共同感受——原来数学是这样来解决我们的生活问题的。所以学生对“综合与实践”课程的认可度是很高的。当老师提出“你希望老师多开展综合实践课程吗”时，多数学生希望老师多开展综合实践课程，同时很多学生又表示如果没有老师的指导就不知道怎么着手。

2. 提升认识，博采众长

由于国内小学数学“综合与实践”课程相关探讨相对于初中更丰富完善，在实践层面，江苏、上海等地区走在了前列，而四川本地的研究还处于起步阶段，因此我们广泛地查阅资料，汲取经验。

3. 集思广益，征集项目学习素材

在此阶段，学校在老师和学生中广泛进行素材的征集，从与知识的衔接和与生活的衔接两方面筛选能体现数学核心素养和育人价值的素材，为下一步教案的设计做准备。

4. 结合学生实际，改编课本素材

校本案例一：在“函数”主题项目学习“燃烧吧，卡路里”中，学生综合运用数学、体育、生物学等知识，研究运动与热量消耗的关系，在运动与热量消耗关系的探究活动中，数学的角度就是分析变量与变量之间的关系、建立表达式，现实的角度就是研究引起热量变化的其他各种因素。在这样的活动中，学生经历运用数学与其他学科知识融合解决问题的过程，发展模型观念；经历合作交流、实践探索、批判反思、组织协调的过程，发展学习能力和实践能力；在了解体育运动的功能与生理机制的过程中，感悟科学运动，养成积极乐观的生活态度。

校本案例二：在“图形与几何”主题项目学习“手绘地图”中，学生自主选择某一场景，如校园、天府广场、武侯祠等，综合运用数学、地理、美术等知识，绘制地图，创造性地完成活动任务。该项目与图形的变化、图形与坐标等主题关系密切，让学生将空间中的景物关系抽象为平面图形及其位置关系，确定表达、建构恰当的坐标系，运用比例尺、图例和美术相关知识绘制地图；用数学和跨学科思维分析问题，运用数学与艺术等多种语言形式表达自己的想法和观点，感悟数学美，发展数学抽象和几何直观等数学关键能力；学习用数学语言讲述现实世界的故事，逐步积累数学活动

经验。此外，学生在活动中了解中华优秀传统文化及人文景观和地理地貌，增强文化自觉和文化自信。

5. 关注当下热点，转化学科素材

校本案例三：在“统计与概率”主题项目学习“透过GDP看中国”中，学生对近五至十年的GDP（国内生产总值）进行调研，并对数据进行整理和分析，该项目涉及经济、社会、金融等学科。学生将经历有目的地查询数据的过程，理解GDP等经济学概念的意义，体验收集与整理数据的必要性；用统计图表表达经济增长与时间的关系，感知我国改革开放以来经济的快速发展历程，学会用数学的思维思考现实世界的规律、用数学的语言（函数、统计图表）表达现实世界的规律，提升学习数学的兴趣，提高民族自信心与自豪感。

校本案例四：在“统计与概率”主题项目学习“走进冬奥”中，学生对近五届冬奥会上获得奖牌前四名国家的奖牌情况进行调查，并对数据进行整理和分析。学生将经历有目的地查询数据的过程，理解冬奥的历史，体验收集与整理数据的必要性；用统计图表表达中国奖牌数量与时间的关系，感知我国综合国力的快速发展历程，学会用数学的思维思考现实世界的规律、用数学的语言（函数、统计图表）表达现实世界的规律，提升学习数学的兴趣，提高民族自信心与自豪感。

6. 渗透数学文化，整合人文素材

校本案例五：“图形与几何”主题项目学习“‘蜀锦’中的数学密码”，由八年级下册“平面图形的镶嵌”改编，选材来自学生身边的非物质文化遗产“蜀锦”，其综合运用了数学、美术、信息技术等知识。学生经历从感性认识到理性认识的过程，归纳总结可以镶嵌的几种常见情况，借助电脑设计较复杂的镶嵌图案。用实物、图片等激发学生对本节课的学习兴趣，培养学生独立思考的能力、小组合作意识、分析归纳能力及有条理地表达的能力。通过对典型图案的分析、欣赏，引导学生用数学的思维思考世界，感受数学让艺术更具魅力，激发学生对数学的兴趣。借助信息技术设计图样，培养学生的动手能力、审美情趣和创新意识。同时对蜀锦的了解能激发学生的民族自豪感。

7. 植根知识本身，挖掘关联素材

校本案例六：（来自学生的投稿）学习了正比例函数 $y=x$ 和反比例函数 $y=\frac{1}{x}$，我想知道把它们组合起来 $y=x+\frac{1}{x}$ 有什么样的性质呢？

对于学生提出的这个问题，教师们有争论。有些教师说这个问题超出了课标要求，有些教师认为学生完全可以依靠既有的研究函数的方法去探究。成都市教育科学研究院黄祥勇老师说过："课标是知识的上限、能力的下限。"不能超过课标要求的是知识而不是思维！同样的知识通过不同的方式呈现可能给学生不同的启发。最终学生提出的这一问题被收录进"综合与实践"项目素材资源库。研究这类问题，能培养学生的几何直观、空间观念、模型观念、创新意识，有益于形成和发展学生的数学核心素养。

三、案例推广

常规课堂教学重在对数学知识的演绎和推理，教师最直接的指导源于数学课程标准所提供的教学目标，目前在"综合与实践"领域这一板块并没有可供指导教师使用的参考用书。此外，本课程的教学形式与传统的授课方式大有不同，课程本身具有生成性，对于习惯了教科书和教参书的教师来说，驾驭的难度很大，没有现成的操作经验可循，需要教师运用集体智慧积极探索。

（一）定期开展研究课，提升课堂品质

利用教研活动时间，每月开展一次"综合与实践"课展示，授课教师精心设计活动方案，各备课组用心打磨，呈现出多样态的实践方案，为进一步开展"综合与实践"课提供了行之有效的路径。

（二）总结模式，校内推广

经过一年多的摸索与实践，石室联中逐步形成了不同类型的"综合与实践"课实施路径。

1. 必修选修，双管齐下

每册教材都开发了三至五个课例，根据内容和难度，设置必修和选修课题，将必修课题在各班融入常规课，选修课题纳入学校博雅课程体系，在学校的"智慧营"开展。

2. 教法引领，推广模式

针对不同类型的"综合与实践"课，提供多种教学模式。

（1）对于从社会热点而来的课题，如"双十一哪家更优惠""接种疫苗能减少重症率吗"等，采取"学习—迁移—创新"的模式。

学习——抛砖引玉。通过热点事件或话题，提出研究项目。授课教师提前一周发布任务，学生利用网络资源完成自主学习、组内交流，形成各自的初步研究方案。

迁移——集思广益。面对真实问题，很多学生无法关联数学学科知识，教师适时为他们提供资料与素材，依据应用理论和技术原理，引导学生将数学知识迁移到问题

解决中，同时处理好知识系统性与解决问题所获得的知识的随机性之间的张力与平衡关系，帮助学生开展深度学习。

创新——渐入佳境。课堂研讨以学生为主，教师补充深化，教师通过点拨、追问，启发学生思维走向细处与深处，从理论和技术出发，形成具有一定独创力的作品。

（2）对于操作性的课题，如“校园花径地砖的铺设建议”，采用“课前考察—团队设计—课堂展评”的模式。

（3）对于侧重数学知识性拓展的课题，如七年级的“设计自己的运算程序”，采取“自主探究—交流总结—拓展延伸”的模式。

立德树人具有丰厚而深刻的内涵意蕴。石室联中近两年通过数学“综合与实践”课程校本化实施，提高了教师对现有课程资源的开发、整合、运用能力，提高了教师对学生正确评价和有效引导的能力，促进了教师发展。同时，该系列课程为学生搭建了一个有效的学数学、做数学、用数学的平台，增强了学生学习数学的兴趣，培养了学生的应用意识和创新能力，有益于学生数学核心素养的形成与发展。同时，校本化资源的开发丰富了学校博雅系列课程，打造了学校教育教学特色。

撰稿人：易梅、熊蓓、赵茜

编辑手记

数学是基础学科，也是“思想教育的工具”，其重要性不仅在于它与其他学科有着密切的联系和它在社会实践中有着广泛应用，更重要的是数学能训练人的思维方法，完善人的个性品格。随着基础教育由升学教育向素质教育转轨，在数学教学中渗透德育成为落实立德树人的新途径。成都市石室联合中学以“综合与实践”课程校本化实施为切入口展开数学学科的教学改革，通过校内对师生的调查研究，学习江苏、上海等地先进经验，关注热点、结合实际，博采众长设计新课程框架，逐步形成了不同类型的“综合与实践”课的实施路径，让数学有趣、有用，对学生的品德培育起到了良好推动作用。

四川教育出版社　李萌芽

让作业成为师生共创的作品

四川省教育科学研究院附属实验中学

2021年11月，四川省教育科学研究院（以下简称“省教科院”）发布《四川省教育科学研究院关于印发四川省义务教育学校作业设计与使用指导意见的通知》，基于中小学作业的特点，明确作业变革的价值指向，并探究指向该价值目标的作业设计理念及具体做法，为教师作业设计提供较为系统的建议和切实可行的科学指导。四川省教育科学研究院附属实验中学（以下简称“教科院附中”）积极开展科学认识作业、设计作业、实施作业、优化作业的相关研究，取得一定成果。

一、作业秘密的教科院附中解答——认识逐步提升

（一）问题：传统作业现状分析

在系统学习上海市初中学段作业现状调查分析报告后，教科院附中对照传统作业样式，总结出相应问题。

（1）作业观念的唯智主义。一是作业与生活脱节，不利于学生明确知识的来源与去向，建构基于理解的知识体系，从而形成素养；二是分层意识不足，较少布置个性化的选择性作业，学生困于“题海”，完成作业时间过长；三是评价方式单一，缺少课标意识和学科思维引导；四是作业管理内涵不足，缺乏统计与对问题归因的思考，实施效果不佳。

（2）作业设计的保守主义。一是有的教师缺乏作业设计意识，过于依赖教学辅导用书；二是作业目标意识淡薄，缺乏对作业与课程目标匹配度的分析，导致作业整体性、序列性、针对性不强；三是作业功能单一，既缺乏与真实生活的关联性，又缺乏对学生学习兴趣的调动和综合实践能力的培养。

（3）作业管理的直觉主义。教师在批阅作业的过程中依旧表现出“全收全改”“统批统改”等专断性、划一性的价值形态，作业反馈呈现出弱反馈甚至不反馈的情况。

（二）认识：建立科学作业观

作业是一种有目的、有计划、有组织的学习活动，是课堂教学的延伸和补充。它不仅是一份显性存在的资料，更是一个包含了设计、完成、批改、反馈等诸多结构要素的复杂系统。

（1）确立课程视域下的作业观。在课程视域下，学校以单元作业作为具体操作载体。这样做的目的，一是便于设计者从中观角度看待作业，降低宏观把握学科课程整体要求的困难，又避免从微观角度看待课时所产生的割裂问题，更有助于课程目标的达成；二是从单元整体视角将单元整体培养目标、教学、评价、作业、资源等进行系统思考，便于课程目标的分解落实；三是加强同一单元下各个课时作业的统筹分配，增强作业的整体性，使其结构更加科学。

（2）确立学生立场的作业观。学校以学生立场看待作业的设计与实施。教师从学情出发，提供目标明确、支架合理、练习精当、点拨得法、拓展有力并根据学生个性特点不断优化更新的作业，以满足不同能力学生的个性化学习需求。

教科院附中自开办伊始就重视作业设计工作，随着“双减”政策的落地生根，怎样设计作业才能真正“减负、提质、增效”成为学校研究的一项重要课题。

二、作业设计的教科院附中方略——研究序列科学

学校以“微课题研究”的思路推进作业设计的实施及评价研究，面向七年级全部学科开展学生立场下基于单元的分科作业设计，并分层、分类实施，发挥作业的多重功能，现已初步构建出七年级全科以单元为单位的学科作业系统。

（一）努力构建作业设计实施研训机制

学校以政策解读、案例研究、任务驱动、分类实践、反思优化、分享小结为研训思路，围绕作业设计项目开展常态化研训。

（二）共同构建不断完善的作业系统，使之成为作品

在作业的设计与实施领域，教师和学生的身份已然发生变化，教师由学习的组织者、指导者、帮助者、促进者转化为学生学习的合作者、作品框架设计及其意义共建者。

（三）逐步形成作业设计科学理路

学校抓住“作业设计”这个“牛鼻子”来牵动整个系统。①抓住作业设计的关键

点。学校以“追求课程理解”为作业设计的关键，以单元为单位整体设计作业。②明确作业设计的步骤。在把握关键点的基础上，明确作业设计的具体理路，明确重点步骤。

以语文单元作业设计为例：

一是准确解读课标、解读教材，提炼单元大概念，确定单元教学目标。目标是作业编制的起点与关键，应兼顾知识、技能、能力、情感等多维目标的达成。如统编版初中《语文》七年级下册一单元，从人文主题和语文要素两方面明确了“群星闪耀”和“学习精读”的大概念，以此确定单元教学目标。

二是在确定单元教学目标的基础上确定单元作业目标及课时或单节（篇）作业目标。设计者在单元教学目标的统整下，明确单元作业目标，并在此基础上将目标分解为课时作业目标，在课标统领下，以“教学评一体化”看待作业目标，让作业更好为学生的学习服务。

三是在目标之下确定作业结构，包括水平维度、难度、相关性、趣味性（生活化）、层次性（选择性）等研究点，使作业从设计层面就体现“学生立场”，观照不同类型、不同层次学生的成长需求。学校以上海市教委教研室副主任王月芬对作业质量提出的两点要求、七个观察维度为参考，以备课组为单位，以省级专家为技术支撑，以备课组长为第一责任人，由内而外地落实作业质量的七项要求，对设计作品不断调整优化。此外，评价量表的开发也为师生评价作业提供了工具，有助于学生对标提高作业质量。

四是分析题目、拟题，注意相关性、科学性、可解释性、关联性、原创性等要求。基于单元目标，思考对应的题量、题型、难易度等。基于作业框架，有针对性地选择、改进或编制题目。

五是优化平衡，形成题组。设计单元作业对标检查表，从课时安排、目标分布、学习水平、题目类型、难度类型、来源、预计时间等角度梳理现有作业，并对不合理的结构进行及时调整和优化，以保证单元作业目标清晰、结构合理、内容明确、种类多元、题量合理。

三、作业设计的初步成果——阶段性成果

（一）整体设计了系统性强的学科单元作业

一是全科研究系统化，全面推进单元作业设计，实现全科覆盖，使学科作业“五育”并举的育人功能得以系统彰显。二是作业类型系统化，充分考虑不同作业的个性

与功能，关注作业的类型、内容与形式，开发结构合理的基础性、拓展性、实践性作业，并提供指向学科思想方法提升的支架，引导学生从一题到一类，从知识走向素养，从学科走向综合，从学习走向生活。三是作业优化系统化，以打造成果的态度看待作业项目，在实施中进行常态化调整、阶段性修订，动态提升作业品质。

目前，教科院附中语文组开发了《杏运悦学白皮书》，为学有余力的同学提供多种选择；数学组采集学子错题，形成每月两期、针对性强的个性化错题集《一人一练》；英语组创造性地优化作业完成形式，促使孩子们在生活情境中创编作品；综合组探究了针对性强、趣味多元的实践类作业……

（二）创新了基于多元智能具有学生立场的作业系统

通过创设情境，调动多重体验，提供多元选择，发现学生的优质智能，提高其兴趣与自信，并以优势智能的意志品质调动与激发弱势智能的发展，培养全面发展的人。如在语文《海底两万里》名著阅读作业中，设计了表格填充、绘制航海图、创作航海路线歌曲等选择性任务，以满足不同智能特点的学生对学习方式的不同需求。

（三）在内容上体现了作业设计与生活的联系，明确知识的来源与去向

让学生亲历知识产生的过程，透彻理解知识的原理，回归生活实际，明确知识的作用与价值。如数学项目式实践探究作业“设计制作足球”，引导学生从课本上所学的多边形内角和度数出发，在实践中收获知识，在生活中得出真理。又如在“体育＋生活”理念下，学生自行设计首届校园艺体节的旗帜和徽章，用艺术的方式表达对体育的理解。

（四）部分学科实验作业布置实施“动态分层”机制，体现教学的针对性

“动态分层”以教学周为单位，在对学生学习情况（含作业表现）进行跟踪记录的基础上，对本班学生作业层次进行动态调整。以英语组为例，该组开发出“HLI 评价模型”，根据作业层次指数、正确率、书写工整度、独立性、习惯态度及按时上交订正完成情况值，对学生作业进行动态化调整。

（五）系统建立了作业管理长效机制

学校成立“基于单元的适性作业设计与实施”项目组，出台《四川省教科院附中作业管理办法》，建立常态化作业完成公示制度，辅以每周一次的“五项管理”、教学常规督查，进行作业实施效果的反馈，发现问题及时整改。

在作业效果评价中，教师一方面从目标分布、学习水平、题目类型、难度级别、来源、预计时间等方面对作业进行评估；另一方面引导学生参与作业评价，从作业是否对标教学、题量是否合理、教师指导是否精当、作业类型是否丰富、作业分层是否

科学、作业能否调动兴趣等方面进行评价。

在“双减”背景下，学校系统化地推进作业建构及实施工作，以“作业”为杠杆撬动学校的教育教学改革，真正践行全面育人，助力学生全面发展，让学生成为身体健康、品行高尚的人。与此同时，让成长留痕，让作业成为师生共创的作品。

撰稿人：四川省教育科学研究院附属实验中学

编辑手记

近几年来，各地一直在推进作业形式及内涵的变革，而在“双减”政策施行后，基础教育工作者尤其是学校的一线教师积极响应，对标“双减”要求，迅速探索和建构了一套真正减轻学生和家长负担、提质减负的作业设计体系。作业的改革实则是教育思想的改革、教育方式的变革。四川省教育科学研究院附属实验中学以学生立场为切口，从学生主体视角审思作业设计，经过“科学认识作业”“设计作业”“实施作业”“优化作业”的步步推进，让作业成为新一轮教育教学改革的驱动力，对培养学生核心素养、使之适应未来的发展发挥出重要作用。

《全视界·教育》编辑部　邹蜜

生活课程助力城镇幼儿养成劳动教育习惯

武胜县沿口第二幼儿园

2020年，《中共中央 国务院关于全面加强新时代大中小学劳动教育的意见》提出通过劳动教育，使学生能够理解和形成马克思主义劳动观，牢固树立劳动最光荣、劳动最崇高、劳动最伟大、劳动最美丽的观念；体会劳动创造美好生活，体认劳动不分贵贱，热爱劳动，尊重劳动者，培养勤俭、奋斗、创新、奉献的劳动精神；具备满足生存发展需要的基本劳动能力，形成良好劳动习惯。武胜县沿口第二幼儿园（以下简称“幼儿园”）在“爱润童心·绽放童年”的办园理念指导下，认真分析幼儿园幼儿劳动教育现状、劳动教育对幼儿发展的价值，着力研究园本劳动教育课程构建与实施，为幼儿劳动教育启蒙，让幼儿养成良好的劳动习惯，从而实现“身润、智润、心润、艺润、劳润”的课程目标。

一、重认识，树立幼儿劳动教育观念

幼儿期是个体良好习惯养成和社会认知发展的萌芽和重要阶段，劳动教育是促进幼儿身心全面发展的重要途径。幼儿通过参与劳动，可以促进身体协调、健康发展，可以锻炼大脑的思维，促进智力的发展；可以养成良好的生活卫生习惯和提升生活自理能力；还可以感受美的存在，促进艺术审美能力的提高，并产生劳动创造美的动机；也可以锻炼意志力与坚持性，培养合作、交往、沟通等能力，促进良好品德的形成。总之，劳动教育让幼儿在劳动中锻炼，在劳动中成长，能促进幼儿全面健康和谐发展。

二、重生成，构建劳动教育课程体系

结合“爱润童心·绽放童真”的办园理念，幼儿园提出了“大自然、活课堂、真劳动、美生活”的课程理念。该课程理念强调以自然为媒介，以生活为中心，让幼儿在真实的、丰富多彩的、自然的、生活化的教育环境中，通过真实的劳动活动，在真实体验中探知周围世界，在与自然、社会的交互作用中发现自我、完善自我、悦纳自我，从而促进幼儿个体的生命成长。幼儿在生活自理、自立的同时服务他人、服务社会、服务自然，实现全面发展，享劳动之美，享生活之美。

（一）目标精准定位

陶行知先生说，“生活即教育”。为有效实施劳动教育，幼儿园在全体教师“全员参与、分工合作、集思广益”的管理思路下，依据从自然、生活中取材的课程设计思想，同时加以三个维度的思考，精准定位目标。对于所取资源，需要注意以下几点：一是适宜性，即此类资源是否便于收集，是否能连接适宜幼儿的劳动行为，是否具有一定的挑战性，符合幼儿的“最近发展区”。二是延展性，即此类资源是否具备“一物多用”的开发空间，是否能联系幼儿的已有经验和对未知的探索，是否能整合多元领域而助推幼儿后续发展。三是交互性，即此类资源是否有利于促进幼儿与实际生活交互、与包括同伴在内的他人交互、与周围环境交互。

（二）内容精心选择

1. 形成初级课程框架

经过反复审慎甄选、元素整合、综合审议，幼儿园最终梳理确定了“泥艺、草艺、农艺、纸艺、布艺、竹艺”，即“创美六艺”课程，以此形成初级课程框架。

幼儿园整合原有的基础课程，确立了“一物一链”的课程架构思路，即由一种资源生发出一系列的学习体验链，使劳动教育在大自然教育场中与真实生活发生连接，为创美劳动园本课程拉开序幕。幼儿通过辛勤劳作产生的作品成果不再仅供展示观赏，而是被充分运用在幼儿园的各个角落，真正体现了“劳动服务生活”的价值取向。

2. 有效生成课程

课程的开展是生活的自然展开，劳动教育课程的丰富始于对幼儿发展需求的不断满足，需要教师沉浸在生活中，追随幼儿脚步不断调整和完善。当植树节来临时，大班的幼儿“变身”为“小农民”，全神贯注栽种，进行劳动体验。金秋时节，正是红薯成熟的季节，大班的幼儿在讨论“我们家的红薯有红色、白色的”“红薯很甜”的时候也生成了“红薯乐”园本课程故事。中班的幼儿动手剥水果，发现“橘子宝宝有的大，有的皮厚时”，便适时生成了“橘子宝宝大探秘”园本课程故事。小班的幼儿发现“小动物也需要吃东西”，有了“我想当医生照顾小动物”的想法时也生成了“认识动物朋友”园本课程故事。

幼儿园在课程实施中主张回归自然、回归生活，让幼儿在亲历劳动的真实体验中，由“点”及“链”，由“链”及“网 ”，把零散的劳动活动变身为有序的劳动经验，同时将幼儿劳作的成品充分运用在幼儿园的每一个角落，让劳动服务生活，使幼儿在心灵感知和探究周围世界的过程中体味劳动的艺术，学会艺术地生活，实现自然物界与自身心灵的互通，从而享受劳动之美、生活之美。

三、重养成，拓宽劳动教育实施途径

结合劳动教育的目标，幼儿园通过多种途径和多种形式开展劳动教育。

（一）一日生活养成劳动习惯

生活即教育，教育即生活，幼儿的劳动教育应与幼儿的一日生活关联，将劳动习惯与能力的培养贯穿在一日生活中。其内容主要包括自我服务劳动和为集体服务劳动两种方式。自我服务劳动可以帮助幼儿培养生活的自理能力和劳动习惯。如在午休时自己穿脱衣服鞋袜、整理床铺，餐饮活动中排队盛饭，以及自己喝水如厕、自己整理书籍。集体服务劳动指教师指导幼儿为班级、幼儿园或家庭做力所能及的事，培养幼儿对他人的关心和为集体服务的意识。如指导幼儿在班级中为同伴分发餐具，收拾清洗玩具，清扫活动室，做小值日生为同伴测体温，在家庭中帮助父母做饭、洗碗等。

（二）区域游戏培养劳动兴趣

区域游戏活动是实施幼儿劳动教育的重要途径。首先，在实施区域游戏活动的过程中，教师应创设不同的区角供幼儿参加劳动，并适时给予幼儿劳动知识和技能方面的指导。如在“自然角”区域，引导幼儿在浇水、松土、喂食、换水等劳动过程中懂得劳动与动植物生长之间的关系，培养幼儿认真负责、持久细心的劳动态度；在“娃娃家”区域，引导幼儿通过扮演医生、厨师等劳动角色体会不同劳动者的工作内容。其次，在实施区域游戏活动后，教师应引导幼儿收拾游戏材料，分类将物品摆放整齐，并对幼儿的劳动行为进行及时且适度的激励，从而激发幼儿更高的劳动热情。

（三）资源融通强化劳动观念

幼儿园开展劳动教育，通过资源融通，让劳动教育随处可见。水渠旁、楼顶上、草坪中、种植区，因地制宜开展农耕劳作课程、劳动创新课程，在活动中传播劳动知识和技能，形成学校特色活动与劳动教育的融合。在劳动教育平台系统化的建设过程中，幼儿园以服务自己、服务他人、服务社会三大课程板块为纵轴，准确定位不同年龄段幼儿培养目标，丰富幼儿对不同社会劳动角色的认知与体验。在种植劳作课程中，利用班级窗台、园所种植区域开展种植劳动，教师组织幼儿用铲松土，种上大蒜、青菜、辣椒等菜苗，定期给菜苗浇水、施肥、拔草，测量它们每天长高了多少，和他们一起期待着小苗生根、长叶、开花、成熟。幼儿通过播种、浇水、培土、除草、捉虫等劳动，见证植物发芽、开花、结果的生命生长历程；通过摘、拔、挖、扯、割和择、洗、炒、拌、蒸等劳动，体验劳动的辛苦与快乐。

（四）主题活动提高劳动能力

根据幼儿的年龄特点创设以劳动为核心的综合主题活动，有针对性地促进幼儿劳动知识、技能和情感等方面的发展。小班幼儿的劳动教育以“服务自己”为主，着重培养生活自理能力和形成良好的生活习惯，如开展“我长大了”主题活动，通过穿衣、叠毛巾、剥果皮，让幼儿体会自己的事情自己做的喜悦。中班幼儿的劳动教育以“服务他人”为主，引导幼儿参与家务劳动、园所劳动，培养服务他人和与他人合作的意识，如开展“为爸爸妈妈做蛋糕”主题活动，通过亲自动手制作蛋糕的方式，让幼儿体会劳动的过程并享受到服务他人的喜悦。大班幼儿的劳动教育以“服务社会”为主，引导幼儿参与公益类劳动实践，如利用“劳动节”“植树节”等节日开展劳动教育，通过相互合作完成社会劳动任务的形式，培养幼儿的社会公德和公民意识。

（五）家、校、社联动形成劳动意识

为强化幼儿劳动教育，幼儿园还积极联系社区、社会实践基地，开展多元化的亲子活动，进行课程协作，形成合力，为幼儿劳动实践提供个性化学习平台和资源支持。以“技能学习，创造实践”的校内劳动为主导，以“职业体验，服务社会”的校外劳动为支持，以“习惯养成，实操实练”的家务劳动为基础，让劳动教育更有广度和深度，帮助幼儿认识更加多元、复杂又充满生机的世界。如校内的劳益种植园、食育坊、农工坊，校外的青少年素质教育基地、农家乐，家庭的感恩家务活动，为幼儿开辟了多元劳动实践场所。

基于儿童、回归自然、源于生活和真实劳动的生活课程，让幼儿的成长足迹布满了幼儿园的各个角落。武胜县沿口第二幼儿园将坚守初心，以立德树人为根本，不忘劳动本色，抓住幼儿期这个劳动教育的关键期，让幼儿养成良好的劳动习惯，为幼儿的全面发展打好人生底色。

撰稿人：何凤、何鸿、谭华、张凤、谢娟

编辑手记

落实立德树人的根本任务，需要实现德智体美劳全面培养的教育体系。劳动教育作为全面教育体系的重要组成部分，在立德树人中发挥着重要作用。武胜县沿口第二

幼儿园基于课程育人的基本理念，结合自身实际情况，通过丰富课程类型，完成课程结构，构建了园本生活劳动课程体系，拓宽了劳动教育实施途径，帮助幼儿树立劳动光荣的思想。

四川省教育融媒体中心　陈敬

构建阅读场域：从语文学科阅读到全学科阅读

成都市武侯实验中学附属小学

学校阅读场域，是以阅读为载体构建的人与人、人与物间的关系；它是机制，是环境，是平台，是资源，是活动，是吸引学生阅读的磁石。学校阅读场域能培养学生的阅读惯习、阅读期待、阅读偏好等。成都市武侯实验中学附属小学（以下简称“武侯实验附小”）有85％的学生来自进城务工人员家庭。近10年来，武侯实验附小全面落实立德树人根本任务，结合学生特点，秉承“全学科阅读”理念，从多样阅读方式、全员阅读主体、多元阅读作品等角度推进“全学科阅读”；充分发挥语文学科阅读对全学科阅读的奠基作用；在学科教学中挖掘学科阅读的内涵，实施体现学科语言特点和学科知识体系的学科阅读策略；促进阅读场域的构建，丰富阅读资源，拓展阅读视域，培养师生全体阅读、终身阅读的习惯。

目前，学校基本形成了具有“交互而非单线、交叉而非径直、动态而非静态”的阅读模式，初步构建了学生自我维持的阅读场域，75％以上的学生达到了以“阅读”进行“学习”的境界，形成了“阅读即学习”的习惯。2017年，武侯实验附小获得成都市首批“十佳书香校园”称号，学生在道德品质、行为习惯等方面有了长足发展。

一、机制导向全学科阅读，架设场域框架，构建阅读场域规约

布尔迪厄认为“场域”就是“那种具有自身法则的小世界”，其基本特性是“具有自身法则”，场域应该服从某些法则。学校构建的阅读机制实现了群体聚焦，落实了聚合关系的功能，建立了师生必遵守的“游戏规则”。

1. 学科教师有鲜明的全学科阅读价值观

武侯实验附小90％以上的学科教师有良好的阅读教学习惯，对阅读价值有较明确的认知，对阅读教学产生了良性的约束作用，并能为之努力。教师基本树立了“得阅

读者得人生”的思想，大多都认为阅读让人有修养，让生活有意义。

2. 学生树立终身阅读观

武侯实验附小的全学科阅读，不仅有“全”的观念，即坚持全员参与、全科覆盖、全方位推进阅读，更重要的是有“大”“远”的阅读观。学生会多元阅读，阅读各类读物，如文学、科技、信息、地理、历史等；也初步树立终身阅读、终身学习观。各学科教师以各种形式帮助学生确立终身阅读思想。

3. 学校健全全学科阅读机制

建立了全学科阅读制度、阅读规范。学校将阅读纳入整体规划框架之中，先后制订了阅读规划、阅读方案等，从整体上形成了有校本特点的全学科阅读体系；有体现学生年龄特点的阅读目标、阅读内容、阅读途径、阅读指导、阅读评价等方面的要求，对全学科阅读产生了普遍的规约效用，促进师生形成正确的阅读价值判断，帮助师生树立学科阅读思想。

建立了研究保障机制。学校在各学科组建立了常态研究机制，统筹用好阅读专用经费。每月在固定时间进行全校阅读专题研讨会，各教研组针对学科阅读进行常态交流，共同谋划、共同探讨阅读问题。教师不仅要研究阅读策略，更要研究阅读内容，指导学生选择适合的、喜欢阅读的经典作品，从而保证阅读场域有意义。

建立了活动跟进机制。学校建立常态的阅读活动制度，如世界阅读日活动、每年12月的阅读月活动等，让阅读活动有整体性和连续性，增强各学科阅读活动的实效性。各学科组以项目学习、综合实践活动推动全学科阅读，不仅重视理解性、建构性阅读，更重视运用型阅读。

建立了评价激励机制。学校制订了书香校园、书香班级建设标准，形成了阅读评价体系，把阅读情况纳入学生综合素质评价之中。

二、书香溢满校园，培养场域空间，彰显全学科阅读场域共时性

学校在走廊设立温馨书吧，让师生置身于书的海洋，吸引师生进行“悦读”；学校图书室藏书 4 万余册，各班级图书柜藏书 200 多册，充分满足师生的阅读需求。校园每个角落、每一面墙都有反映阅读场域的元素，让人得到审美的启迪和精神的润泽、心灵的陶冶。

三、实现阅读平台结构化，构筑场域载体，构建学科阅读场域磁场

武侯实验附小的阅读平台具有多样而结构化的特点，表现为较固定的纸质的阅读与数字移动阅读相结合，教师引导与数字算法相结合，阅读平台与阅读传播平台相结

合等；建立了个性化阅读系统、阅读资源共享系统、互融性阅读支持系统等。

（一）建设分级阅读区，满足个性化阅读

学校建立了“图书馆—阅读走廊—教室读书角—家庭书柜”四级阅览区域，完善阅读场域。分级阅览区的设立，解决了阅读内容窄化的问题，也是对传统图书室的差异化、个性化的拓展。

（二）建设阅读数字化平台，促进数字化阅读

学校运用互联网建立数字阅读平台——超星阅读 APP 和阅读机，使师生用听、看、说、演等不同方式进行阅读，实现资源、信息、设备共建，解决阅读形式单一的问题。

（三）学科共建融媒体传播平台，发展互融性阅读

发挥语文学科阅读引领作用，传播阅读好声音。语文学科教学引领学生学会选择好书进行阅读；语文教师组织各学科教师共同研究阅读书目——有综合性的书，也有能体现学科特点的书；在每周一节的阅读课上，教师引导学生掌握阅读的基本方法，培养阅读基本能力，并能将阅读基本能力迁移到其他学科阅读之中。

发挥各学科教师的阅读主体作用，运用电子班牌或阅读群共建新型阅读传播平台，让学生对阅读有群体认同感，满足学生阅读需求，提升学生阅读的满意度。据调查统计，学生对阅读满意率达到 98％。

发挥学生的主动性，组建阅读社团，促进自主互融性阅读。学校根据学生阅读爱好，组建了多个阅读社团，定期组织社团阅读活动，在活动中传播阅读的力量。

借助信息技术，搭建数字化、结构化阅读资源平台，并与传统的纸质阅读方式融合，构建了交互、交叉、动态的阅读模式，充分支持交互式阅读系统，实现了各学科阅读资源“通融”、内容“兼融”、形式“互融”、成效“共融”，让学科阅读具有了社会化的特点，由课内阅读延伸到课外阅读，影响了家庭阅读、社会阅读，扩大了阅读场域的广度，增强了阅读场域的共振力。

四、多向阅读互动，释放场域活力，培育全学科阅读场域生命力

学校阅读活动丰富，阅读场域不断延伸。场域活动越频繁，越有吸引力，阅读场域的生命力也越强。互动、分享、体验等活动促进了全学科阅读。阅读活动是联结各学科的媒介，能促进阅读场域不断扩大与优化，增强阅读场域活力，实现学科阅读和谐发展。

（一）开展阅读日活动，实现学科阅读联动

开展主题阅读活动。每年 4 月 23 日是学校固定的阅读日，学校会开展专项阅读活动。各学科教师共同策划、共同参与，举办不同形式的阅读活动，创建阅读交流空间。

（二）开展共读活动，实现阅读互动

阅读是教师、学生、家长间形成共同语言和共同精神的密码，也是增强相互间感情的纽带。师生、生生、亲子间协同阅读一本书，建立一个个阅读共同体，构建阅读“朋友圈”，形成阅读场域，实现共存共荣。

（三）开展节日阅读庆典活动，实现学科阅读文化互融

利用传统的节日开展主题阅读活动，结合学科阅读特点，营造学校的阅读氛围。学校每学期均组织师生举行节日主题阅读活动，共度美好阅读时光，增强对阅读意义的理解，激发阅读的兴趣。

（四）开展阅读成果展示活动，实现协同提升

目前，学校新教育陈列室收藏了 2000 余名学生的阅读画册、阅读小报、阅读故事等阅读成果。各项成果展示活动遵循互动性、主题性、适切性、艺术娱乐性等原则，充分体现适合学生的阅读个性特点，教师、学生都很愿意参与。每学期，学校为教师编印 1 期（目前已有 13 期）阅读体会或心得，展现教师的阅读成果。

五、多元评价驱动，加强场域支撑，维持阅读场域振幅

学校重视对阅读的评价，从学生阅读量、阅读方式、阅读成果等方面评价学生的阅读习惯、阅读素养；从教师的阅读理念、阅读设计、指导方法等方面评价教师的阅读指导能力；从阅读资源、阅读活动、阅读环境、阅读成效（习惯、素养）和保障条件等方面评价学校全学科阅读水平。学校针对师生制订了不同的评价标准（不同阅读项目有不同标准），得到师生认可；针对不同学段的学生设计不同标准，进行梯级评价。

遵循阅读场域的特殊逻辑，学校以建章立制、搭建平台、开展活动、评价激励等方式，构建了全学科阅读场域结构关系，形成了全学科阅读生态系统。从场域规约形成到场域活力激发，再到评价促进，规约与激励结合，学校的全学科阅读基本实现由他律到自律的转变。每位学科教师、学生（也有家长）置身阅读场域中，在阅读场域的作用下，自觉产生了热爱阅读的内在动能，将阅读作为一种潜意识行为，形成终身阅读的习惯。武侯实验附小基于学科知识体系与学科素养的形成进行统整式阅读，实现了跨学科知识的理解和迁移，发挥了阅读的力量——促进人的精神成长。

撰稿人：唐斌

编辑手记

场域是当代法国最具国际影响的思想大师皮埃尔·布尔迪厄提出的理论，他认为人的每一个行动均受促使行动发生的场域的影响，而场域并非单指物理环境，也包括他人的行为以及与此相连的环境因素。正因为人的每一个行动都会被导致行动发生的场域所影响，所以学生的阅读意识同样也会受他所在的家庭、学校环境的影响。遵循阅读场域作学的特殊逻辑，成都市武侯实验中学附属小学采用整体思维，从多样阅读方式、全员阅读主体、多元阅读作品等角度推进全学科阅读，建立健全制度规范，配合校园多彩活动、家校共育机制，打造效力非凡的阅读场域，让学生身在其中，自觉产生了热爱阅读的内在动能，养成终身阅读的学习习惯。阅读本身就是一件持续终身、广采博纳的综合性、成长性活动，在人生的起点打好阅读基础，将会泽被孩子的一生。

四川教育出版社　李萌芽

“小鬼当家”主题式劳动教育校本课程的开发与实施

成都师范附属小学金堂分校

一、“三课”一体，研发劳育校本课程

作为成都市新优质学校，成都师范附属小学金堂分校（以下简称“成师附小金堂分校”）自2012年建校以来，始终坚持立德树人，德育为先，以人为本。为响应国家和地方对学校劳动教育的要求与倡导，成师附小金堂分校以课程、课题、课堂“三课”一体为实践理念，提出了以课题研究为抓手，优化劳动教育校本课程为手段，在课堂内外开展劳动教育的工作思路，开发了“小鬼当家”主题式劳动教育校本课程。

二、“小鬼当家”，确立课程目标

“小鬼当家”一词源于系列喜剧电影《小鬼当家》。用“小鬼”指代小孩子、小学生，亲昵中更能表现和赞美当代小学生活泼聪明，具有探索和创新精神，学习和思维能力强的特点。同时，学生成长的班级、学校、家庭是小“家”，社会、祖国是大“家”。学校希望通过一系列的教育课程，把劳动意识、劳动习惯、劳动美德、劳动精神根植于每个学生心中，促使学生掌握劳动技能，成为既当好自己的“小家”，更能建设好祖国和社会这个“大家”的社会主义建设者和接班人。

根据《大中小学劳动教育指导纲要（试行）》（以下简称《指导纲要》）、《义务教育劳动课程标准（2022年版）》和《成都市大中小学劳动教育项目清单（试行）》（以下简称“《项目清单》”），结合学校“万类霜天竞自由”的办学理念和“会选择、好探究、展特长、敢超越”的育人目标，学校确定了“小鬼当家”主题式劳动教育校本课程的总体目标和年段目标。

（一）总体目标

全面提高学生劳动素养，形成基本的劳动意识，树立正确的劳动观念；发展初步

的筹划思维，具备必备的劳动能力；养成良好的劳动习惯，塑造基本的劳动品质；培育积极的劳动精神，弘扬劳模精神和工匠精神。

（二）年段目标

1. 小学低段

让学生学会日常生活自理，懂得人人都要劳动、劳动成果来之不易的道理。培养学生的劳动意识和劳动安全意识，让学生感知劳动的乐趣，喜欢劳动，愿意主动积极参加劳动，爱惜劳动成果。

2. 小学中高段

让学生能够主动分担家务，养成劳动习惯，学会与他人合作劳动，体会劳动最光荣的愉悦，尊重普通劳动者，热爱劳动、热爱生活。

三、围绕任务群，设计个性化课程内容

根据《指导纲要》和《项目清单》，结合学校实际，学校确定了校本课程内容和项目，按照日常生活劳动、生产劳动、服务性劳动三大方面，以任务群形式明确一至六年级的劳动教育项目，并设置每学期的具体劳动内容。

四、多层面、多形式，灵活开展劳动教育

（一）独立开设劳动教育必修课

学校开设每周一节的劳动教育必修课，根据校本课程方案实施课程。学生在班级教室、劳动实践体验教室、种植园地、操场等地开展劳动体验和实践，实现不同年级劳动教育目标。

（二）在学科教学中有机渗透劳动教育

学校在开足开齐学科课程的同时，指导和督促教师在自己任教的学科教学过程中挖掘学科知识技能与劳动教育相融合的要点，在学科教学中有机渗透劳动教育。

（三）在课外校外活动中安排劳动实践

学校根据校情设计开展丰富多彩的校内外劳动实践活动。充分利用学生校内外的生活时间，从学校、年级、班级三个层面创设了多种劳动实践活动，深受学生喜爱，获得良好育人成效。

1. 学校层面

（1）“我是小厨师”烹饪活动。每周三下午的课后服务时间是烹饪体验活动时间，全校学生轮流到“小鬼当家”综合劳动实践教室体验烹饪的快乐。在劳动教育专任教

师、食堂厨师（劳动教育辅导员）、班主任的带领和指导下，学生开展简单的烹饪体验活动，体验劳动的辛苦，感受劳动的快乐，培养热爱劳动、尊重劳动者、珍惜劳动成果的优良品质。

（2）研学实践活动。学校充分利用家长、社会各方面资源，在家庭和学校两个层面开展丰富的实践研学活动，组织学生走进官仓蔬菜基地、社会福利院、县气象局、社区等场所，让学生在参观、体验和志愿服务等实践劳动和公益劳动中体验劳动过程，升华对劳动的认识。

（3）“劳动技能小课堂”活动。每周一的升旗仪式是全校的“劳动技能小课堂”时间。该周的值周班级学生代表向全校学生传授劳动小技能，如怎么编辫子、怎么发豆芽等。这个活动既对全校学生进行了集体的劳动教育，又展示了家庭劳动教育的成果，激励了学生继续学习和实践。

2. 年级层面

学校各个年级根据本年级的劳动教育实施情况，开展“劳动技能大比拼”活动，以比赛形式开展劳动教育，让学生在这些有趣的竞赛活动中升华劳动情感，掌握劳动知识和劳动技能。

3. 班级层面

“人人都是班级劳动者”活动将班级事务细化后分配给每一个学生，每人一个管理岗位，如电灯管理员、投影机管理员等，让每个学生都参与班级管理，让每个学生都成为班级的管理者和劳动者，在管理班级和服务班级的过程中，培养学生的自信心和责任感。

（四）在校园文化建设中强化劳动文化

（1）着力打造校园环境、景观。在校园楼道展示学生参加校内外劳动的照片，在劳动实践教室摆放农村劳动的工具，在学校宣传栏介绍劳动模范和他们的事迹，营造浓厚的热爱劳动、劳动光荣的校园氛围。

（2）组织劳动技能大比拼、劳动技能小讲堂等活动，评选和表彰“劳动小能手”“劳动小模范”等，形成人人热爱劳动、争相劳动的校园文化环境。

（3）举办劳动榜样人物进校园活动。邀请优秀毕业生、劳动模范、各界工匠等讲述自己的劳动故事，让学生感受他们的劳动精神，激励学生争做勤勉奋进的劳动者。

五、多维度、多形式，完善课程评价体系

围绕课程目标，学校以学生为评价主体，构建“三三四四”多元评价体系。

（一）三个评价维度

三个评价维度包括知识与技能维度、过程与方法维度、情感态度价值观维度，从学生的劳动知识与技能、劳动观念与情感、劳动习惯与品质等方面来评价学生的劳动素养形成情况，实现评价维度多元化。

（二）三个评价时间点

三个评价时间点包括即时现场评价、短时项目评价、长时总结性评价。在每一次教学和实践活动中，教师对学生进行现场评价；在每一次实践活动后，对学生进行短时项目评价；在学期末进行等级制的总结性评价，从而实现评价时间的多元化。

（三）四种评价形式

四种评价形式包括学生自评、同伴互评、教师评价、家长评价，实现评价形式的多元化。

（四）四种评价方法

四种评价方法包括现场观察口头评价、评价表评价、学习活动物化成果展示评价、与校园文化相结合的“劳动小明星”等评选，实现评价方法的多元化。

六、“人财地”齐备，打造坚实保障机制

（一）师资队伍

学校建立了“1＋1＋N＋N”多元化的劳动教育教师队伍，实现劳动教育教师层级化。

第一个“1”即以学校德育副校长为劳动教育的分管领导，负责规划、管理学校的劳动教育。第二个“1”即一名专职教师，任全校劳动教育课的教研组长和每一个年级劳动教育课的备课组长，负责实施全校的劳动教育，设计每个年级每周的劳动教育课，每周各执教各年级一节劳动教育课，并将课程资源上传到学校的校本资源库，分享给兼职教师。第一个“N”代表若干个劳动教育课兼职教师。兼职教师作为劳动教育课教研组和备课组成员，二次开发和使用专职教师的课程资源，上好各自班级的劳动教育课。第二个“N”为若干个学校劳动教育课辅导员。学校聘请了校内清洁工人、食堂师傅、园林师傅作为劳动教育课辅导员，他们成为学校劳动教育教师队伍的有力补充。

同时建立起全员与专项培训相结合的培训体系。学校开展全员培训，强化每位教师的劳动课程意识，提升教师实施劳动教育的自觉性和教育水平；对专、兼职教师进

行专项培训，定期开展劳动教育研究活动，如上研究课、现场观摩优质课等。

（二）经费支持

将劳动教育经费纳入学校预算。首先，逐年增加教师全年培训费用；其次，着力修建、扩建劳动教育实践场所，配置劳动教育工具、器材、用品等；最后，立项开展市级课题“‘小鬼当家’主题式劳动教育课程开发研究”，确保研究经费到位。

（三）实践场所

学校设立了“小鬼当家”综合性劳动教育实践教室和“小鬼当家”种植实践园地，以此扩大学校劳动教育的实践场所。

七、仰取俯拾皆有得，课程实施见成效

建校十年，在劳动教育课程开发与实施的道路上，学校不断收获成长与发展。学校劳动教育由碎片化转向课程化，整体课程设置更加优化，社会美誉度不断提高。

除了在课题研究上取得诸多成果，更重要的是让学生初步理解了劳动的意义，增加了对劳动的认识，初步树立了“劳动最光荣，劳动不分贵贱，劳动创造美好生活”的观念。

教师开展劳动教育的积极性提高，劳动教育水平和课程开发能力不断提升，撰写的10余篇劳动教育论文在成都市教改、课改论文评选中获一、二等奖，多名教师被评为市、县名优教师。

撰稿人：刘蓓娟

编辑手记

教育是一门润物细无声的艺术，叶圣陶先生说：“凡为教，目的在于达到不需要教。”作为一门独立又特别的课程，劳动教育的价值在很多时候容易被忽视或曲解。在学校开展劳动教育，有时不仅面临着来自学生、家长的不理解，甚至有的教师、学校领导等在观念、执行层面也存在诸多问题。成都师范附属小学金堂分校作为一所新建校，以课程、课题、课堂“三课”一体为实践理念，从学生感兴趣的事物中汲取灵感，开发了“小鬼当家”主题式劳动教育校本课程。围绕立德树人、“五育”并举，学校不仅构建了含课程目标、课程实施、课程评价的全面育人体系，更在营造劳动教育环境氛围上精心设计，在师资保障上大力投入，为更多新建校的校本课程打造提供了范本。

《全视界·教育》编辑部　黄欢

棋之道 育人之道

成都市解放北路第一小学校

成都市解放北路第一小学校（以下简称“解北一小”）始建于1938年，距今已有80多年的办学历史，是一所具有深厚历史文化底蕴的全日制小学。学校从1988年开始，一直将棋类课程融入学校发展之中。经过30多年的发展积淀，学校着力提炼棋类课程中的积极因素，以棋之道丰富教育内涵，丰厚成长素养，丰实发展理念，以达育人之道。育人之道中的“道”，一是指根本，即以立德树人为本；二是指“规律”，即符合学生身心发展规律；三是指“路径”，即构建校本课程，清晰实施路径。

一、追溯源

棋类运动在解北一小的开展起源于两位围棋爱好者——陈德洪老师和聂忠老师。1988年9月，刚从学校毕业来到解北一小的两位老师有感于棋类运动对学生智力品德方面的好处，自发在部分学生中开始了围棋训练，并成立了第一支围棋队。自此，棋类运动在解北一小起步。1996年6月，学校成功申报“成都市体育传统学校棋类项目”，1999年，棋类运动正式走进了课堂，开启了校本课程的有益探索。目前学校开设有围棋、国际跳棋、五子棋、国际象棋、中国象棋等课程。学校2017年获评全国国际象棋特色学校，2018年获评全国国际跳棋特色学校。国际象棋大师、中国国际象棋队主教练叶江川，围棋女子大师孔祥明，中国象棋世界冠军蒋川先后到校进行指导并与师生互动。自2003年起，学校创办每年一届的“小棋王争霸赛”，至今已举办了17届，参赛学生人数逐年增加，最近的一届有近千人报名，占学校总人数的80%以上。

二、解棋道

（一）见识与成长

棋类运动是中国文化的瑰宝，是人类智慧的结晶。解北一小深刻认识到棋类运动的积极育人价值，高度凝练“棋之道”，让棋道育人，促进学生全面而有个性地发展。

一是和谐之道。围棋中的“手谈”体现了中国传统的辩证法——冲突中的和谐。对话乃是一种心与心的交流，真正的对手既是“敌人”，又是契友；真正的棋局，也是双方在不断的冲突中最终走向和谐。

二是雅韵之道。棋在对局时，双方遵循着内在规律，竞巧斗智，施计用谋，在方寸棋盘上展现出多姿多彩的“战斗”场面。“来如雷霆收震怒，去如江海凝清光”，精彩的棋局如同一卷珍稀的书画，同样可以给予观者美的感受。

三是拼搏之道。棋如人生，拼搏是非常重要的，真正的强者应无所畏惧、勇往直前、勇于超越。

四是协作之道。在一盘棋中，双方只有通过协作，才能让每一颗棋子都能最大限度地发挥它的能力。

五是胜负之道。不恋战，“该收手时就收手”，此路不通，另寻别路；不骄傲，明白胜败乃兵家常事；不清高，以棋会友，不分三六九等；不急躁，赢得胜利的首要条件，就是要有平和的心态；不嫉妒，君子既要赢得无愧，也要输得利索，坦坦荡荡，光明磊落。

六是远志之道。如果下棋只看眼前得失，眼光只局限于眼前的一步两步，则无法成就全盘的胜局。

七是创新之道。棋如人生，不能故步自封，不能一直走前人的老路，开拓创新，方能独辟蹊径，自成一格。

（二）晓悟与开放

学校通过深度学习棋文化，开展棋运动，将棋之道融入学校发展，逐步确立了“棋艺启智、棋风树德、德才兼善，和乐发展”的办学思想，形成了“让孩子在和乐中博弈人生”的教育理念，构建完善了以五子棋、国际跳棋、中国象棋、国际象棋和围棋等五大棋类为主体的传统棋类课程体系。

一是确立了“棋艺启智、棋风树德、德才兼善、和乐发展”的办学思想。棋艺启智——棋类活动是融科学、文化、艺术、竞技为一体的智力体育项目。它有助于开发智力，培养逻辑思维和想象能力，加强分析能力和记忆力，提高思维的敏捷性和严密性，更在情感、社会性等诸多方面对孩子有着潜移默化的影响。棋风树德——下棋是大众竞技文化活动，良好的棋风有助于参与者和观看者等多方增进友谊，陶冶高尚情操，培养顽强勇敢、坚毅沉着、机智灵活等优秀的意志品质。德才兼善、和乐发展——通过棋艺让孩子们启迪智慧，树立品德，可使其“德”“才”“兼善”，健康成长。解北一小以棋艺作为学校的文化载体，构建出具有深厚棋文化的和雅校园氛围，表明学校对学生“走出人生第一步棋”的重视，以及用中国传统文化沃土培养学生成为全面的素质型人才的思想。

二是形成了“让学生在和乐中博弈人生”的教育理念。“博弈”是指对事物的拼搏，在这里即学校对培养学生人生拼搏精神的追求。“和乐”指师生们在解北一小的校园生活和成长心境是和谐、欢乐的。学生通过棋艺学习，获取知识，明白事理，博取人生的成功。

三、布棋局

在充分分析学校环境资源、教师资源、学生资源、社会资源的前提下，学校构建了棋类校本课程，明晰了实施路径，践行育人之道。

（一）制订棋类课程实施计划

为发挥棋类课程的更大效能，学校以信息技术为载体，在传承与创新中，探索出了“普及＋拔尖”相结合的课程实施方式：组建“本土优秀师资＋校外名师”的师资队伍，构建“全员必修＋培优选修＋家校共修”的实施路径。

课程实施方面，基础棋类课程采用班级授课制，培优课程通过网络平台自助选择的方式，实行走班制，充分尊重学生个人兴趣特长，满足学生的学习需求。

目前学校确立了以体育组为主体的棋类课程研发中心，创编了国际象棋、中国象棋、围棋校本教材，编撰了棋类教学的相关经验文章专辑《棋之道》。

（二）创新棋类课程承载力

1. 形成“棋文化场”

学校在校园环境文化、班级文化、课程文化中深度融入棋文化，形成了具有巨大引力的“棋文化场”，使得环境育人、文化育人成为可能。

其一，让枯燥的历史活起来。利用二维码构建多维校园棋文化氛围，收集整理各类棋的发展史、棋类历史小故事、棋类名言警句和学校的棋类发展历程，运用小动画、师生解说、棋类宣传片等形式，让枯燥的历史文化知识活起来。

其二，打通新媒体宣传通道。运用电子阅览设备、阅读机、移动终端设备以及微信公众号等新媒体向校内外传播学校棋类文化，公布学校棋类赛事，推选学校小棋王，让传统文化的传播依托新技术变得生动鲜活，让师生家长在“棋文化场”中受到熏陶，从而达到人与人、人与棋、人与技术的和谐统一。

2. 架构新型教学关系

学校与成都棋院合作，利用棋院的围棋数字平台进行围棋、国际象棋教学。该平台影像动画生动，打谱功能强大，棋局配套丰富，布局研究深刻，教师可根据课堂教学需要有针对性地选择棋局。在培优班中，移动终端成为学生棋类学习的常态化工具，教师能适时演示学生的所有着法，学生也能在移动终端演示自己的着法，课堂氛围异常活跃。在这样的课堂上，技术的使用与课堂活动实现深度融合，教与学的方式也发生了根本性的变化，教师的授课可在线上线下同时进行，混合式学习成为常态，形成了更广泛的线上线下的师生互动、生生互动的局面。

教师的角色发生根本性的变革，成为学生学习和发展的推动者、支持者；学生由课堂活动的消极参与者和被评价者变成课堂活动的设计者、实施者、主动参与者和评价者。

3. 尝试数据化评价体系

成都市围棋数字平台会对学生的每次对局进行评分并自动保存。学生通过分析对弈数据可以对自身的棋力进行评估；教师通过分析对弈数据可以了解每一个学生的真实情况，并制订相应的个性化的教学计划。过程性、诊断性的分析结果又能让教学指导更有成效。

利用在线学习，学生、家长均能及时了解学生的学习情况，落实生生互评、家校互评，实现评价的多元动态化。

4. 探索新型课程实践路径

移动终端和学习平台带来了更加广泛、生动的课程学习模式，学校鼓励和支持任课教师主动参与校内外新型课程的开发，创新课程类型，比如“3D＋棋文化”“创客＋棋文化”“文学＋棋文化”等，让传统的棋类文化在互联网时代发扬光大。

撰稿人：成都市解放北路第一小学校

编辑手记

校本课程的开发与实施是学校课程建设的重要环节，是破解学校课程发展问题的有效突破口，对落实“双减”政策、促进学生多元发展具有重要意义。开发校本课程需要解决课程对象、课程育人功能、课程资源开发和课程评价 4 个方面的问题。成都市解放北路第一小学校基于对校本课程开发的深刻理解，深度学习棋文化，广泛开展棋运动，将棋之道融入学校发展，逐步确立了“棋艺启智、棋风树德、德才兼善、和乐发展”的办学思想，形成了“让孩子在和乐中博弈人生”的教育理念，构建了棋类校本课程，创新棋类课程承载力，践行育人之道，彰显了课程育人功能。

四川教育出版社　高玲

课后服务助成长“五育”之花并蒂开

泸州师范附属小学城西学校

2018年2月，泸州师范附属小学城西学校（以下简称“泸师附小城西学校”）被确定为四川省泸州市江阳区首批“4点半课堂”课后延时服务试点学校。在积极响应教育部《关于做好中小学生课后服务工作的指导意见》的基础上，为了促进学生健康成长，经过3年来不断的探索实践，学校围绕“多维的课程开发、多彩的课程展示、多元的课程评价”，逐渐构建起儿童课后服务实施新范式。

一、背景原因

2017年3月4日，教育部印发了《关于做好中小学生课后服务工作的指导意见》，要求中小学积极开展课后服务，落实立德树人根本任务，发展素质教育，促进学生健康成长，努力让每个孩子都能享有公平而有质量的教育。根据江阳区教体局、江阳区兴阳文化教育发展投资有限公司课后服务工作方案，结合学校“中国根基、全球视野”的育人目标，在学校课程体系框架的指导下，泸师附小城西学校充分利用好课后服务时间，从关注学生学业发展和兴趣特长发展出发，科学设置课程，合理配置师资，重视评价考核，完善后勤保障；通过课后服务的开展，为学生提供选择拓展性课程的机会，使学生能“培养一个爱好、掌握一项技能、拥有一门特长”，综合能力与核心素养得到有效发展，同时也进一步助推形成家校共育的格局。

二、主要做法

（一）多维的课程开发，充实幸福课程内容

1. 理念引领

泸师附小城西学校从建校之初就提出了“为学生的幸福发展奠基”的办学理念，

并将之贯穿于学校教育教学改革的发展过程中。

2. 模式探索

学校课后服务采用“3＋1”模式，即3天时间用于语数作业辅导，1天时间用于发展学生的兴趣特长。作业辅导在各班级原班进行。在兴趣特长课中，将6个年级分为3个学段，每个学段轮流开设兴趣特长课。这样既保证了授课教师的合理安排，又解决了全校在同一天上兴趣特长课场地不够用的问题。

3. 课程设置

学校课后服务主要分为3种课程类型，即基础课程——作业辅导、拓展课程——兴趣课程、精品课程——特色精品班。

（1）基础课程——作业辅导。在课后服务的3天作业辅导时间里，每天均为1节语文作业辅导、1节数学作业辅导，有对习题感到困惑的学生可以当场向老师提出疑问，老师现场进行辅导。学生们在3天的作业辅导时间内都可以当天完成老师布置的作业，解决回家做作业的难题。

（2）拓展课程——兴趣课程。在拓展课程——兴趣课程的实施过程中，将每个完整的建制班分为A班、B班进行授课，实行小班制兴趣特长培养。每个建制班设置2名兴趣课教师，分别固定在原班教室上课和固定在功能教室（或运动场）上课，下一周A班、B班学生进行互换，教师不变。当A班、B班学生的两种课程学习（2课时）都结束后，全体兴趣课教师移到下一个建制班进行兴趣课教学，又重复以上的授课模式，如此循环往复。

一学期结束后，每个班的学生基本能将语文类（如主题阅读、童话剧社、节气之美、经典诵读等）、数学类（如数学思维、巧算24点、国际数棋、开心市场等）、体育类（如球类运动、跆拳道、田径、爵士舞等）、艺术类（如打击乐器、表演唱、软笔书法、绘画游戏等）、英语类（如英语口语、英语表演唱、英语小报设计、英语书写等）、科技类（如电脑绘画、3D打印、SCRATCH编程等）课程均体验一遍，实现普及性教学。

（3）精品课程——特色精品班。在拓展课程中，学生们经过多种尝试体验后，可以发现自己最感兴趣、最擅长的某一课程，经班主任、科任老师推荐，学生们有机会进入精品课程——特色精品班学习。与拓展课程不同的是，精品班的学习采用的是一学期固定上某一课程的方式，这样就实现了由普及教学过渡到提升教学，学生可以“精”学某一门课程。

（二）多彩的课程展示，丰富学生的幸福体验

自开展课后服务以来，学校秉持“全体参与、全力策划、全面展示”的原则，拓

展多彩的课程活动，形成了“五育”融合理念指引下的常态化、品牌化的活动体系。

1. 德育为先，发扬传统

学校课后服务开展了一系列中华优秀传统文化教育，依托“经典诵读”“节气之美”等语文学科课后拓展课程，重点打造“我们的节日——中秋、端午、元宵、重阳”等系列特色活动，弘扬中华优秀传统美德。学校还开展了一年级开笔礼、入队礼等活动。

2. 智育为重，创新思想

学校以课后服务学科拓展课堂为基础，开展了与学科教学相关的延伸活动。在“儿童故事演讲”“德润影堂”等语文学科拓展课程背景下产生的“故事大王演讲比赛”“校园作文大赛”“校刊投稿”等活动，将学科与生活紧密联系，让学生在活动中开展脑力训练，促进智育发展。

3. 体育为基，强身健体

丰富的体育课程提升了学生的身体素质，达到了以赛促练的目标。学校开展的行健体育节、班级足球（篮球）联赛、亲子运动会等竞赛，激发了学生参加体育锻炼的积极性。精品班的学生还在泸州市中小学生乒乓球比赛、羽毛球比赛、田径比赛、U系列篮球比赛、足球比赛、拉丁舞比赛、体操比赛、跆拳道比赛等活动中全方位展示了专业的体育技能。

4. 美育为要，培养美感

学校作为四川省艺术特色学校，其课后服务中的美育课程项目多样，充分发挥了美育功效。学校为学生提供美育课程学习成果展示平台，每年一届的“凤翔艺术周”以舞蹈、表演唱、合唱、课本剧等形式，让每个孩子都站上舞台，展示美、传递美。新年音乐会则重点展示器乐、声乐等精品成果。“百米画卷”、书法比赛、手工作品等全体学生参与的活动凸显了学生在美育课程熏陶下的美育素养，精品课程“酒香版韵”传承地方优秀传统文化，成为学校的美育名片。

5. 劳育为本，创新实践

劳动实践课程是学生幸福人生的奠基工程，由此延伸出系列的劳动拓展活动，比如每月的班级大扫除劳动，每周的家务劳动，每月的社会实践劳动，每学期的劳动技能大赛，“青葵园”菜园劳动，“柚见丰收”及“枇杷满枝，幸福满园”劳动实践活动等。学校通过劳动实践活动，促使学生养成良好的行为习惯，增强创新意识和动手实践能力。

（三）多元的课程评价，促进学生幸福成长

学校建立健全课后服务工作管理制度，特别重视课程评价制度的建设，由学校、

家长、师生从不同角度进行评价。

（1）学校成立课后服务工作领导小组，加强课后服务工作的统筹规划和组织领导，明确部门和人员职责，落实工作责任，确保课后服务规范有序、安全稳定、家长满意；同时，主要从课后服务内容和效果、教师责任意识、后勤安全保障等多个维度进行评价，确保课后服务教学质量。

（2）学校定期举行家长开放日，邀请家长走进学校，观摩学生课后服务学习情况，体验基础课程、拓展课程、精品课程的教学效果，对孩子所获取的知识与技能进行评价。学校吸取家长提出的合理建议，不断提升服务质量。

（3）学生在课程活动中开展自评与互评，教师以“幸福童年成长手册”、学生过程性学习评价表等方式全面反映学生在课后服务中的学习情况，公平、客观地评价每一位学生。

三、工作成效

（一）学生层面

学校课后服务除了给学生提供作业辅导，还培养和丰富了学生兴趣，发展了学生各项特长，提升了学生综合素养的过程。课后服务学习活动让学生在体验中发现了自己的兴趣点，激发了自主学习动力，使全校学生基本都具备了“一个爱好、一项技能、一门特长”。

（二）家长层面

课后服务的开展立足家长需求，帮助家长减轻负担，为家长解决了“作业辅导难”“时间差”以及校外辅导班质量参差不齐且收费较高等问题，还能培养孩子的兴趣特长。

（三）学校层面

通过多样化的课后服务课程实践，学校充分实现了课程资源的有机整合，进一步优化和丰富了课程设置，探索出契合学校特色的校本课程，逐步形成了“主题阅读”“国际数棋”“我们的节日”“戏剧英语”“酒香版韵”“创意手工”“跆拳道”“创客机器人”等40多门趣味课程创新成果，促使学校育人品牌建构走向多元化。

（四）社会层面

通过3年的摸索实践，泸师附小城西学校课后延时服务日臻完善，在区域内提供了一个较好的课程实施范式，起到区域引领和辐射作用，社会反响突出，先后多次接待泸州市三区四县及绵阳市、南充市、重庆市、自贡市等地中小学校的同仁来校参观学习。

撰稿人：周健、王芳、李培培、黄岚岚、金旭

编辑手记

“开展中小学生课后服务，是促进学生健康成长、帮助家长解决按时接送学生困难的重要举措，是进一步增强教育服务能力、使人民群众具有更多获得感和幸福感的民生工程。”泸州师范附属小学城西学校作为四川省泸州市江阳区首批“4点半课堂”课后延时服务试点学校，通过多维的课程开发、多彩的课程展示、多元的课程评价，充分利用课后服务时间，逐步构建起了课后服务实施新范式，起到了区域引领和辐射带动作用。

四川省教育融媒体中心　唐虹

学前智力障碍儿童发展性课程的开发与实践研究

攀枝花市特殊教育学校

学前智力障碍儿童发展性课程充分发挥课程、课堂、活动的育人作用，以实现立德树人的最终目的，其核心是从智力障碍儿童发展的五大领域入手，采用集体差异教学、结构化教学等方法，通过集体教学、小组训练等方式，对儿童进行缺陷补偿和潜能开发，以提高儿童各方面的能力，为其终身发展奠定基础。

一、课程目标

（一）课程总目标

学前智力障碍儿童发展性课程主要包括健康、言语、社会、认知、艺术五个领域，各领域具有相应的总目标。

（1）健康：总目标是提升感知觉能力，包括视觉、听觉、触觉、味觉、嗅觉、前庭与本体觉以及综合运用的能力，尽可能地满足学生日常生活及学习活动中对不同信息接收、处理、运用等方面的需求；提升粗大动作和精细动作能力，尽可能满足学生日常生活及学习活动中移动、运动、工具操作等方面的需求。

（2）言语：总目标是提升言语准备、前沟通技能、非语言沟通、口语沟通等基础能力，尽可能满足学生日常生活及学习活动中沟通交往的需求。

（3）社会：总目标是提升正确理解和适当表达情绪的能力，提高生活适应能力，尽可能满足学生人际交往和基本生活的需求。

（4）认知：总目标是提升学生的基本认知能力、注意力、观察力、记忆力等，尽可能满足学生日常生活及学习活动中对认知能力的需求。

（5）艺术：总目标是让学生初步感受并喜爱环境、生活和艺术中的美，通过参加艺术活动舒缓情绪、表达体验。

（二）学习领域分级目标

学校根据学前智力障碍儿童发展性课程五个领域的总目标，制订了分级的学习领域目标，形成了发展性课程学习领域目标体系。

二、课程内容

从总体结构上看，学前智力障碍儿童发展性课程的教学内容包括生活主线和学科主线两条主线。生活主线包括学校生活、个人生活、家庭生活三个层面。学科主线根据学科性质有所差异：健康包括感知觉、基本粗大动作、常见体育器械的使用；言语包括言语的机转、言语理解、言语表达、沟通与交往；社会包括认识生活环境、生活基本能力训练；认知包括物体的存在、自我认知、基础性认知、数学概念；艺术包括感受与欣赏、基本元素辨别、艺术能力活动。

学前教育活动方案作为教学的主要依据，根据学科主线分册，根据生活主线构建单元，每一篇活动方案主要包括目标体系（目录）和活动设计两大部分，活动方案将主题单元和领域能力目标相结合，在主题单元内容下开展相应的能力训练，目标体系（目录）与活动设计一一对应。活动包括活动目标、活动准备、活动设计及活动建议四个部分。

三、课程实施

（一）授课形式

学前智力障碍儿童发展性课程的授课形式包括集体课和小组课两种方式。其中，集体课是一般性课程，即全班学生都要完成的课程；小组课为选择性课程，即按照学生的能力与康复训练需要进行分组，学生选择性参与。

（二）集体差异教学法

集体差异教学法是指在班级集体授课环境中，针对学生身心发展特点及能力现状，在教学目标、内容、活动、资源等方面提供差异化的支持，以满足学生的不同需求。它具有以下特点：

（1）教学内容差异化。教师根据学生的能力、内容的难度等，对教学内容进行增加或减少。

（2）教学活动差异化。教师通过不同活动对学生进行教育训练或在同一活动中改变方式让所有学生都能参与并学有所获。

（3）学习资源差异化。教师根据学生的水平和需求，提供不同资源帮助学生完成教学任务，如视频、图片、文字、实物、教具等。比如对认知能力较好的学生，教师为其提供文字、简笔画，对能力较差的学生为其提供实物和图片。

（4）教学支持的差异化。教师针对不同学生提供的教学支持有所差别，如口头提示、图片提示、动作辅助等。

（5）练习活动的差异化。教师根据学生的教学目标，设置有针对性的练习活动，帮助学生巩固与练习所学内容。

（三）结构化教学法

《孤独症儿童训练指南（全新版）教学策略》指出："结构化教学法就是有组织、有系统地安排学习环境、材料及程序，让儿童学会学习，并改善情绪与行为问题，建立良好的日常常规，体验独立优质的生活。"结构化教学法的五个重要元素分别是视觉安排、常规、环境安排、程序时间表、个人工作系统。

在小组教学活动中，教师根据学生能力进行分组，采用视觉结构化的图示布置小组任务，促进小组间共同合作能力、配合能力、分工能力、交往能力的提升。

（四）游戏活动法

游戏活动法是指教师根据教学内容设计游戏活动让学生进行体验或练习的方式。培智儿童对游戏活动兴趣浓厚，参与积极性高，因而游戏活动教学能充分调动学生的学习积极性，提高教育教学的效果。

游戏活动：魔术变变变

教师准备一个魔术棒和一个大的盒子，将盒子的背后挖空，以便可以用手放进小道具（床、桌子、衣柜、凳子、书、灯等），用方巾将盒子盖住。学生一边挥动魔术棒一边念咒语"巴拉巴拉变"。学生念咒语的时候，教师悄悄放入一个物品到盒子里，请学生观察"房间里有什么"，并用句式说一说，如"房间里有床"。

（五）教育支持策略

教育支持策略是指教师根据个别特殊儿童的需求，提供个性化的支持服务，以帮助儿童解决障碍，提高学习效率。班级中每名智力障碍儿童所存在的障碍往往有所区别，例如情绪与行为障碍、言语障碍、动作发育障碍等，这些障碍同样影响着教育教学的效果。因此，将教育支持渗透到课堂教学中，能帮助儿童有效改善障碍对学科学习所产生的负面影响，如为握笔困难的儿童准备握笔器，为无口语儿童准备辅助沟通设备等，从而综合性地促进儿童的发展。

（六）综合性实践活动

综合性实践活动是围绕发展性学科课程的主题，开展的跨学科主题实践活动。活动通常以一年中的重大节日为线索，根据智力障碍儿童的能力和爱好为儿童设定活动目标，在活动中实践教育与康复活动，以提高儿童的综合素养。

四、课程评价

在学生入学初期，教师按照学校制定的《发展性课程评量体系》对学生的学习情况进行初次评估，摸清学生现有的能力和水平，并进行有针对性的教育训练。在一个教学阶段（一学期或一学年）后，教师采用《发展性课程评量体系》对学生进行再次评估，以检核教学目标的达成度。当对学生的五个领域进行了分值评定后，汇总分数，画出学生得分情况图，就能十分客观地评定学生的进步与成长，若教生目标未达成，则需要进行反思与调整，找出问题的原因，为下一次教学目标的制订打下基础。

撰稿人：攀枝花市特殊教育学校

编辑手记

作为特殊群体，学前智力障碍儿童的发展既要遵循《3-6 岁儿童学习与发展指南》的总体要求，又要最大限度地照顾儿童学习发展的实际困难，引导他们成长。攀枝花市特殊教育学校根据学科主线分册，根据生活主线构建单元，开发发展性课程内容，并通过多种方法展开教学，重视从儿童兴趣出发，重视在生活中学习，重视教师给予支持，重视调动儿童全身心参与，促进儿童的综合发展，对儿童的成长有积极的作用。

《教育科学论坛》编辑部　张文龙

中国共产党人精神谱系融入思政课的“三维三阶”实施路径

泸州市教育科学研究所　四川省合江县中学校　四川省泸县第二中学

为了更好落实立德树人根本任务和核心素养目标导向，充分发挥思政课的独特育人价值，激励青年学生将中国共产党人精神谱系（以下简称“党的精神谱系”）内化为精神追求，外化为振兴中华的自觉行动，泸州市教育科学研究所、四川省合江县中学校、四川省泸县第二中学以党的精神谱系为依托，从教研引领、教学实施、学生实践三条路径，形成了教研“研—培—展”、教学“润—融—用”、学生“知—信—行”三个维度的“三阶深耕”实施策略，有效增强了政治学科教研引领作用，提升了教师综合素养，促进了学生的全面发展。

一、“三维三阶”的基本做法

（一）教研维度的“三阶深耕”

1. 研——发挥教研引领作用

（1）建立市域内政治学科智库组，组织骨干教师集体研修，整合教材理论，形成实施细则。分阶段研讨《中国高考评价体系》《普通高中思想政治课程标准（2017年版2020年修订）》和新版统编思想政治教材，明晰核心素养、精神谱系、思政课融合的契合点，整合出党的精神谱系融入思政课的教材理论支撑，形成党的精神谱系融入思政课的实施细则。

（2）通过“互联网＋”，实现资源共建共享，完善多维认知。在全市思政学科QQ群和微信群共享，在全市学科教学研讨会上宣讲说明，提升思政教师对党和国家的政治认同，形成对党的精神谱系重要性的多维认知，引领思政教师将党的精神谱系融入思政课教学中。

2. 培——发挥教研辐射作用

在全市范围内举行“三个一”研培活动，发挥辐射带动作用。

一是发挥试题命题机制对研究重大时政理论的导向作用，将党的精神谱系融入全市高中政治统考试题，并举行以“价值引领、素养立意、能力为重、知识为基”为主题的考试评价研讨会。二是开展核心素养视域下将抗疫精神融入思政课的优质课竞赛活动，来自四县三区的青年思政课教师将抗疫精神与课堂教学深度融合，从不同视角贡献至少十节优质课，以赛代培，进一步坚定教师的政治站位，让青年教师更深刻领悟精神谱系的价值意蕴，提升专业素养，实现教学研究和师培的有机统一。三是举行“献礼建党一百周年”主题送教活动，思政课教师在贫困县区学校讲党课，演绎“建党精神——伟大的力量”示范课，荡涤教师心灵，启迪教师思考。

我们努力从这些教研活动中提炼形成基于市域内重大时政热点和理论融入思政课的长效教研机制，发挥教研的辐射引领作用。

3. 展——发挥教研示范作用

在前期的实践基础上，将初步形成的党的精神谱系融入思政课的理论和实践经验进行反思、梳理、提炼，形成市级层面的专题讲座和优质课，在省级平台推广展示。一是在核心素养视域下将抗疫精神融入思政课，将以此为指导理念设计打磨的泸州市优质课“共建免疫长城——国家财政的担当”报送至四川省教科院参加思政学科优质课评选，获得四川省一等奖。二是在四川省教科院组织的四川省高中思政课网络教研中，案例组成员代表泸州作了题为《思政学科高考主观题“组题解码”——二轮复习中学科素养的培育与思考》的专题讲座，共享了“‘组题解码’之‘主观意识范畴’——中国方案为什么行，党的精神谱系为什么好”的示范课，获得一致好评。在省级平台展示了核心素养视域下党的精神谱系融入思政课的研究成果，发挥了示范引领作用，得到了省内专家的指导，催化了案例的再思考和再实践。

（二）教学维度的“三阶深耕”

1. 新授课：以“润”为基，精细建构“党的精神谱系情境”序列，“序境”推演

新授课教学以议题式教学为基本遵循，根据教学内容拟订议题，建构“党的精神谱系序列”（或宏观的党的精神谱系，或微观的党的精神谱系分支、党的精神谱系事件）学习情境，以对“干涩”“僵硬”“冰冷”的学科理论进行“浸润”“软化”“温暖”。以宏观的“党的精神谱系”为主题建构教学大情境，着眼于大单元教学，以增强知识综合性与整体性，培育学生综合思维。

2. 复习课：以“融”为基，借助“精神序列”情境，“群疾”解构

“疾”指学生在学习新课过程中通过解构具象化的情境自主建构抽象化的知识而留下的“建构无助”或“建构未够”，属于学生“已学”却“未学懂”的知识难点、疑点。立足教材整合中华民族精神与具体的党的精神谱系分支或党的精神谱系事件，从个性中把握共性，也可立足某一具体的党的精神谱系分支或党的精神谱系事件整合教材知识。如以“抗疫中的经济政策”这一党的精神谱系事件建构情境，可以辅助“财政作用”一框的教学。

3. 讲评课：以“用”为基，精心选择“试题组”，“组题”解码

（1）围绕试题设问全域选择试题“组题”。试题设问全域包含显在的学科理论域、学科任务域、试题情境域和潜在的学科素养域，与此四域相对应，“组题”标准分别有同质学科知识、同质学科任务、同质试题主题、同质学科素养。教学者根据试题任务全域中的一域或多域选择试题，组成同质试题群。

（2）基于情境主题确定教学议题。“组题解码”可基于学科理论域、试题情境域、学科任务域或学科素养域拟订议题，基于试题情境建构教学情境，设计学习任务，组织情境活动，实现试题评讲课的议题式教学，增强评讲课的聚焦度和聚合性，防止试题评讲“见子打子”的零散性。

（3）基于思维模型解构情境试题。首先，问题式解构试题设问。试题设问的解构着眼于设问中蕴含的四域，即学科理论域、试题情境域、学科任务域和学科素养域，分步骤地解构“显在域”。其次，问题式解构试题答案。试题答案的解构路径主要包含从宏观到微观、从寻找共性到识别不同、从面到点。

（4）全方位建构学科思维。对试题设问和试题答案进行解构后，教师需要提炼相应的学科思维模型。教师不仅要问题式引导学生明确思维模型的运用条件，而且要引导学生科学固化模型，进行模型识别和模型运用。

（5）问题式引导思维疑难。在“组题”解码过程中，教师通过问题式启发与留白，根据疑问特点和答案逻辑，通过顺承式追问、发散式追问或逆向式追问的方式，消解学习疑难。

（三）学生维度的“三阶深耕”

1. 知“党的精神谱系”阶段——领悟

（1）活动体验——“感恩卡创设”。以党的精神谱系中某一具体精神为主题，学生收集典型代表人物及相关事迹，整理成册，并以当事人身份设置“感恩卡”。

（2）情境熏陶——教师基于事实设置虚拟情境或模拟情境。课堂中教师基于社会事实设置虚拟情境或模拟情境。如教师在课堂上截取视频《长津湖之冰雕连》片段：六连战士穿着夏季的衣服，顶着零下四十多度的低温奉命坚守死鹰岭。战斗打响后，六连防守区域没有开火，兄弟部队派某参谋来到六连的阵地了解情况，看到在六连的阵地上，战士们有的手持步枪、机枪，有的举着手榴弹随时准备投入战斗，但是一个个无声无息。原来经过一夜零下四十多度的寒流、雨雪侵袭，六连战士们都已经全部被冻死，一个个成了冰雕。以艺术形式演绎战争故事，让学生直观感受战争的残酷和抗美援朝战士的坚毅与果敢，领悟抗美援朝精神的时代价值。

（3）事例唤醒——举国同心抗疫短视频推荐活动。学生通过大量的信息收集与整理，精选最令自己感动的短视频，并用简短的语言提炼视频精髓，在推荐词的书写过程中切身感悟抗疫精神的具体内涵及在全国人民身上的实际表现，感悟抗疫精神的伟大力量。

2. 信“党的精神谱系”阶段——弘扬

（1）举办校园主题演讲比赛。举办“少年红心向党 抗疫精神传扬”主题校园演讲比赛，让学生以演讲的方式讲述身边的抗疫故事，学习抗疫经验，抒发自身真实情感，真诚致敬抗疫英雄，真正认同抗疫精神的内涵。

（2）举行主题班会活动。以党的精神谱系中的某一具体精神为主题开展主题班会，从“展→讲→悟→信”四个环节实现“展现事实→讲述故事→悟懂精神→坚信力量”。

（3）制订生涯规划。在前期的感知与领悟的基础上，学生根据社会发展需要、国家发展需要，结合自身实际，畅想自己的职业生涯，将个人发展融入国家发展之中，将个人梦想与国家需要相结合，坚信自己可以为国家、为社会做出贡献。

3. 行“党的精神谱系”阶段——践行

以“党的精神谱系”为核心主题，以“学校、家庭、乡土资源”为课程支撑，由学校牵头，整合学校、家庭、乡土三大教育资源，形成有机协调、立体多面的校本德育体系。

第一步，在教师指导下，学生收寻家族、乡土体现爱国主义、创造、奋斗、团结、梦想精神的奋斗故事。第二步，以班级为单位，对所收集的故事进行评选，评选可采用演讲方式，应体现思想性、艺术性、时代性、教育性。第三步，在教师的指导下，全年级将各班选出的故事进行打磨，为展示做准备。第四步，利用每年一度的劳动实践基地活动，在纳溪“抗战小学”、泸州高中实践基地举办民族精神展览；举行现场讲解，举办讲故事、演短剧活动。第五步，进一步体会心得收获，实施教育评价和总结。

二、“三维三阶”的实践效果

近年来，党的精神谱系融入思政课教学已成为全市教师的共同主张，并在学科教研活动开展、思政教师队伍建设、学生活动渗透教育等方面取得显著成效。

（一）思政学科教研引领作用不断显现

案例实施负责人立足全市思政学科教学现状，积极先行探索，进行整体谋划。作为第一批示范学校的泸州高级中学校、泸州老窖天府中学、泸州天立学校、泸县第二中学、合江中学五所学校思政学科教研组紧跟步伐，瞄准党的精神谱系，组织开展深度教研，并形成了“党的精神谱系融入思政课教学”的有效策略，为全市各学校的党的精神谱系教育开辟了新路径。

（二）思政课教师综合素养和专业能力不断增强

本案例着眼于全市思政课教师的“最近发展区”，让案例成果服务教师发展并取得显著成效。一是案例开发组教师素养和能力明显提高。案例开发组负责人肖平方的论文《从 2019 年国家统计公报谈思想政治学科素养和关键能力的培育》荣获 2020 年四川省普通高中思想政治优秀论文一等奖；成员周贞美的论文《科学精神视域下的高考试题审视——以全国卷为例》和《核心素养视域下的深度教学》分别发表在全国中文核心期刊《思想政治课教学》2019 年第 6 期和 2018 年第 10 期，论文《学科核心素养的再认与实践》发表在全国中文核心期刊《中学政治教学参考》2017 年第 7 期。二是全市思政课教师教育教学观念得以转变，教学改革成为常态。思政课教师对党的精神谱系的认知解读更深刻、更到位，能以敏锐的政治眼光和坚定的政治立场助力学科核心素养培育落地落实，自觉遵循新时代思政课“八个统一”的建设规律。

（三）广大学子的成长呈现新样态

学生是本案例最大的受益者。本案例为学生搭建了丰富的成长“脚手架”，学生的核心素养得以培育。上千名学生参加了“感恩卡片创设”“12・9 活动汇报表演”“传承党的精神谱系主题班会”“思政社团活动”等系列活动，发出了“与党同行，与时代同行，释放信仰之力”的青春强音。学生们在理论与实践、课堂与生活的探索中领悟党的精神谱系的强大力量，认同党的精神谱系的时代价值，激发内驱力，习得优秀品质，提升关键能力，实现思维进阶。同时，学生们在实践过程中让党的精神谱系成为其内生价值取向和外显行为表现，增强了实现中国梦的信心，自觉坚定“四个自信”。本案例达成了“学科素养培育有厚度、家国情怀教育有深度、教师教学有温度、学生成长有高度的目标”。

撰稿人：肖玉方、徐应梅、周贞美

编辑手记

有效开展思政课对于切实提高学生参与现代社会生活的能力，逐步树立建设中国特色社会主义的共同理想，初步形成正确的世界观、人生观、价值观，为终身发展奠定思想政治素质基础，从而落实学校立德树人根本任务有着重要作用。泸州市教育科学研究所、四川省合江县中学校、四川省泸县第二中学将中国共产党人精神谱系融入思政课教学，探索出教研“研—培—展”、教学“润—融—用”、学生“知—信—行”的思政课“三维三阶”实施路径，充分发挥思政课的独特育人价值，促进思政学科教研引领作用不断显现，思政课教师综合素养和专业能力不断增强，广大学子的成长呈现新样态。

四川教育出版社　高玲

编玩编学 育劳育美

简阳市射洪坝水东小学

在新时代背景下，简阳市射洪坝水东小学（以下简称“水东小学”）从贯彻落实《中共中央 国务院关于全面加强大中小学劳动教育的意见》出发，以麻编“劳美”融合实践课程为载体，挖掘劳动教育资源，拓宽课程实施场域，把握劳动教育新方向，加强小学生劳动教育，全面落实立德树人根本任务。

一、课程背景

2020年，《中共中央 国务院关于全面加强大中小学劳动教育的意见》指出，学校必须加强对劳动教育的重视，劳动教育过程中要将教育与生产劳动、生活劳动及服务性劳动相结合，用多种途径来开展劳动教育活动，培养出德智体美劳全面发展的时代新人。水东小学在“让每一滴水珠都闪亮”的办学理念下，坚持“让师生过一种幸福完整的教育生活”，努力探索“以劳立德、美劳相融”的劳动教育新模式，以学校麻编环创工作坊为阵地，实施“劳动＋美育”的融合课程，让学生感受劳动之美，提高学生对美的认识，促进审美素养的形成和提升，共铸新时代儿童的完整人格。

二、课程目标

麻编属于手工劳动。水东小学通过开设趣味麻编课程，让学生感受本民族传统的麻编手工技艺，使他们体会到麻编手工艺品的美，在动手制作过程中形成一定的审美素养，同时掌握相应的劳动技能，形成尊重劳动成果的态度和情感。

（1）让学生学习基础的麻编技法，并能动手制作，锻炼学生的动手操作、劳动能力，提升他们的劳动素养。

（2）培养小学生对传统麻编技艺的认同感，使他们自觉地学习和传承麻编技艺，在制作过程中体会劳动人民的勤劳，感受民间艺术的质朴。

（3）在展示、欣赏麻编艺术品成果的过程中培养学生的审美情趣，让他们感受麻编手工艺品独特的美和体现出的价值，让学生的审美情操得到陶冶。

三、课程内容

麻编“美劳”融合课程坚持“编中玩、玩中学”和“取之自然、取之生活”的教学原则，用身边易找且获取方便、经济实惠，兼具质感与实用性、观赏性和操作性的麻绳、麻布为主要材料进行编创。

麻编劳动教育是一门对传统手工艺的创新实践教育课程，在课程内容选择上，教师根据学生已有的经验和对麻编的了解，结合小学生身心发展的总体特点以及接受能力，循序渐进地呈现麻编基本知识和技能的教学。在内容上主要包括：麻编手工艺的起源、麻编工艺品的欣赏和运用、麻编基本技法的学习、手工艺背后的人文知识等多个方面，着力“育美育劳”，体现“五育”融合课程理念。

四、实施途径

以目标为先导，多路径实施，不断拓宽课程实施场域。

一是开辟“学校＋家庭＋社区”的劳动路径，扩大劳动教育辐射范围。除了发挥已有的麻编环创工作坊基地功能作用，简阳市委宣传部也将水东小学作为“简阳市新时代文明实践基地”和“复兴少年宫”，简阳市社区教育中心还在水东小学建立了麻编环创工作坊市民终身学习体验基地。学校利用这些契机，发挥工作坊载体功效，丰富城区劳动教育资源，助推家校、社区劳动教育协同育人。

二是搭建“校内＋校外＋国际”成果展示平台，引发各界对劳动教育的重视。学校积极参加简阳市艺术节、百姓大舞台及成都非遗传承竞技赛等各类比赛，通过评选优秀麻编小能手、优秀麻编家庭、优秀指导教师、优秀技术达人、最受老百姓欢迎的工作坊等活动，提高学校麻编劳动教育知晓率和参与度。

三是通过校内艺术节、亲子活动开放日等进行劳动教育成果展示，借助国际化学校窗口，开发以熊猫为主题的麻编特色课程，推动劳动育人成果走向校外、走向国际。

四是拓宽“本市学校＋优质学校＋联盟校”学习交流渠道，凝聚育人合力、助推劳动教育前行。水东小学已正式加入由成都大学牵头的传统工艺进校园百校联盟，通过这些交流与合作，留住文化根脉，培育新时代中华文化传承者和发扬者。

五、教学策略

这里以校内课堂教学为例，简要阐述麻编特色课程在课堂教学中的实施策略。

（一）展示丰富的麻编工艺品，体会麻编艺术魅力

利用多媒体给学生展示生活中常见的麻编工艺品，包括麻编花篮、麻编衣服、挎包、鞋子、花瓶和一些挂件等，引导学生对这些工艺品进行欣赏。通过展示丰富的、身边的麻编工艺品，让学生初步体会麻编的艺术魅力，为接下来的动手制作做好铺垫。

（二）引领学生了解麻编的起源，丰富学生的人文素养

利用信息技术手段让学生了解麻编的起源与发展：人类以植物韧皮麻编成网罟（网状物），用于打猎、捕鱼；作为“结绳记事”的方法；麻编器具有篓、篮、箩、筐等；装饰编结；现代麻编有服饰、鞋包、装饰画、抽象艺术、装置艺术等。

了解宁夏麻编非遗传承人张璟，深切感受麻编工艺品的美。引领学生认识麻编的部分材料和工具，主要包括麻线、麻绳、棒针、钩针、织布机等。让学生感受麻编在中国传统文化与现代文化中的传承和发展，认识麻编的工具材料，掌握工具的使用方法，了解材料的特性，在此基础上，结合学校麻编环创理念，利用打包盒、矿泉水瓶子、旧物件等，引导学生通过再创造将它们变废为宝。

（三）学习麻编的基本技法，培养动手操作能力

“同学们了解了麻编的起源和制作的工具、材料，刚才也和伙伴们体验了麻绳的搓制，现在让我们一起来学习麻编的基本技法——三股辫吧！”教师给学生播放《麻编手串》的微课视频，向学生们直观地展示如何编制三股辫手串。除了观看视频，教师也现场示范，让学生结合视频中的教程和教师的动作来动手编制手串。

教师示范、讲解完三股辫的技法之后，会给学生布置一个简单的劳动任务，让学生练习三股辫编结法，并编制一串漂亮的麻编手链。教学过程中教师巡视，观察、记录学生麻编手串的完成度、技法的掌握程度，以便不断改进后续教学方式方法。待麻编手链完成后，教师引导学生把它送给同学、朋友、教师或者亲人，用“赠物与人”的方式增强学生的情感和价值体验，激发学习动力。

（四）掌握提篮编织技法，深度体验促发展

教师引导学生回顾麻编艺术的历史起源，欣赏中国结等装饰编结图片，引出具有实用性的各类麻编作品，如花瓶、笔筒、花篮等。

教师通过播放麻编技法的微课视频，并现场教学，一边给学生示范一边强调重点注意事项，让学生掌握提篮编制技法。鼓励学生两人结为一组，合作完成提篮编制。学生练习时教师巡视辅导，挑选会编制技法的同学成为小老师，帮助本组其他同学。让学生在听、说、学、做中锻炼专注力、意志力、理解力、沟通能力和操作能力，并能举一反三、触类旁通，在劳动实践中提升综合素养。

六、实施保障

（一）场所与资源保障

学校美术教师办公室每人配备一台电脑，多功能教室都安装了多媒体教学设备，满足教师上网搜索资料与教学的需求，为课程的顺利开展提供了硬件支撑。

建构手工劳动教育实践场地及设施，为劳动课程开展提供了有利条件。学校拥有三间专门用于手工劳动教育实践的多功能美术教室，建设有麻编环创工作坊，将室外两千平方米空闲花园扩展为材料区、培训区、加工区、体验区、成果区等区域，营造了主次分明、布局合理的劳动教育环境，同时，提供充足的麻编劳动工具和材料，如麻绳、热熔胶枪、胶包花杆等。

定期对硬件设施进行补充完善，增加设备设施与相关材料，进行场所升级装修改造，充分发挥环境育人功效。

（二）经费支持

学校在落实自主经费的基础上，还争取校内外教育资源共计约七十万元，为劳动项目中的工作坊场地打造、材料购买、活动开展等提供了保障。

（三）师资保障

不断扩大麻编劳动教育“朋友圈”，盘活教育资源。学校遵循“让专业的人做专业的事”的原则，除了利用本校专任、专业教师资源，还开设了后勤人员麻编劳动特色教育课程，美术组教师进行指导与教授基本的编织技法。学校后勤人员利用平时工作结束后的空余时间，到工作坊进行麻编学习与制作，创作出了大量精美的麻编作品。部分其他学科教师也逐渐加入麻编制作当中。学校还邀请民间艺人与相关专家前来指导，用他们的创意为学校的麻编艺术教育增添更多的人文色彩，起到了积极的辐射引领作用。

环创麻编多绚烂，“美劳”相融乐万千。水东小学立足城区学校教育实际，以劳动为媒，构建家庭劳动、学校劳动、社会劳动三位一体相互融合的劳动教育课程体系，撬动了劳动教育的新资源，探寻了“五育”融合新路径，不断丰富和拓展了学校教育的内涵和外延。未来，在学校“五育”并举的深度探究中，立德树人将继续发挥引领作用，学校也将结合“让每一滴水珠都闪亮”的办学理念，利用麻编劳动教育以点带面，深度融合美育，加速推进学校课程体系建设，促进学生身心全面发展。

撰稿人：田慧、何春

编辑手记

劳动教育是使学生树立正确的劳动观点和劳动态度，热爱劳动和劳动人民，养成劳动习惯的教育，是培养德智体美劳全面发展时代新人的主要内容之一。简阳市射洪坝水东小学秉持“让每一滴水珠都闪亮”的办学理念，以课程育人为载体，以学校麻编环创工作坊为阵地，探索实践“以劳立德、美劳相融”的劳动教育新模式，实施“劳动＋美育”的融合课程，让学生感受劳动之美，提高学生对美的认识，促进学生审美素养的形成和提升，走了一条“五育”融合的发展路子，为我们提供了一个值得学习借鉴的案例。

四川省教育学会　朱远平

“童·真”课程与“善育”活动的设计开发与实施

成都市第四幼儿园

抓好幼儿的品德教育，对于推进素质教育来说无疑有着更为重要的现实意义。成都市第四幼儿园（以下简称“四幼”）立足幼儿园实际，坚持立德树人、“五育”并举，围绕“童·真”课程中的培养目标，通过德育活动回应和支持儿童的发展，设计开发并实施“善育”活动，构建了良好的德育活动体系。

一、“童·真”课程与“善育”活动的内涵

“童”即幼童，指幼儿以及和幼儿有关的诸多事物；“真”即真实、真正、本性等，指与客观事实相符合，与“假”“伪”相对的事物本来的样子。“童·真”课程是四幼的教育品牌，在“真”教育中培养“真”人，是“童·真”教育的核心价值追求。“童·真”课程是指我们的课程从儿童的真实生活出发，引领儿童直面真实的问题，通过儿童真实的操作与体验，获得真实发展，即以儿童为中心，从儿童立场出发，遵循儿童自然发展规律，尊重儿童个体需求，将真实活动作为课程的起点，创造看见儿童智慧的“真环境”。

“善”即良好、善良、心地仁爱；“育”的本义是生养的意思，引申义是养活，即按照一定的目的长期地教导和训练。教育崇善向善，引导人面向光明，最具人文情怀。教育完善人的生命，增益儿童的善性德行，也激发教师的仁爱之心。

二、“童·真”课程与“善育”活动的目标体系

（一）总体目标

将品德教育渗透于幼儿园一日生活，融入保育全过程，形成科学、系统、整合的幼儿园“善育”活动体系；以品德启蒙为核心，以“童·真”课程背景下的德育价值

为抓手，培养幼儿爱父母、爱老师、爱长辈、爱同伴、爱集体、爱家乡、爱党爱国的情感；以“童·真”课程为实施路径，形成幼儿园“善育”活动管理机制和评价方式。

（二）具体目标

1. 第一阶段

小班：从爱周围的人开始，培养幼儿爱父母、爱师长、爱伙伴的情感，激发幼儿热爱他人的意识；培养健康稳定的情绪，让幼儿愿意与小朋友交往。

中班：激发爱的情感，热爱他人，主动帮助他人；培养幼儿乐于奉献、乐于助人的良好品质。

大班：通过爱的行为，激发幼儿的集体荣誉感；让幼儿养成良好的卫生习惯，遵守生活作息制度。

2. 第二阶段

小班：在爱的基础上，让幼儿了解家乡的民俗风情，激发爱家乡的情感；让幼儿初步养成懂礼貌、讲卫生的良好品质。

中班：培养幼儿爱护环境的意识，激发幼儿尊重珍惜他人的劳动成果；让幼儿能够自觉遵守生活、游戏中的基本规则。

大班：让幼儿尊重和爱护国旗，会唱国歌；让幼儿能主动承担任务，遇到困难能够坚持，不轻易放弃；培养幼儿讲文明、懂礼貌、诚实守信的优良品质。

3. 第三阶段

小班：教育幼儿认识国旗，知道国歌，知道自己是中国人；培养幼儿的集体观念，萌发幼儿的集体荣誉感；让幼儿能主动参与到集体活动中，遵守基本的行为规范。

中班：让幼儿了解传统节日与习俗，增强爱国意识；让幼儿喜欢自己所在的班级，能够主动热情地参与到集体活动中；培养幼儿自信、勇敢的良好品质，知道接受了任务要努力去完成，勇于挑战。

大班：让幼儿知道国家的一些重大成就，增强爱国意识，为自己是中国人感到自豪；让幼儿爱护身边的环境，注意节约资源；培养幼儿好问、善思的良好学习品质。

三、“童·真”课程与“善育”活动的实施

四幼的“童·真”课程内蕴丰富，呈现多种样态，关注个体差异，注重多元表达；强调整合，以学科知识、生活经验、儿童全人教育为表征；突出探究，以问题为导向支持儿童探索，以游戏为载体激活儿童兴趣，以经验为基础构建儿童认知。基于“童·真”课程的核心价值追求，“善育”活动主要从两个方面来架构活动内容：一是培育幼儿的家国情怀，以园所、年级、班级的不同活动形式，开展爱父母、爱老师、

爱长辈、爱同伴、爱集体、爱家乡、爱党爱国活动；二是培育幼儿的良好品德和行为习惯，从做人、做事等方面将教育内容贯穿到一日生活和各项活动中。

“善育”活动的开展形式是丰富多样的，为了吸引全园师生、家长参与其中，将品德教育更好地融入每一次活动中，四幼对每个月的重点活动进行了预设，结合传统节日、节气、爱国主义教育等，从园所、班级不同层面开展了汉服日、无手机日、带着国旗去打卡等活动，更好地体现了“善育”活动的价值和意义，促进了儿童的发展。

四、“童·真”课程与“善育”活动实施效果

（一）对儿童品德启蒙的培养和支持

幼儿品德启蒙教育的源泉就是幼儿的实际生活，“善育”活动坚持以儿童为本，活动来源、形式、内容都贴近儿童，从真实的生活中来。通过幼儿真实的体验，“善育”活动让幼儿在生活中建立正确是非观，帮助幼儿获得真实的发展。

（1）“善育”活动落实到幼儿生活与学习的方方面面，在日常生活中渗透品德教育。抓住日常生活中的小事，随时随地进行教育，根据幼儿的年龄特点，从常规教育入手，把品德教育渗透在衣食住行等日常生活的各个方面。比如，早上入园时要用礼貌用语，在生活各环节中要养成良好的行为习惯，同伴之间相互帮助系纽扣和叠被子等。将品德教育与日常生活相结合，能看到幼儿的良好品德、行为习惯在不断养成。

（2）萌发幼儿爱家乡、爱集体、热爱祖国的情感。四幼一直在坚持做的是每周一的园所升旗仪式活动，在幼儿唱国歌、跳园舞、颂童谣过程中引导幼儿尊重国旗，增强幼儿的爱国意识。本学期在“善育”活动的背景下，幼儿参与园级的管理“四幼城堡我当家”中，让“四幼小主人”身份得到充分体现。于是在每周班级轮流的过程中，幼儿参与计划设计、人员分工，带上小红帽积极参与到幼儿园的活动中，参与了园级的食谱制订、晨间热情地接送弟弟妹妹到班级、整理材料等活动，最后在升旗仪式上分享每周发现的问题和解决的问题。孩子们更加有主人翁意识，也能及时发现问题、解决问题，真正地促进了儿童德育教育“真”发展。

（二）对教师实施德育活动的引领和指导

“善育”活动的实施，能凝聚德育团队人员的思想，营造积极向上的氛围，帮助教师明确当前德育工作的核心价值，激发新教师在德育工作中的主动思考能力、创新能力，提升工作效率。通过每月一次的“德育沙龙会”或者“读书分享会”等形式的相互交流，教师学习“善育”活动的价值、意义、不同阶段幼儿培养目标和具体内容，更好地将德育有效地渗透在一日生活各环节。例如：在晨间和离园的时候进行礼貌教育；在游戏中引导幼儿形成规则意识，与同伴交往时学会关心、谦让等。

四幼从儿童真实生活体验出发，主动探索真正适合儿童年龄、身心特点与社会发展需求的园级、班级、亲子等不同层面的德育活动或课程，使儿童深度参与每一次的德育活动，培养幼儿良好的品德和行为习惯。在幼儿园阅读馆购买200余本红色革命绘本，如《邱少云》《黄继光》《刘胡兰》《小萝卜头》等革命英雄故事，《卢沟桥烽火》《飞夺泸定桥》《鸡毛信》《翻越大雪山》等重大事件绘本，供师幼阅读。每学期开展园级德育活动20余次、班级德育活动30余次、亲子活动5次。因此，在“善育”活动的实施中，教师的思想站位，主动思考、勇于创新的能力都得到了提升。

（三）对四幼德育活动实施产生积极的作用

随着“善育”活动的不断推进，四幼德育活动质量有明显提升。各园区教师通过学习“善育”活动体系，了解了不同年龄段儿童的德育发展目标、每个月的重点以及开展活动的形式等。在开展德育活动时，能有目的、有计划地实施活动，在实践中，凸显出“善育”活动的系统性、层次性、逻辑性和操作性，充分地调动了四幼德育成员工作的积极性，树立了新的德育观念。节目《童梦启航心向党》获得区艺术节“特等奖”；微信公众号文章对幼儿“童心向党”红色故事进行宣讲达36次，阅读量达18000次，教师在区党建征文中获奖13次。四幼党支部与茶店子小学携手，邀请友邻单位等开展红色示范带展示活动“忆百年征程 做时代新人”。

同时，四幼积极向区域幼儿园、联盟组民办园和姐妹园所开放德育教育环境，组织联盟园、姐妹园等观摩德育文化环境及活动等。幼儿园真抓实干，顺应发展，不断地开拓德育工作新思路，创新幼儿园德育工作新举措。

撰稿人：寿新梅、邓洁、邹林

编辑手记

成都市第四幼儿园开展的“童·真”课程与“善育”活动，把品德培养目标分解为爱自己、爱亲人、爱他人，爱人、爱家乡、爱祖国，将品德教育渗透到幼儿园一日生活中，融入保育教育全过程，形成科学性、系统性、整合化的幼儿园“善育”活动体系。他们用爱心做爱的教育、做科学的教育，取得了很好的效果，值得称赞。

内江师范学院　陈理宣

文化育人篇

文化育人是教育区别于其他社会实践活动的重要特征。党的十九大报告明确指出："文化是一个国家、一个民族的灵魂。文化兴国运兴，文化强民族强。没有高度的文化自信，没有文化的繁荣兴盛，就没有中华民族伟大复兴。"传承文化既是教育的重要使命，也是实现育人的重要路径。文化与教育关系密切，在某种意义上可以说教育即文化，教育的本质是人与文化之间的双向建构。围绕立德树人根本任务，教育实践以时代文化为引领，以传统文化为血脉，以地方文化为资源，以学校文化为呈现，将广阔时空里的智慧和力量汇聚于当下，潜移默化地鼓舞着新时代学生精神的昂扬和身心的成长。

本篇包括 8 个案例，既有成都高新新华学校以川剧创编厚植家国情怀的探索，有苍溪县唤马镇中心小学校传承唤马剪纸，培养学生素养的实践，有攀枝花市仁和区平地镇中心学校以"彝风古韵"彰显民族文化特色的经验，又有宜宾市人民路小学校挖掘"竹文化"，实现"五育"并举的创新做法。既有内江市第十小学校创建"博爱·博雅"文化，有宜宾市江安县宗申远大小学创建"五洁"文化，以学校文化建设引领育人方式系统性、结构化变革的全面转型升级，有南充职院附中以爱与尊重打造年级、班级文化，又有泸州市龙马潭区尹吉甫学校以《诗经》典故助推家校协同，通过文化浸润实现凝神聚力的重点突破。案例对文化有不同的理解、有不同的运用，各有思考的精妙之处和行动的亮点。

传统文化进校园 彝风古韵育新苗

攀枝花市仁和区平地镇中心学校

中共中央办公厅、国务院办公厅印发的《关于实施中华优秀传统文化传承发展工程的意见》强调围绕立德树人根本任务，以传统文化传承为重点，构建中华文化课程和教材体系，丰富拓展校园文化，推进高雅艺术、传统体育等进校园，实施中华经典诵读工程，抓好传统文化教育成果展示活动。位于川滇交界的寄宿制农村民族小学——攀枝花市仁和区平地镇中心学校（以下简称“平地中心校”），把优秀传统文化传承作为学校教育教学的重要内容，依托当地丰厚的民族文化底蕴，确立了“彝风存古韵，平地竞风流”的校园文化建设思路，以传统文化传承为载体，以课程建设为抓手，开发传统文化校本课程，深化课堂教学改革，开展特色育人活动，努力打造学校教育品牌，促进了各民族师生广泛交往、全面交流、深度交融，成为全省中华优秀传统文化传承的示范窗口学校。

一、以彝风古韵为载体的“中华优秀传统文化传承”课程构架

学校以优秀民族传统文化彝风古韵为载体，全方位融入思想道德教育、文化知识教育、艺术体育教育、社会实践教育，基本形成了“研究阐发—教育普及—保护传承—创新发展—传播交流”的操作模式，构建了学校优秀文化传承活动与地方文化互动式发展框架。

二、实施彝风古韵课程，筑牢文化根基

学校围绕传统文化这一主线，创构、完善和丰富了系列特色课程，形成了以国家课程为基础和主干，以地方特色文化内容为载体的校本课程体系，把立德树人根本任务落到实处。

（一）唱响家乡的歌，追寻失落的民族印象

为了让孩子们进一步了解、尊重和悦纳自己的民族以及本民族文化，学校广泛发动师生追寻失落的民族印象，共同挖掘、探究本地民族歌舞文化。通过查阅文献资料、实地采风交流等途径，师生共搜集2000余份资料，经筛选、整理和改编形成了《俚濮彝族民歌集》。曾经茶马古道上高亢的《赶马调》、建房悬梁上柱的《鲁班调》、歌舞场上的《咕嚯调》、充满童趣的《哄娃娃调》等优秀民歌走进了平地中心校的音乐课堂。

（二）跳起家乡的舞，课间舞动绚丽民族风

为丰富阳光体育活动，平地中心校依托本地丰富的俚濮彝族歌舞文化，改革大课间活动，将“操”与“舞”相结合，创编了《笛脚畅想》《金沙彝笛》《彝翩弦韵》《彝风鼓韵》等舞蹈，将优美的俚濮彝族舞蹈和俚濮音乐融入大课间，形成鲜明的民族艺术教育特色，将美育与体育结合起来，实现“在活动中锻炼，在锻炼中传承”的教育目标。

（三）奏起家乡的乐，非遗之音沁人心田

为传承好省级非物质文化遗产“谈经古乐”，学校开展了月琴、三弦、扬琴、阮等10个社团活动，每天200多人参与器乐学习，学生艺术特长得到了显著发展。

（四）绣出家乡的美，飞针描绘古韵画卷

学校将劳动教育和美育工作相融合，于2021年创新建设了“俚濮彝绣”美术实践工作坊，每天开课1小时，在让学生继承俚濮彝绣传统文化的基础上，丰富俚濮彝族刺绣的多样性、创新性。

（五）遒笔挥洒书汉字，翰墨飘香扬传统文化

学校组建了“翰墨书香”书法社团，利用书法社团的辐射作用，带动全体师生参与汉字书写。在汉字规范书写与书法艺术熏陶下，学生的情感得到陶冶，审美能力得到提升，对祖国语言文字的热爱和文化的理解增强，既提高了写字技能，也增进了学识修养。通过全体师生的参与，现在平地中心校的汉字书写已形成学生们每日一练、每日必练的局面。

（六）诵读国学经典，增强中华文化认同

学校将优秀的国学经典文化融入师生的生活之中，达到了润物无声的良好效果。确定每周二为“阳光阅读日”，营造阳光的阅读氛围。晨诵——师生吟诵《弟子规》《三字经》《笠翁对韵》《千字文》《朱子家训》《增广贤文》《孝经》等，让师生共诵中华经典，对话千古圣贤；午读——师生共读国内外经典著作；晚听——师生共听经典

诗文朗诵、名人故事等。学生在闲暇时间都会主动捧起书本。认真读书已成为师生校园生活中不可分割的一部分。经典诵读活动的深入开展，增强了师生对中华文化的认同。

三、凸显特色办学品牌，发挥教育辐射作用

（一）一所带动一片，拓宽学生发展通道

学校承办了攀枝花市“乡村学校少年宫现场会”“中心校校长管理水平与实践能力提升培训现场会”和四川省“川西南片区教育科研成果推广活动及研讨现场会”“专家示范基地现场观摩会”等大型推广交流活动，接待云南省大姚县政府、凉山州政府等教育考察团20余次。市内几十所学校到学校参观学习。学校与凉山州木里藏族自治县依吉乡小学成为结对发展学校，与本区内大龙潭乡中心学校、大田镇中心学校、啊喇乡中心学校缔结为共同体学校。区域内多所学校也效仿学校开展非遗文化的学习传承活动，优秀传统文化的传承与发展通道得到延伸、拓宽，为学生打开了绿色成长通道。

（二）致力文化传承，反哺地方文化建设

学校纵深推进“立足本土，开发校本课程，传承优秀文化”的办学思路，将优秀传统文化的学习传承上升到推动地方文化建设发展的高度，形成了学校文化教育与地方文化建设相促相融的互动式机制。学校创建为“攀枝花市社会科学普及基地——俚濮彝族优秀传统文化普及基地”“仁和区未成年人谈经古乐普及基地”。

学校参与地方政府各部门的文化展演传播活动，将学校的学习传承活动融入地方各种民俗文化活动中，让学生逐渐成为各种传统活动的主角，成为地方传统文化传播的主体和助推器，反哺地方文化建设。学校创编的民族课间操演变为地方群众广场舞和民俗文旅体验项目。学生的文创手工作品走进了公众的视野，深受大众喜爱。各级政府、部门将学校特色传统文化教育活动纳入地方文化和精神文明建设之中，学校数十次参与省、市地方政府单位部门组织举办的各类非遗文化传播推广活动，省、市、区各级城市宣传片都会来学校取景拍摄。在孩子与家长、学校与社区的相互影响、共同参与下，俚濮彝人的民族意识得到了有效激活，古老的俚濮民俗文化在各村寨迅速得到了复苏，以歌舞欢庆节日的场景日益增多，各种民俗活动悄然兴起，小学生重新穿起亮丽的俚濮服饰，围在大人身旁学唱山歌、学跳笛脚舞、学习刺绣……当地的文化活动日益丰富、健康，有效促进了地方文化和精神文明建设的健康发展。

（三）深化传承工作，谱写民族教育新篇章

学校优秀传统文化传承工作扎实有效，教育教学取得长足发展，形成了特色鲜明

的农村民族学校办学品牌。学校荣获“全国教育系统先进集体”“四川省未成年人思想道德建设工作先进单位”“四川省艺术教育特色学校”“四川省最美乡村学校”“四川省优秀乡村学校少年宫”荣誉称号；2019 年入选为“四川省乡村学校振兴联盟学校”；2020 年荣获“四川省民族团结进步示范学校”“全国中小学体育活力校园”荣誉称号；2021 年荣获“全国足球特色幼儿园”“全国乡村温馨校园典型案例学校”“全国中小学中华优秀传统文化传承学校”荣誉称号。学校优秀传统文化传承活动作为成功案例刊登在《中国教育报》上，并被教育部编入《2019 教育热点 20 问》，在“两会”期间供全国代表、委员参阅，谱写了攀枝花民族教育的辉煌篇章。

（四）着力科研抓落实，培养校本科研能力

学校把优秀传统文化艺术传承工作融入课题研究，形成了浓厚的研训氛围，以课题研究为抓手，深化构建民族教育特色。学校目前共有 10 种校本教材在全校推广使用，“俚濮彝族民俗文化系列校本教材”有《俚濮之彩》《俚濮之韵》《俚濮之趣》《俚濮之源》，涵盖语文、音乐、美术、体育 4 个学科；硬笔书法校本教材 1 种；经典咏唱《唐诗宋词十九首》1 种；融入俚濮民俗文化的高、中、低段新教育晨诵读本和民俗童谣共 4 种。音乐校本教材中“唱起家乡的歌”和“奏起家乡的乐”这两部分内容被市、区部分学校借鉴应用。学校通过系列活动，让非物质文化遗产进入课堂、进入教材、进入校园，被认定为“四川省第一批民族地区省级校本研训基地学校”“四川省专家示范基地学校”。

学校市级课题“俚濮彝族谈经古乐的学习传承与地方文化建设发展研究”入选国家“十二五”规划教育部重点课题“非物质文化遗产校园传承研究——民族音乐”，并于 2017 年荣获“攀枝花市第四届普教成果一等奖”“四川省第六届普教成果三等奖”，学校因此获得“全国非物质文化遗产校园传承研究项目学校”荣誉。至今，学校共开展课题研究 32 项，其中国家级子课题 2 项，省级课题 2 项，省级子课题 3 项，市级课题 9 项，区级课题 16 项。教师的科研能力得到极大提升。

（五）培养了一大批热爱民族传统文化的学生，创作了大量优秀传统文化艺术作品

学校一批又一批的学生广泛参与创编、展演、传承各类传统文化艺术作品，成果产生了广泛的社会影响。学生自发拍摄的 MTV《彝乡美》参加四川电视台“童心向党·梦想 1+1”栏目展播；《笛脚畅想》多次参加省、市、区各级大型活动展演；《彝翩弦韵》荣获四川省第七届中小学生艺术节校园集体舞一等奖；羊皮鼓舞课间操《彝风鼓韵》参加全省艺术体育创新节目展演，广受好评，2021 年登上央视 5 套节目，并在《中国青年报》承办的《传承的力量》特别节目中受到专题报道；“谈经古乐”曲目

《南清宫》获四川省第九届中小学生校园艺术节器乐类一等奖；案例“俚濮彝族谈经古乐的学习传承与地方文化发展建设研究”荣获四川省美育创新实践案例一等奖；“谈经古乐社团”荣获“四川省优秀学生艺术社团”荣誉称号；“俚濮彝绣工作坊”参加四川省第十届中小学生艺术展演，荣获省级一等奖。

撰稿认：刘其祥、张茂丽、杨莹

编辑手记

攀枝花市仁和区平地镇中心学校以“彝风古韵”为载体，从“唱响家乡的歌”“跳起家乡的舞”“奏起家乡的乐”“绣出家乡的美”到传承中华优秀传统文化的“遒笔挥洒书汉字”“诵读国学经典”等活动，引导学生创作出了一系列文化艺术作品，形成了拓展学生发展渠道，提高教师教学能力，繁荣地方民族文化，增强中华文化认同的教育基地和教育机制，探索了立德树人的新范式，成果特色鲜明，成效显著。

内江师范学院　陈理宣

扬“博雅”艺术 筑“博爱”校园

内江市第十小学校

内江市第十小学校（以下简称“十小”）全面贯彻党的教育方针，贯彻落实中共中央办公厅、国务院办公厅《关于全面加强和改进新时代学校美育工作的意见》等文件精神，坚持以文化人、以美育人的总体思路，落实立德树人根本任务，重塑美育育人价值，努力推进以“博爱·博雅”为主线的美育特色教育，形成了“一博六雅”的美育育人成果，共筑了“博爱、博学、博通、博雅”的十小人特有的人文气质，着力提升学生审美和人文素养，培养德智体美全面发展的社会主义建设者和接班人。

一、美育现状分析

（一）美育不能等同于德育

毋庸置疑，美育的核心是育人，美育具有促进学生道德发展的功能，但美育不是一般意义上的德育，而是从人的感性方面入手促进道德发展。目前，一些中小学在认识上和实践中误将美育等同于德育；一些学校把德育作为美育的唯一或主要目的，往往把学生的道德发展直接等同于审美发展，把学生遵守纪律、到公共场所做好事、集体意识增强、同学之间相互帮助、尊敬师长等都说成是美育的成效。

（二）美育体系建设不足

在小学美育中，造成美育氛围难以形成、美育范围狭窄等问题的重要原因，是学校美育体系建设不足。一方面，美育师资力量严重不足。师资队伍短缺，美育就很难稳步地向前发展。另一方面，美育课程设置薄弱。小学在学校美育课程体系设置方面，仅仅局限于美术、音乐等课程，使美育范围受到限制，教师不能更好地整合美育专业资源，造成美育结构单一。

（三）美育不只是一项专业技术

现实中，我们通常把音乐、美术课称为“美育课”，把艺术教师称为“美育教师”，但美育不只是一项专业技术，而且是每一位教育工作者都应具备的素养。艺术课应发挥学校美育的主渠道和主阵地作用，而其他任何一门课程的教学内容都必然包含美育成分，每一位任课教师都要善于发掘审美的教学内容并以美的教学行为提高学生的审美素养。

二、十小美育特色实践育人举措

（一）围绕美育特色发展目标，健全机构，落实管理

1. 加强领导，科学规划美育工作发展蓝图

学校将美育列入中长期发展规划，制订5年规划、年度计划，统筹管理，成立领导小组，校长为组长，实行“一把手”负总责制，3名副校长为副组长，其中1名副校长具体分管，各司其职，各尽其责，各显其能，齐抓共管，统领协调，促进美育工作落实落细落小。学校制订培养目标：十小学生毕业时至少有1～2门艺术爱好特长，2～3件的艺术作品上墙或上台展示，参加过班级、学校及以上级别的艺术社团活动或艺术表演2～3次。

2. 投入经费，全力搭建美育基地平台

学校投入1200万元修建二期综合楼。2018年9月，学校综合楼正式投入使用，艺术教辅用房全部开放。其中，有音乐类用房7间（音乐教室4间，电子琴室1间，电钢琴室1间，舞蹈室1间），美术室4间，小主持人室1间，书法创作室1间，计算机室2间，机器人活动室1间，生命健康安全体验室1间，仅设备设施投入就达100多万元。在教学设备设施上，学校整体水平跃居全市同类学校前列，为学校开设艺术课以及课后服务的综合实践活动创造了良好的资源条件，满足了学生学习艺术的兴趣和要求，为学生的全面发展搭建了平台。

3. 建立机制，有效调动美育教师的工作热情

学校在《内江十小工作年度考核评价办法》《内江十小教师绩效年度考核实施方案》等教学管理制度的引领下，形成了科学有效的评价激励机制。教师获奖纳入绩效奖励，将教师作品评级结果作为教师外出学习观摩的依据，有效调动了艺术教育教师的工作热情。

4. 配备师资，确保美育课程开足开好

学校现有艺术学科教师16人（专职11人），其中，一级教师10人，二级教师5人，内江市艺术骨干教师2人。专任教师中有研究生3人。

（二）美育发挥特效，全面落实立德树人根本任务，重塑美育育人价值

为了达到以文化人、以美育人，提高学生人文素养的美育工作目标，引领学生树立正确审美观念、陶冶高尚道德情操、塑造美好心灵，十小美育工作紧紧围绕着让学

生在课堂中欣赏美、在社团中体验美、在活动中创造美而开展，从而最终达到美育在立德树人过程中的 3 大价值：一是纯洁道德，完善人格；二是丰富精神，滋润心灵；三是提升审美，孕育人文。

1. 环境中浸润美让校园处处流淌美的旋律

校园环境文化营造美的文化氛围。校园“两楼一门一园两路两苑六厅一底层”的整体布局，显示出开放、包容、大气、雅致的美。模范路、昕乐路、生命苑、爱生苑、艺术厅、美术厅、科技厅、书画厅、阅读厅、合唱厅设计精美，标志、标牌、温馨提示语及名人名言展示规范、美观。校园环境优美，卫生整洁，花草树木种类繁多、错落有致，体现出学校的“博爱”文化，形成了学校自己的独特文化艺术风格。

学校利用校园主阵地，对学生进行正确的理想情操教育和美的熏陶。利用红领巾广播站、艺术厅、涂鸦墙、黑板报等宣传阵地，引导学生从小树立正确的人生观、价值观，接受美育的熏陶。

通过环境文化营造学校深厚的生态环境文化氛围，让学生感受环境美、语言美、心灵美、行为美，感悟生命美。校园一处一景是博爱，一花一草显育人。

2. 让学校教育时时渗透美育元素

（1）开设课程，欣赏美。十小美育课程分为艺术课程中的美育和文化与科学课程中的美育两大类。艺术课程分为必修课程和选修课程。必修课程有音乐、美术、书法、形体艺术。选修课程包含精品自选课程，助力培养学生特长，同时还包含普及自选课程，培养学生兴趣。文化与科学课程把美育融入各学科学习活动中，充分利用各种资源，积极探索“课堂教学与课外实践相结合”“学生活动队组与校园文化相结合”“校内美育活动与校外传统文化相融合”的全方位美育教育模式，并积极主动承担学生的美育任务。

（2）多彩社团，体验美。学校围绕“一博六雅”美育社团活动，设立了科技厅、艺术厅、美术厅、合唱厅、书法厅、阅读厅和雅绘社、雅乐社、雅墨社、雅诵社、雅艺社、雅韵社。

社团是学校开展艺术教育的有效载体，十小社团建设的实践就是以美育人这一教育理念拓展与辐射的结果。这是因为社团活动有助于培养学生发现美的能力，让学生树立审美意识和观念；有助于培养学生欣赏美的能力，让学生提升审美鉴赏和理解能力；有助于培养学生创造美的能力，让学生形成审美素养和体验。

（3）“校园五节”，创造美。学校从激发学生学习兴趣和普及美育教学出发，为学生搭建展示自我的平台。学校每年开展的“校园五节”将博雅美育深深根植在学生心中，“五节”分别是三月的体育节、四月的读书节、六月的感恩节、五月和十月的艺术节、十二月的科技节。同学们在不同的主题节日中健康成长、快乐生活，感受艺术之美，感受和谐之美。如十月开展艺术选拔赛，有“声动十小”独唱比赛、“舞动十小”

独舞比赛、“小小演奏家”独奏比赛、“金喇叭”小主持人比赛、“小小书画家”现场展示……孩子们根据自己的爱好、特长自由选择项目，人人可参加，学校通过海选、初选、决赛进行评选。目前，学校已营造了人人爱艺术、人人学艺术的良好氛围，也培养了学生的艺术素养和艺术自信力。学校通过艺术活动选拔出优秀的艺术人才，代表学校、区市参加各级各类的艺术表演或比赛，成绩斐然。

（三）美育成果，成绩突出

学校各类比赛硕果累累。近五年，在参加的中小学生艺术人才大赛中，获省级一等奖 106 人次、省级二等奖 252 人次、省级三等奖 240 人次；在科幻画比赛中，获全国一等奖 12 人次、二等奖 9 人次，省级奖励 46 人次，市级奖励 371 人次；在美术、书法、摄影比赛中，获市级一等奖和二等奖 58 人次，区级一等奖和二等奖 205 人次。

学校多次承担市级活动，取得很好的社会效应。在内江市素质教育暨德育改革示范校现场会上，除了舞台上 400 余名小演员的表演，全校 2000 多名学生也都参与了互动表演，台上台下营造了“博爱校园・雅苑芬芳”的艺术氛围，与会领导和教师纷纷称赞。

十小在教育改革的漫漫征程上执着前进，在美育的天地中奋力翱翔。十小人拥有团结、坚持和改革创新的勇气，对学校的发展更是满怀激情、朝气和希望，在打造“博爱・博雅”艺术文化路上不忘初心、继续前行！

撰稿人：陈光元、何宇

编辑手记

美育能够丰富想象，激发活力，启智明德，陶冶性情，温润心灵。学校教育要给学生心灵埋下真善美的种子，就要积极发挥美育在立德树人方面的特殊功用，培养学生认识美、发现美、创造美的能力。内江市第十小学校将“博爱”文化融入美育，以文化人，以美育人，形成了“一博六雅”的美育育人成果，不仅传授给学生知识和技能，而且培养学生“成人”，使学生成为心灵美、行为美的社会主义建设者和接班人。

《教育科学论坛》编辑部　沈媛元

融合视野下的儿童川剧创编实践

成都高新新华学校

一、研究缘起

川剧是天府传统文化的精髓之一，是巴蜀传统文化中最具代表性和根源性的艺术形式，是培养学生家国情怀的重要载体。过去的实践表明，虽然川剧进校园可以激起短暂的热潮，却难以扎根校园，浸润学生的心田，其传承缺乏持久的生命力。成都高新新华学校（以下简称“新华学校”）通过调研，发现在“川剧进校园”等活动中，学生仅对变脸、滚灯和服饰道具等冲击其眼球的外在事物兴趣较高，而对于川剧的内涵和文化民俗等兴趣不够，关注不多。为了更好实现川剧的“活态”传承，让川剧走进孩子的精神世界，新华学校在“阳春德泽，新华生辉”的办学思想指引下，践行融合育人的新理念，开展了“融合视野下的儿童川剧创编实践”系列活动。

二、实践模型

学校通过价值引领、系统构建、优化机制、人人参与、搭建平台、强化支持、创编一体、分步推进、评价导向、持续改进等举措，形成了“一三四”儿童川剧创编实践模型，重构了学校文化生态，形成了学校川剧文化底蕴，增强了儿童的川剧意识，确立了儿童的天府文化情怀。

在这个实践模型中，“一”是指儿童川剧课程群，“三”是指学校、家庭和社区三种力量的整合，“四”是指川剧编、展、演、创的四个环节。学校以此为载体，推动儿童川剧创编的实践研究。

三、关键环节

学校基于“五育”融合的育人理念，以“编、演、展、创”四个环节为主要抓手，形成了学生的“参与—示范—排练—体验—表达—内化”传承范式，实现了学生的全面发展。

（一）编：对儿童川剧剧本的编写

“编”是指以儿童川剧为基础开展的编写活动。编写前要先让学生了解四川民俗、历史、神话等，进而赏析经典剧目、学习编写剧本的基本方法，再以儿童的视角进行二次创作，呈现对剧目的个性解读。音乐教师李老师在收到七年级同学提交的剧本《李冰父子治水法宝》时，就对学生的大胆想象和改编能力大加赞赏：“复杂的地理特征导致涝灾既不易理解也很无趣，孩子们居然能想到增设神龙这一角色，增加神龙捣乱这一情节，真是奇思妙想啊！”

（二）演：学生的角色表演

“演”是指让学生在表演前对角色进行深入了解，产生情感共鸣后再自主选角，同时组织外出表演。在演好一个角色之前，教师会让学生先去了解这个角色的生活，例如，要演好李冰治水，先让学生实地参观都江堰，在班会课、语文课上了解李冰的智慧和无畏的精神。当学生了解人物，产生情感共鸣后，他们会自主产生模仿学习的意愿，这时再让孩子们走进剧院或通过荧屏去观摩，然后让学生自选角色开始排演。同时，教师进行专业指导，开展创编、表演、设计、制作等较为专业的训练和研究，雕琢出原创儿童川剧。

（三）展：学生对川剧的理解表达

“展”是集中展示剧中的服装、道具，加深学生对作品意蕴的理解。如展示戏剧服饰、脸谱，展示四川民风民俗以及体现四川戏曲特色的艺术品。在高新区第六届中小学科技创新教育节开幕式上，孩子们表演了自编自导的《梅花绝句》，来自社区的李阿姨说：“成都风情、川剧韵味，孩子们的一举手，一投足，逸扬的都是美啊。孩子们沉浸其中，我也沉浸其中。”

（四）创：学生对川剧的艺术创造

“创”即创作、创生，是一种价值引领。以儿童川剧的形式表达一种向善向美的价值观。创作来源既可以是古代的神话寓言，也可以是现实生活中的重大事件，如抗疫、建党百年等。“创”不是一枝独秀，而是春色满园，学生、教师、家长都可以一起创作，各个学科教师也可以引导学生进行创作，形成人人能创、人人会创、人人敢创的局面。学生通过创意表达，完成情感升华、审美培养、思想创生三大方面的进阶，深入地走进剧本、走进人物，感受家乡的大好河山，更爱家门口的文化，让家国情怀悄然生根发芽，获得情感的升华。

四、创新实践：构建融合育人的儿童川剧课程群

学校以课程为载体，积极促进川剧与人文、艺体、科学、主题实践课程的深度融

合，根据川剧的舞台表演、川剧文化、剧本创作、川剧形体、舞美设计五大基本内涵，将川剧融合进其他学科，把川剧课程群贯穿于学校基础课程、实践拓展课程、探究课程三大模块之中，整合了三类课程形态，形成了富有特色的川剧课程群。

（一）学科融合课程

一是将川剧融入语文学科。川剧的剧本可以作为语文的学习资源。

二是将川剧融入音乐学科。很多经典曲目被引入课堂，师生一起领略曲调、音乐、乐器等。

三是将川剧融入美术学科。川剧的舞美、道具等都是美术课里常见的题材，可以分很多个专题。

（二）团队课程

班团队活动、主题社会实践活动、川剧＋项目式主题学习活动、川剧竞赛活动、川剧展演活动、川剧进校园活动等，内容丰富多彩。德育处协调团队，有条不紊地开展活动，遴选优秀活动方案并定期发布。

（三）家校社课程

通过打破资源、信息、地域等壁垒，形成有效的运转机制，拓宽了川剧的实践途径。定期召开联席会议，请川剧名家把脉诊断，有效地促进儿童川剧的可持续发展；川剧进校园系列活动把优秀文化请进来，培养学生的川剧兴趣和对川剧的鉴赏力。

（四）五类融合课型

在实践过程中，学校以儿童川剧为载体，构建起学科渗透、川剧欣赏、活动课程、专题鉴赏和项目式学习五大融合课型，兼顾普及性和专业性，满足各个层次学生的兴趣爱好。各课型之间注重传统与现代结合，既有关于传统川剧剧目的了解和鉴赏的课程，也有对现当代内容的改编与创作的课程。课型之间注重分散与聚合的交叉，既有川剧主题统领下的学科活动渗透，也有对各领域共同备课执教的同一剧目的欣赏。

五、育人成效

（一）学生发展更好——素养全面发展

川剧本身存在着丰富的教育要素与价值，是一门综合性的艺术。但以往学生对川剧的了解仅仅停留在表演上，美育功能未能彰显。而新华学校通过“编、演、展、创”，学生编剧目、编体操、展风俗、展艺术、演绎剧目，全程参与，亲身体验，最终获得“德”的浸润、“智”的提升、“体”的锻炼、“美”的升华、“劳”的体验，“五育”得以融合，素养全面发展。

新华学校学生在成都市中小学普习活动中展演的《李冰父子治水法宝》，是根据四川人耳熟能详的李冰治水的历史事迹创编的作品。学生在情境模拟中感受先辈的智慧，提升探索欲望和文化认同感。

（二）教师提升更快——“融合”育人思想形成

川剧项目式学习在学校内成功激发起学生的学习主体性，教师的教学观念也大为转变，积极在各个学科开展项目式、联合式的教学，以任务为驱动，推进学生自主、合作、探究的能力培养。教师的课程开发意识、课程实施与评价能力得到提高，教师在此过程中逐渐形成“五育”融合的思维，能够有效整合育人目标构建课程。

（三）办学效益提高——学校文化特色更鲜明

历时五年，近万名师生、家长、社区相关人员参与，学校取得了丰硕的儿童川剧创编成果。学校师生都会唱川剧，校内川剧普及率达百分之百。学校川剧节目曾获四川省中小学生川剧普及展演一等奖，课题研究成果荣获 2021 年区教学成果一等奖，学校获“四川省艺术特色学校”“国家级非物质文化遗产（川剧）中小学传习普及基地”“成都市阳光体育示范学校”“成都市艺术教育特色学校”“成都市川剧艺术特色学校”“成都市川剧研究院少儿川剧基地学校”“中国数字美术教育实验基地”等称号。学校以川剧建设带动学校特色发展，走上了一条优质特色发展之路。新华社、中国新闻网、学习强国、《教育家杂志》《成都日报》等媒体对学校的儿童川剧探索进行了专题报道。

撰稿人：朱祥勇、钟家常、李平

编辑手记

中共中央办公厅、国务院办公厅《关于实施中华优秀传统文化传承发展工程的意见》明确指出，要坚持创造性转化和创新性发展，扬弃继承、转化创新，使中华民族最基本的文化基因与当代文化相适应、与现代社会相协调。近年来，成都高新新华学校践行“五育”融合的育人理念，着力解决川剧难以走进孩子精神世界、难以扎根校园的问题，创造性地构建起了儿童川剧课程群，探索出“编、演、展、创”的传承方式，建立起家校社三位一体的协同机制，使川剧传承在校园生根开花，培养了学生对川剧的兴趣，增强了学生的审美意识，厚植了学生的家国情怀。

四川省教育学会　朱远平

以文化人

南充职业技术学院附属中学校　南充市教育科学研究所

新修订的《义务教育课程方案（2022 年版）》明确指出，义务教育要全面落实有理想、有本领、有担当的时代新人培养要求，全面落实习近平新时代中国特色社会主义思想，将社会主义先进文化、革命文化、中华优秀传统文化、国家安全、生命安全与健康等重大主题教育有机融入课程，增强课程思想性，以人民为中心，扎根中国大地办教育，坚持德育为先，提升智育水平，加强体育美育，落实劳动教育。

班级文化建设是校园文化建设的核心部分，也是学校文化建设的主要载体，更是文化育人主阵地。高雅健康的班级文化，对于学生成长有诸多好处以及重要性。古人云：观乎天文，以察时变；观乎人文，以化成天下。我们认为，观乎人文，可化成班级。

南充职业技术学院附属中学校（以下简称“南充职院附中”）文化建设的核心词是“爱与尊重”，校园文化处处体现这个主题。校训、主题浮雕、楼道文化、文化走廊、年级文化、班级文化无不彰显着温情与尊重。学校倾心打造，精心布局，用心建构，通过近 5 年的努力，形成了独具特色的班级文化。

一、年级为线，班级立点

（一）年级主题词

班级是置身于校园大环境中的，班级文化首先应该有大的一个氛围，所以学校根据各年级功能分区，设置了年级统一文化。

在 1 号教学楼，2 楼、3 楼是 7 年级学习区，学校注重小学初中的衔接，突出“行为习惯养成教育和集体主义教育”的年级精神，确定主题词为“乐在其中”。

子曰：“饭疏食饮水，曲肱而枕之，乐亦在其中矣。不义而富且贵，于我如浮云。”

学校希望孩子们来到一个新的环境，融入一个新的集体，能为之快乐；为新的集体而奋斗，乐此不疲；在人生新的阶段，磨炼自己，成就人生，乐亦无穷也。每个教室走廊外墙壁挂放符合主题的名言、时尚箴言，如“树立目标从现在开始”“不简单，不平凡”“集体的成功源自每位成员的热情付出”，并从不同角度解说，发人深省。

4楼、5楼是8年级学习区，学校突出“爱国主义教育和青春期教育，注重培养学生良好的学习方法和习惯”的年级精神，确定主题词为“博善若水”，即博学而智慧，上善若水。学校希望8年级的孩子们广泛学习，注重方法，更要理性应对青春期的变化。每个教室走廊外墙壁挂放符合主题的名言、时尚箴言，如“成功之路无他，凡事全力以赴”“读书成就未来，知识改变命运”“过程大于结果，细节决定成败”，让水的智慧和包容启迪青春期孩子的心智，使他们与人为善，宽容平和。

在2号教学楼（同时又是学校行政办公楼），左边主要是9年级学习区，学校注重理想主义教育，突出“培养毕业班的孩子们树立正确的人生观、价值观，正确对待升学与就业，坦然面对人生新的起点”的年级精神，确定主题词为“静水流深”。静指生命的完美，水是生命的本源，流是生命的体现，深指生命的蕴集。

（二）年级主题活动

根据各年级学生身心特点和学段现状，学校在各学期分别开展丰富多彩的主题活动。（见表1）

表1　丰富多彩的主题活动

年级	学期	主题活动内容
7年级	上	军训、体操比赛、篮球及排球比赛、黑板报评比、作文竞赛、元旦艺术节
	下	田径运动会、钢笔书法比赛（英语书法比赛）、诵读比赛、庆“六一”活动
8年级	上	黑板报评比、篮球及排球比赛、元旦艺术节
	下	田径运动会、钢笔书法比赛、诵读比赛、“五四”青年节活动
9年级	上	学习经验交流、中考动员活动、篮球及排球比赛、元旦艺术节
	下	田径运动会、中考百日誓师、中考倒计时活动、中考心理辅导

二、年级开枝，班级散叶

在年级统一格局的背景下，各班级根据班级精神，形成自己的班级特色文化。班级文化可以分为物质文化和精神文化，学校考虑不同年级和不同班级的个性和共性，力促各班级求同存异、百花齐放。

（一）班级环境文化

学校分年级统一布置格局，每个班都布置有班牌，教室前墙有班训。黑板靠前门边安放长 1.2 米、宽 0.8 米的白板，用于张贴课表、班级公约、班级其他安排事项等，黑板靠里墙边安放《附中学生养成教育十条常规》；教室后墙黑板上是荣誉栏，左边是与前面一样的一张白板，用于班级自己开发运用，右边是“我们的天地”，作为班级的学生之窗。教室左右墙壁挂贴班级格言各两幅，里墙窗台上摆放花草，四季更替。

（二）班级精神文化

在统一的格局下，学校又彰显各班个性。班牌由各班自己选定内容，栏目为班级简介、班训、班级奋斗目标、班主任寄语、集体照、课程表、班级象征等。教室左右墙壁格言由班级自己选择或创作，教室前墙班训由班级自己拟订。白板内容由班级自己确定，班徽、班歌自由选取。在统一布局的前提下，保证各班彰显个性，促进各班文化建设和而不同。

（三）班级主题班会

班级最重要的是要有班级精神，也就是班级灵魂。学校集中全体班主任智慧，分年级分学期拟订了初中 3 年的主题班会计划，构建了内容体系，既贴近学生实际，又具有一定的前瞻性，现已装订成册，每个班主任人手 1 册。

三、“五育”融通，以文化人

学校把班级文化置身于校园和社会的文化环境之中，立志构建大文化背景下的班级文化，在百花齐放中形成美丽的“大花园”，打通“五育”并举的育人途径，培养有理想、有本领、有担当的时代新人。这是学校文化育人的出发点，也是学校文化育人的目标。

（一）晨诵午习，暮省反思

校园是文化之园，班级是文化之地，源远流长的中国文化应是班级文化的重要内容，包容世界文化才能拓展班级文化的内涵。学校规定每天 7：45—8：00 进行晨诵，14：40—15：00 开展书法练习，专时专用。学校集中语文组老师和全校学生的智慧，编选了《经典诵读》系列读本，7、8、9 年级各 1 本，每周读 2 篇，注重优秀传统文化和社会主义核心价值观的浸润；又编选了 24 个字的钢笔字帖，采用篆、隶、楷、行 4 种字体进行练习。

中学生处于青春期，可塑性极强，能时常反思自己。为了提升学生的自我反省能力，促进学生身心健康发展，学校开展了每日一省活动。每天放晚学前，各班用 5～10 分钟时间，进行班级暮省、个人暮省等。全校师生做到每天校园的班级文化活动常规：晨诵、午习、暮省。长期坚持，久久为功，形成校园一日常规的文化氛围。

（二）家校衔接，自成体系

家校协作育人的重要性和有效性已得到大家的高度认同，家校联谊会应是班级文化育人的一个重要环节，家校协同育人，也是一个文化话题。

学校一直重视家长会的开展，家校活动一直是学校构建班级文化的重点。学校根据各年级实际，进行初中三年学生家长会规划，由各班班主任实施。

（三）主题活动，凸显人文

班级文化在学校文化中生根，学校文化促进班级文化的发展与深化。学校将班级文化与校园文化紧密融合，营造了充满生机、洋溢活力、绿色健康、底蕴深厚的文化氛围，全校师生都是学校班级文化的创建者。

学校每学期开学第一天就是开学典礼和表彰大会，每月一个主题德育活动，每周一次课外兴趣主题实践，每天校园广播室定时播放，每日晨诵午习暮省，形成校园文化的基本体系。同时，学校关注国家重大活动，紧跟社会发展步伐，开展丰富多彩的仪式活动，渗透中华优秀传统文化、革命文化、社会主义先进文化，在活动中育人，在环境中育人，在文化中育人。

四、桃李不言，下自成蹊

时代日新月异，文化铿锵前行。学校校园文化现已逐渐形成规模，班级文化建设独具特色，在这样一个浓郁的文化氛围中，呈现百花齐放的景象。

（1）班级荣誉：校先进集体、区先进集体、市先进集体。

（2）优秀学子：多人中考成绩名列市区前茅，1 人获教育部中小学生书画展金奖，5 人获全国初中数学联赛一等奖，2 人获全国初中英语应用能力竞赛国家级一等奖，2 人获省中小学艺术人才大赛器乐一等奖，15 人获四川省中学生物理能力竞赛等级奖，7 人获市作文竞赛一等奖；近 30 人升入四川省高级中学一级示范校学习。

（3）社会评价及声誉：教师负责，教学水平高，教育理念具有前瞻性，关注孩子终身发展。

文化是教育的最好状态，德智体美劳均在其中。文化本身就是我们取之不竭、用之不尽的源泉。班级文化融入校园文化之中，学校文化紧跟时代步伐，在大文化的无限内涵和外延中，南充职院附中用文化的视野和理念去管理班级，陪着孩子们在文化的海洋中遨游，构建班级文化，坚持立德树人，培养德智体美劳全面发展的社会主义建设者和接班人。

撰稿人：寇远明、任洪超、唐晓梅

编辑手记

文化对人的影响具有潜移默化和深远持久的特点。中华传统教育理论非常注重以文化为载体来达到教育目的。对于当今的学生来说，校园生活在日常生活中占有主体地位，校园也是学生受教育的主阵地。在校园中，班级文化建设又是校园文化建设的核心部分，因此注重班级文化建设具有非常重要的意义。南充职业技术学院附属中学校以“爱与尊重”为文化建设的核心词，通过年级主题词、年级活动把“年级”这条文化线画好，又“开枝散叶”，以年级为基础建设班级环境、精神文化，最后串联家校，使得家庭文化教育和校园文化教育完美衔接，让学生随时随地沐浴在爱与尊重中，获得精神滋养，健康成长。

四川教育出版社　李萌芽

植根竹乡文化土壤 细嗅竹韵硕果芬芳
——竹文化项目式学习

宜宾市人民路小学校

一、活动背景

（一）课程改革的需求

为深入学习贯彻习近平新时代中国特色社会主义思想和党的十九大精神，贯彻落实习近平总书记关于教育的重要论述，推动立德树人根本任务落实落细，宜宾市人民路小学校根据国家“双减”政策要求，把立德树人与优化作业设计相结合，形成“五育”并举之态。

（二）文化基因的呼唤

竹子，中通外直，有节正直，正好体现了为人处事的精神风貌，也就有了育人的作用。竹子是学校德智体美劳的教育资源，教师就地取材，简单易行，可将其融入综合实践课、社团活动、艺术教育、学校德育等内容。

（三）学校教育的发展

宜宾长宁竹海全国闻名，竹种类丰富，数量繁多；三江新区竹文化主题博物馆建成，竹文化意义深远，为孩子们认识竹、学习竹、了解竹提供了丰富的学习资源。

多年来，宜宾市人民路小学校充分挖掘区域文化资源，继承中华优秀传统文化，积极探索实践文化办学路径，深化教育教学改革，全面推进素质教育，取得了长足的发展。学校立足核心价值观，融入多元教育，利用宜宾内涵丰富的竹文化，“五育”融合、巧妙设计，开展了以“竹”为主题的项目式学习活动。

二、活动目标

总目标：竹韵育人，师生在学习、思考、探索、实践的过程中激发出无穷的创造力，进而培育学生各学科素养和人文素养，促进学生热爱自然，全面发展，根植浓厚的家国情怀。

（一）“竹心养德”活动目标

（1）了解竹的生长过程，感悟竹的“向上生长”，懂得敬畏自然。

（2）通过丰富多彩的活动，用自己的方式表述对竹韵竹品的理解，培养爱祖国、爱家乡的情怀。

（3）在研学实践和跨学科融合体验活动中，学习竹的精神品格，提高学生的人文素养。

（二）“竹文启智”活动目标

（1）通过诵读、写绘、阅读等方式提升学生的语言建构与运用能力，让思维得到发展与提升的同时提高审美鉴赏与创造能力。

（2）通过说、做、思、研等方式培养学生的数感、量感、空间观念、推理能力以及实际运用能力。

（3）通过听、说、读、画等方式培养学生的语言能力、思维品质、文化品格和学习能力。

（三）“竹风健体”活动目标

（1）通过跳“竹节绳”“竹竿舞”等，帮助学生掌握体育技能，养成健康意识。

（2）充分利用本地资源，开发愉悦身心的运动、健美器材，并运用到学生的日常生活中，提高学生的身体素质。

（四）“竹韵育美”活动目标

（1）通过唱、跳跟竹有关的曲目，提升学生的文化理解、审美感知和艺术表现等方面的素养。

（2）通过创作各种形式的跟竹有关的作品，培养学生感受美、鉴赏美、表现美、创造美的能力，从而提高审美品位。

（五）“竹雅逸劳”活动目标

（1）用“造纸”等活动让学生学习科学方法，形成良好的科学素养。

（2）利用信息化手段创作跟竹有关的作品，提高学生的计算能力、数字化学习能力，培养信息化意识。

（3）通过开展各种劳动实践活动，培养学生的劳动习惯和劳动意识。

三、项目进程及活动

（一）成立相关领导组织机构，做好团队工作保障

成立竹文化项目学习活动领导小组和工作小组，做好竹文化项目学习活动筹备工作。各任务组负责落实课程的内容安排、艺术指导。

（二）学校统筹项目开发，学科融合凸显“五育”并举

以“学科融合、作业赋能、减负提质、减负增效”为指导思想，依托各个学科成立了5个活动课程开发组，从机制上保证“五育”融合。

（三）挖掘文化内涵，在培训和研讨中形成群体性文化

学校将竹文化项目活动与教师的校本培训相整合。首先对学校开展竹文化项目建设的意义进行诠释；随后，通过书籍、网络等有效途径搜集竹的相关资料，并对竹的种类、特性、诗词、美文、图片等资料进行归类整理；最后，通过多种形式的培训，引导教师感受竹的世界，探究竹的精神，挖掘竹的育人价值，进而提升教师参与活动的能力和有效指导学生开展活动的能力。

（四）巧用周三“无作业日”，家校合作促进课程研究

我们采用家校合作、课表调整、课外实践的方法对竹文化项目学习活动的具体时间做出了调整，利用每周的“四点钟课堂”进行课内作业实践，每周三的“无作业日”和周末进行课外实地考察、个体和小组研学活动。

四、项目开展成效

（一）项目成果

1. 确立了以全学科教学为载体的主题课程群“12559”思路框架

竹文化项目式学习活动从精神和物质两个方面确立了“12559”思路框架（1个根本任务，2个基本原则，5个活动主题，5项活动任务群，9个模块）。

2. 构建了基于项目式学习的“Q—A—S”探究性活动流程

竹文化项目式学习活动构建了“Q—A—S”探究性活动流程。Q，即 question，问题；A，即 activity，活动；S，即 show，展示。

以竹文化为主题的项目式学习，以年级组为单位建立项目学习共同体，针对主题

精心设计任务，涵盖了语文、数学、体育、艺术、科学、道德与法治各学科元素，共同商议学习任务群。

3. 形成了切合地域特色的项目式学习活动策略

（1）目标主题引领策略。问题的解决，项目的完成，必须具有挑战性、探究性，这是深度学习发生的前提和基础。比如，以探究为主的“竹与科学”模块，教师减“负”增“能”，优化作业设计，随堂使用《学生活动手册》，指导学生用多种方式记录实验，并完成科学探究性和实践性作业。

（2）螺旋递进策略。在“竹与知识”模块，学习共同体根据各个学段的学习基础、分工协作的方式、知识技能上的差异以及内化和思考的深度不同，建构了“竹文启智”的学习任务群，促进学生的综合素养呈螺旋式上升。

（3）支架协助策略。各模块、各学科项目式主题探究学习活动中解决的问题是有科学依据，并在实施中不断更新与优化的。为促进学生发挥个体学习独立内化和共同体协作学习的功能，要同步跟进、适时植入和调整项目学习支架。

（二）项目效果

1. 实践效果明显：打破了学科壁垒，提升了师生素养

（1）基于核心素养的提升优化了学生生命成长方式。学生通过竹文化项目学习，能主动去经历知识与学习能力提升的发现、发展过程，经历知识的迁移，参与思维的碰撞过程，不断提升高阶思维能力，主动学习机制逐渐形成，自觉而理性的精神与正确的价值观也得以发展。

（2）跟随教育发展的改革更新了教师的育人思维。在本次项目式学习活动中，老师们也经历了一次思维的碰撞和理念的更新，并结合当前的“双减”政策，对优化作业设计有了更多的思考。老师们也更为关注学生在学习进程中学科思想的迁移、学科知识体系的构建以及学科知识广度的拓展。

（3）顺应未来学习中心的召唤重构了育人课程。通过本次项目式学习，学校逐步拆除了课程之“墙”，向未来学习中心靠近。打破校园“围墙”，创造泛在学习环境，随之直接受益的就是把一切有利的社会资源引向学生的竹文化学习中心。它极大丰富了学生的学习内容，为学生提供更多元化的选择、更优质的教育支持，渗透德智体美劳，为实现“五育”并举提供了生动实践平台。

2. 社会影响广泛：育人思路成为主流，“五育”融合硕果飘香

（1）以发展的成果构建了学校思政品牌。在竹文化项目学习课程建设的推进过程中，“竹心养德”活动组成功申报了翠屏区“廉洁文化进校园”德育品牌项目，并于

2022年春期拓展到岷江校区，打造廉洁文化进校园示范点建设。

（2）以固化的成果优化未来项目式学习活动。在竹文化项目学习课程渐渐落下帷幕之时，学校老师提出下一阶段结合宜宾源远流长的地域文化，继承并创新“12559”思路框架、“Q—A—S”探究性活动流程和相关活动策略，全面启动学校的项目式学习活动。

（3）以灵动的成果活化家校社一体育人网。善学者明，善思者智。截至今天，宜宾市人民路小学校“竹文化”项目成果展已经迎来了宜宾市翠屏区校（园）长培训班、翠屏区教导主任培训班及翠屏区第二届智慧教育现场会专家、老师的参观学习。同时，竹文化主题作业展还被推送到学习强国客户端，被《教育导报》《宜宾晚报》《三江翠屏》《翠屏新闻》等媒体报道，效果显著。

“行远自迩，笃行不怠；行而不辍，未来可期！”在这一场与竹文化的相遇中，我们不仅仅是嗅到了“五育”融合的芬芳，更为课程之“墙”将被打破感到欣喜，像项目式学习一样的多主题、跨学科的综合性课程会如雨后春笋般随处可见，大人文、大科学的学科融合思路将成为主流。而宜宾市人民路小学校将随之而破，随之而立！

撰稿人：李小燕、余勤、罗晓玲

编辑手记

随着学校课程建设工作的推进，课程类型日渐丰富，地方特色成为项目式课程学习的良好载体。宜宾市人民路小学校将竹文化作为学校的“五育”资源，深入贯彻落实立德树人根本任务，创设了切合地域特色的项目式学习活动策略，以年级组为单位建立项目学习共同体，将竹文化与语文、数学、体育、艺术、科学、道德与法治各学科元素融合，打破学科壁垒，提升了师生素养，优化了学生生命成长方式，进行了富有校本意义的实践探索。由于就地取材，学生在亲切与熟悉感中兴味盎然，课程之“墙”将被打破，一种生机勃勃、节节拔高的竹文化教育生态正在破土而出！

四川教育出版社　李萌芽

苍溪唤马剪纸传承与育人探索

苍溪县中小学教学研究室　苍溪县唤马镇中心小学校

一、实施背景

2017年中共中央办公厅、国务院办公厅印发的《关于实施中华优秀传统文化传承发展工程的意见》指出，到2025年，中华优秀传统文化传承发展体系基本形成。唤马剪纸自三国时期传承至今，已成为当地民众记录新生活、讴歌新时代的重要方式，2008年被录入四川省首批非物质文化遗产名录。苍溪县唤马镇中心小学校（以下简称“唤马镇中心小学”）全面贯彻落实立德树人根本任务，在传承和弘扬中华优秀传统文化——唤马剪纸育人工作方面努力探索。

二、实施意义

（一）唤马剪纸非物质文化遗产的传承与保护

学校将社区与学校、教师与学生、师傅与徒弟紧密结合，通过开展形式多样的教学研讨和综合实践活动，为唤马剪纸传承培养了大量爱好者和骨干力量，同时将非遗传承与乡村振兴建设有机融合，拓展了非遗文化在学校传承的路径，形成了非遗文化在校园传承模式的范例。

（二）拓展学校课程资源和文化建设

在校园文化建设中引入地方非物质文化遗产，能更好地整合非遗文化与校园文化建设，建设有特色的校园文化氛围，促进学校特色发展，打造学校品牌形象，从而提升学校的办学品位。

（三）培养学生审美素质、实践能力和创新精神

学生在非遗文化的研习和传承活动中，培养了学习态度，提升了个人情操和审美

素质，传承非遗文化的主动性、积极性、创造性进一步增强，从而实现综合素质、实践能力和创新精神的全面提升。

三、实施措施

（一）多措并举传承非遗文化

唤马剪纸这一民间艺术形式，主要是运用剪刀、刻刀等工具，对纸材进行剪、刻、撕等艺术加工，采用镂空、折叠、套色、衬色、分色、填色、染色等表现技法，使之达到造型目的，成为有装饰情趣的平面造型艺术品。

1. 课堂育人，剪纸传承日常化

唤马镇中心小学自20世纪90年代起，就把剪纸作为校本课程引进了课堂。课程安排从儿童的思维发展规律出发，根据不同学段的学生特点，从简到繁、从易到难循序渐进，使学生了解和掌握剪纸的技巧，帮助他们建立自信，激发学习兴趣。坚持剪纸日常化“三进”原则：一是进课程，二是进课表，三是进课堂。

2. 馆坊联动育人，建立剪纸传承主阵地

2016年广元市首个唤马剪纸传习所和唤马剪纸艺术实践工作坊成立，成为学校独特的艺术展示窗口。学校9个年级每周1节剪纸课，把剪纸传承与现代技术结合；5个剪纸社团，周一至周五每天下午开展1小时的社团活动。工作坊定期向社会开放，举办剪纸业余爱好者培训班，开展社区推广活动；同时，结合重大节日、重大事件大力开展主题创作活动，并举办专题展示、展览活动。

3. 课程育人，创编多维校本课程

学校自1984年编写出《剪纸》《我要学剪纸》等校本教材以来，至今共计开发校本课程10余种。其中，2004年组建了以教师为主要成员的唤马剪纸历史及现状调查小组，梳理了“唤马剪纸历史及传承谱系”，编写了《刀尖上的艺术》唤马剪纸校本课程读本；2008年谱写了以弘扬唤马剪纸文化为主题的《唤马》和《唤马剪纸》歌曲，在全镇范围内广泛传唱；2018年9月，学校出台了《唤马剪纸教学指导实施意见》，编印了《唤马剪纸》高、中、低三段教材。

4. 科研育人，让唤马剪纸可持续发展

学校通过科研引领非遗传承，提高唤马剪纸传承与发展水平。坚持问题导向，开展唤马剪纸在题材选择上如何反映川北民俗、川北农耕、川北民居、红色文化、乡村振兴等内容的讨论，开展在传承方法上如何与学校综合实践课程有效结合的研究。学校先后承担了与唤马剪纸相关的省级、市级、县级课题10余项。

5. 文化育人，创建特色非遗校园文化

认真制订非物质文化遗产进校园的长期规划，布好局、选好点，充分利用文化遗产日、文化艺术节等时间节点，通过综合实践、课外活动、学生社团等平台，结合教室、楼道、橱窗、长廊、校园广播等载体，加强非遗文化的实践、展示、宣传，营造浓厚的文化氛围，建设特色鲜明的校园文化。

6. 活动育人，构建非遗传承活动序列

(1) 唤马剪纸成果展示活动。学校剪纸活动面向全体学生，每周在国旗下集会上展示学生剪纸作品，每月举办一次班级剪纸活动大比拼，每期举办一次剪纸作品技能传承大赛，每年举办一次校园剪纸文化艺术节。

(2) 举办非遗剪纸传承学术活动。学校经常邀请民间艺术家进校园传艺，作专题报告，建立省市县美术名师工作室乡村工作站。目前建有四川省冯恩旭名师工作室、孔祥平名师工作室等乡村工作站。

(3) 依托非遗项目传承剪纸艺术。目前孔祥平名师工作室联合国家开放大学开展“长征带”唤马剪纸项目，培训本地农民2000多人、学校美术骨干教师1500多人，参加省市县校内外研讨交流活动300多次。

(4) 结合乡村振兴战略，大力开展社区活动。在全镇范围内大力开展“剪纸扮靓生活”小手拉大手活动，鼓励同学们与家长一道自制剪纸作品，美化居家生活。

（二）构建以学校为主体的非物质文化遗产传承“1＋X”模式

地方非物质文化遗产的传承，需要学校、社区、政府多方联动，形成合力。政府发挥组织、协调、保障、促进作用，学校发挥教育、示范、引领作用，社区配合学校和政府充分发挥推广、普及作用。历经几十年的探索，唤马镇中心小学形成了以学校为主体的非物质文化遗产“1＋X”模式。

1. 形成了不同“课堂教学＋”传承模式

一是技法指导课。模式为：激趣导入—介绍讲解—演示操作—指导剪刻—点评提高。

二是技能练习课。模式为：赏析范例—探讨剪法—演示操作—自由练习— 评议交流。

三是创作指导课。模式为：赏析作品—构思起稿—订制图样—精心剪制— 品评修正。

四是综合实践活动课。模式为：情境导入—合作构思—分工剪刻—评价修改— 整合展示。

五是自主创作课。模式为：确立主题—表述创意—绘制初稿—改编剪刻—题词印章—装裱展示。

2. 创新了“现代技术+”传承模式

一把剪刀、一把刻刀、一张蜡盘、一张彩纸是唤马剪纸的传统传承模式。学校老师借助现代信息技术和互联网思维，积极开发剪纸微课，通过微信、网络直播等新媒体、新平台，将传统剪纸课堂教学方式转变为现代智慧课堂教学模式。学校投入30万元创建了现代化唤马剪纸制作坊，购置了高配电脑、绘画创作软件、激光刻纸机、宽幅打印机、字画装裱烤胶机，并组建了相关社团。从剪纸作品的绘画创作到加工成作品，完全利用现代化信息技术、互联网大数据进行，构建了现代化的唤马剪纸加工厂。

四、实施成效

1. 剪纸艺术成为学生必备技能

越来越多的学生喜欢上了剪纸，主动学习剪纸技能、技法，发现美、创造美的能力不断提升。目前学校98%以上的学生都能剪会刻，给他们一把剪刀、一张彩纸，静等三五分钟，一幅精美作品便能跃然眼前。近年来有800多幅作品作为亚运会纪念品被送给外国友人，有4件剪纸被国家博物馆收藏，18件作品入编四川省中小学美术教材，6件作品入编《国际少儿书画大赛作品选》。2020年，师生近200人历时3个多月创作的“同心战疫，剪译大爱”剪纸作品，先后在四川博物院、广元市非物质文化遗产保护中心、四川省教育厅等展出。

2. 教师专业能力快速提升

学校全体教师人人会剪纸，有美术专职教师6人，省市县名师工作室教师6人，市级非遗传承人3人，县级非遗传承人3人，市级美术骨干教师2人。2021年12月6日，国家教育新闻网、《中国教育报》以《唤马剪纸艺术在乡村走红》为题对学校进行了专题报道。

3. 剪纸艺术成为学校办学特色

学校建成了近100米的剪纸文化墙，各班建成了剪纸作品展示专栏共24个。当前以剪纸为主元素的学校校园文化风貌已经形成。2018年，唤马剪纸传承工作室被评为苍溪县“终身学习品牌项目”；2018年，学校被广元市教育局命名为“艺术教育特色学校”；2019年，学校被命名为“四川省艺术教育特色学校”和“广元市中小学美育教育基地校”。

4. 剪纸艺术已成为苍溪旅游品牌

学校充分发挥文化传承辐射带动作用，积极开展社区培训活动。10年来开展剪纸艺术民间培训活动近 200 场次，受训者来自川内 10 多个市县，培训民间爱好者 3000 余人。2019 年学校争取资金 167 万元，建成剪纸传习所，定期向社会开放，举办唤马剪纸社区培训班，培养了大批剪纸爱好者。2018 年，学校会同镇党委政府、县文体旅游局等部门，制订了“一心”“一带”“两片”“四点”的剪纸文化小镇创建方案，已经建成了唤马剪纸广场、唤马剪纸民俗文化新村，开发了以剪纸文化为主元素的车载挂件、书签、围巾、凉扇等文创产品。

撰稿人：孔祥平、寇菊蓉、黎海涛

编辑手记

文化是民族的血脉，是人民的精神家园。传承和发展民族文化，是学校立德树人教育的使命，也是学校文化建设的路径。苍溪县唤马镇中心小学校开展苍溪唤马剪纸非物质文化传承与育人活动，已经历时 30 多年。学校通过课堂与课程结合、校内与校外结合、知识与体验结合，多措并举构建以学校为主的非物质文化遗产“1＋X”模式，传承了地方非物质文化遗产，拓展了学校课程资源和文化建设，培养了学生审美素质、实践能力和创新精神，带动了地方经济的发展，取得了“一举四得”的良好成效。

成都市郫都区教育局　王朝贤

沐浴“凯风” 家校同行

泸州市龙马潭区尹吉甫学校

泸州市龙马潭区尹吉甫学校（以下简称“尹吉甫学校”）由原石洞中学于2019年9月整体搬迁提档升级而成，是一所有60个教学班的寄宿制初级中学。在石洞中学百年的办学历程中，家校共育一以贯之，后借“凯风家长学堂”的建设，形成了“全员育人、全程育人、全方位育人”的德育生态。尹吉甫学校的文化价值体系整体以《诗经》精髓贯穿，凸显“漫步尹吉甫，上下五千年，诗意中华”的意蕴。“凯风”源自《诗经》的《国风·邶风·凯风》，学校以“凯风”为家长学堂命名，取“学校同家长共尽育人之责，引导学生感师长之恩”之意。

一、背景分析

（一）时代呼唤

互联网的发展为教育提供了新的发展空间，催生了教育模式的变革，多元、开放、融合的大教育成为时代趋势。家校联动、协同育人、资源同聚、施教同心成为时代呼唤。

（二）国家号召

国家高度重视“五育”并举同“三全育人”的相互结合、密切衔接，中共中央、国务院印发的《中国教育现代化2035》围绕重视家庭教育作出了新的部署。理念融通、优势组合、资源同聚、成果共享，既是教育的方向，也是教育的必然选择。

（三）家校同向

家长对子女教育的重视程度、期待值越来越高，教育主体意识不断增强。教师的大教育意识也在不断增强，现代化设施为系统化开设家长课堂提供了物质保障，学校开放、多元、融合、创新的发展方向越来越明晰。

二、主要做法

（一）校风家风融通

问题呈现：部分家长对教育态度消极，对子女“不愿管”。

策略概述：通过文化的浸润和影响，增强家长的教育主体意识，带动良好家风的形成，让家长“愿管”。

1. 让“德正”进家庭

学校充分挖掘尹吉甫精神，以“忠勤”为精神引领，以《诗经》为精髓贯通，打造以传统文化为特色的德育阵地。学校德育阵地也是“凯风家长学堂”共育阵地，浓郁的文化氛围既润物无声地教化学生，又潜移默化地影响家长。学生和家长将学校文化的精神延续、迁移、发展、融合到家庭文化中，让“德正”走进自家。

2. 用“寻根”唤初心

学校以历史发展为线索，在校园内打造了1个诗意典雅的共育阵地，分先秦、两汉、魏晋南北朝、隋唐、宋元、明清、文化复兴7个板块，设两条历史路线：从先秦顺着历史一路发展到现代，一路“传承”；从现代沿着历史一路追溯到先秦，一路“寻根”，用漫步尹吉甫、上下五千年的“穿越”，帮助家长不忘家庭教育初心。

3. 以“同学”促共进

学校在传承中华优秀传统文化的同时，不忘用时代精神激活优秀传统文化的生命力，并用创造性转化的精神引领家庭教育与时俱进。事实证明，家长与孩子同学同进、共同成长的家庭教育模式，契合现代社会发展要求，具有强大的生命力。

（二）线上线下互补

问题呈现：部分家长教育方法缺失，对子女“不会管”。

策略概述：通过线上线下家长课堂的开设，提升家庭教育水平，让家长“会管”。

学校每一个年级都有德育主题，分别是“养成教育、青春期教育、理想教育”。为保证施教同心、家校同向，学校列出“凯风家长学堂433课程表”，使用4种授课方式，围绕3个主题，针对3个年级，分春秋两期对家长开展培训。

1. 开办“家教专栏”

学校利用现代信息技术手段，借助QQ、微信公众号等平台，每间周一次定时向家长推送家庭教育资源，同时鼓励家长积极在线互动、提出疑问、分享成果。近两年来，学校利用该专栏向家长推送教育资源40余次。

2. 开设“空中课堂”

根据学生家长外出务工情况比较普遍这一实际，学校利用录播室开设了“空中课堂”，由学校的“本土专家”主讲，每月开展1次，每次30～40分钟。“空中课堂”在形式上以直播为主、录播为辅，内容上针对学校某类典型的教育案例设专题讲座，来源实、入口小、接地气，通俗易懂，针对性强。

3. 开展“3级培训”

学校针对集体（年级家长）、小组（班级家长）、个别（特殊家长）3个不同群体，设置了3种类型的家长活动阵地，开展线下培训。线下培训原则上每期开展两次，培训前广泛搜集家长意见，针对家长关切的教育问题设置培训主题。线下培训由外聘家庭教育专家或学校“本土专家”主讲，通过面对面交流沟通、讨论、指导等方式，帮助家长成长，促进家校合作。

4. 开通“专家答疑”

学校为寄宿制学校，学生每周末回家1次。为了给家长提供个性化服务，让有需要的家长能及时有效地“问诊”，学校聘请了家庭教育专家团队，每周定时进行网上专家答疑。

（三）校内校外互动

问题呈现：部分家长与孩子关系紧张，对子女“不敢管”。

策略概述：通过校内校外齐互动的方式，让学生和家长共进，让家长“敢管”。

1. 感恩活动培养“忠心”

学校积极抓住各种教育契机，开展丰富多彩的感恩活动，用多种形式培养学生的“忠心”：为国忠诚，积极奋进；为人忠善，涵养品行；为理想忠贞，心怀梦想；为事业忠勇，勇于奋进。

2. 亲子社团搭建“心桥”

学校充分挖掘家长的特长，开设了凯风亲子社团，有插花、商务礼仪、剪纸艺术、烹饪等课程，由家长轮流任教。

3. 全员运动“全员育”

学校每期开展班级球赛、家庭运动会，每年开展全校运动会。其中，全校运动会打破传统的运动比赛模式，将3个年级合在一起纵向编队开展比拼，老师、学生、家长全员参与，起到了增强体质、锻炼技能、磨炼意志、培养团队精神的作用，拉近了学生和家长的距离。

4. 十亩之间“千亩园”

学校自己的农场叫“十亩之间”，但学校的劳动教育并不局限于此，可谓处处都是实践地，打造校内校外“千亩园”。

（1）校内实践基地。学校在校园内为每个班的学生划分了劳动场地，包括农场、绿化带、教室、寝室等，处处都有学生的劳动基地。

（2）家庭实践基地。学校将亲子家务劳动列为学校家庭作业的必做内容之一，是考核学生和家长的一个重要环节。

（3）社会实践基地。学校成立了亲子志愿服务队伍，为校园周边及社区提供志愿服务。

5. 打通家校“最后一公里”

学校利用生活直播、校园快讯、校务公开等方式，打通家校“最后一公里”，增加了学生和家长之间的互通，增强了学校和家庭之间的互信。一是生活直播。学校通过现代信息技术设备，将学生风貌、校园风貌定期向家长进行直播，拉近了家长与学生的距离。二是校园快讯。学校通过新闻网、公众号和报刊等方式向家长分享学校快讯，拉近了家庭与学校的距离。三是校务公开。学校通过家长会、媒体、展板、入校监督等多种形式向家长实行校务公开，实现了家校零距离。

（四）家长学生共进

问题呈现：部分家长在教育中言传有余身教不足，对孩子“缺示范”。

策略概述：学校对家长实行学籍和学分管理，将家长和学生进行捆绑考核，促进家长与孩子共进。

1. 家长学籍制

家长与学生同入学、同毕业，在新生入学报名时就到“凯风家长学堂”随班报到，并取得属于自己的学籍号。家长学制为 3 年，随学生毕业而结业；家长学籍随结业而终止，中途有学生转进转出，家长学籍同时补给或消除。学籍号由学校统一规范管理，它既是家长参与活动、学习培训的凭证，也是家长与孩子同学同进的见证，并计入家长档案。

2. 家长学分制

学校对家长实行学分制管理，并建立相应的管理制度。所有家长在入校报到时就开始修学分，常规表现、学习培训、活动参与、家校配合、学生表现等均纳入学分内容。学校每期对家长进行一次学分评比，嘉奖优秀，培训后进。

3. 捆绑评价制

学校将家长的成绩与学生的考核进行双向捆绑，建立了亲子档案。学校以学期为单位，根据家长学分推优选模，评选“凯风之星”。目前，已经有 34 位家长被评为“凯风之星”，这也是学校家长学堂的最高荣誉。

三、工作成效

（一）促进了家长成长，形成了家校合力

家长学堂的建设，激发了家长参与学习的热情，使家长教育子女的能力得到普遍提升，新型、民主、平等、和谐的家庭氛围正在形成。家长学堂的建设，也让学校、家庭之间的德育通道被打通，促进了学校德育工作的创新发展，丰富了校园文化，提升了学校办学品位。

（二）促进了学生成长，转化了部分特殊学生

家长在与孩子共同成长、互相促进的过程中，为孩子树立了正确的示范，在培养和谐的亲子关系，帮助孩子形成良好习惯、培养乐观积极心态、保持身心健康等方面均起到了非常明显的作用。在特殊学生的转化方面，家校合力的效果也很明显，近 3 年来，学校没有发生一起学生安全事故。

（三）产生了积极影响，赢得了社会认可

“凯风家长学堂”的管理模式有针对性、有操作性，有效解决了长期以来家校协同育人落地困难的问题。从 2020 年起，学校乘着成渝地区双城经济圈建设的东风，先后成为“渝西川南乡村教育联盟”的“副理事单位”、“五育”融合视域下高品质学校建设试点学校、重庆万盛经开区溱州中学的结对学校。目前，“凯风家长学堂”的管理模式正在被部分学校学习和推广，仅 2021 年春期，学校就迎接了省级调研指导组 2 次、市级考察指导组 3 次、区内学习研究组 4 次。

撰稿人：陈莉

编辑手记

传承《诗经 · 国风 · 邶风 · 凯风》精神的泸州市龙马潭区尹吉甫学校，立足时代背景，以“凯风家长学堂”的建设为抓手，从学校存在的切实问题出发，建立长效管理机制，打造自己的家庭教育队伍。学校通过建立管理队伍，系统化、常态化地开展家校协同育人工作，激发了家长的参与热情，促进了学生家庭形成新型、民主、平等、和谐的氛围。同时，家长学堂的建设也促进了学校德育工作的创新发展，形成了“全员育人、全程育人、全方位育人”的德育生态。

四川省教育融媒体中心　唐虹

“五洁”融“五育” 立德育新人

江安县教师培训与教学研究中心（江安县教育学会）

习近平总书记指出，要让留守儿童感受到社会主义大家庭的温暖，并勉励乡村小学生“努力成长为中华民族的参天大树”。宜宾市江安县宗申远大小学（以下简称“宗申远大小学”）作为一所偏远山区农村基点校，建立了一套符合新时期偏远山区农村学生成长需求的“五育”并举育人体系，受到了广泛关注和肯定。

一、背景及意义

（一）立德铸魂，是“为党育人、为国育才”之根本要求

少年儿童是祖国的未来，是中华民族的希望。留守儿童是儿童中的一个特殊群体，让他们感受到社会主义大家庭的温暖，使其“努力成长为中华民族的参天大树”，是社会、学校和家庭的共同责任。抓好乡村儿童的基础教育，引导农村儿童深入践行社会主义核心价值观，努力把他们培养成德智体美劳全面发展的社会主义建设者和接班人，农村小学责无旁贷。

（二）打造特色，是促进城乡教育均衡发展之顶层设计

特色学校的创建是现代学校文化的需要。对学生来说，学校是他们生命奠基的地方，更是影响其一生的精神家园。从一定意义上讲，学校的文化是影响学生成长的“根”。乡村学校努力把学生塑造成有品德、有品格、有品行、有品位的社会主义建设者和接班人，符合促进城乡教育优质均衡发展的顶层设计要求。

（三）“五洁”文化，是 70 年办学积淀之历史传承

宗申远大小学，原校名为手巾岩小学。因手巾寓意有清洁作用，故有“一方手巾、洁净一生”之文化传承。作为一所乡村小学校，宗申远大小学曾经在一段时间内缺乏

文化传承，学生学习目标弱化。为落实县教体局打造特色文化学校的要求，学校大力开展了“忠洁立德、坚洁培智、简洁强身、雅洁尚美、整洁为荣”的“五洁”文化建设，将“五洁”文化与德智体美劳融会贯通，在推进“五育”并举，打造一所有温度、有特色、有格局的乡村名校方面探索出了一条文化强校之路。

二、主要做法

宗申远大小学坚持育人根本，因地制宜，针对农村学校对思品教育重视不够、传统文化教育薄弱、学生对卫生习惯养成不重视、学生学习动力不足等问题，以“十五个一”为抓手，着力强化校园文化建设，形成了符合新时期偏远山区农村学生成长需求的“五育”并举育人体系。

（一）坚持忠洁立德，开展“一讲一学一传颂”，体现德育高度

忠洁，就是对党忠诚、为国尽忠、忠直廉洁。学校主要通过忠洁讲堂、“童心向党”入队仪式，把社会主义核心价值观教育和中华优秀传统文化教育融入德育课程，并大力推进日常教学中的课程思政建设，培育忠诚党的事业、具有家国情怀的社会主义建设者和接班人。

“一讲”就是在每个班级开展忠洁讲堂和“课程思政”，把“四史”中的经典内容在“忠洁”讲堂和道德与法制课上专题讲，在日常课程中融入讲，让革命先烈故事、先进英雄事迹以及抗疫英雄、改革开放楷模等形象深入学生心中，从小培养学生知史爱党、知史爱国、知史担责的坚定信念，让学生自觉践行社会主义核心价值观。

“一学”就是让学生在学校、社会和家庭中学习中国历史、优秀传统文化和美德，学先进模范故事，学做人道理，学身边榜样。要求学生每学期读一本红色书籍或中国历史书籍，假期看一部红色电视剧，每学期至少做一件能让自己感动的好事，并适时在忠洁讲堂上互动交流。

“一传颂”就是吟诵国学经典，传唱红色经典和歌曲，传诵优秀文化，弘扬爱国精神。倡导每星期至少背诵一首诗歌，每个月至少学会讲一个历史故事，每学期至少学会一首红歌。

（二）坚持坚洁培智，落实“一课一策一块田”，体现智育温度

坚洁，就是引导学生坚定理想信念，坚持不懈地努力，心无旁骛地读书。

“一课”指的是上好文化课。强化任课老师集体备课、校长和中层干部定期听课、每半学期开展一次教研组选派教师全校说课的办法，增强学生主动学习的意识和教师向课堂要质量的意识。

“一策”即每生一本个性化手册，针对不同学生采取不同教育策略，努力做到因材施教。这本个性化手册，记载了学生入学以来每期的表现情况，含个性特点、优缺点、心理健康情况、问题辅导、在家表现等，全方位描绘学生成长轨迹。

“一块田”就是在全校全覆盖开展“种责任田”的育人模式。针对乡村学校学生总体数量不大的小班化教学优势，对学生进行分组，每一组就是一块“责任田”，由老师“包产到户”，对本组的每一名学生开展全科式的培养辅导，关心他们的思想、学习、心理、家庭，建立档案，定期交心谈心、家访，及时扶正学生的学习观念，提升学生的学习能力，做到人人有人爱、人人有温暖。

（三）坚持简洁强身，推进“一跑一球一项目”，体现体育力度

简洁，即简单、符合实际。结合农村情况，因地制宜，强化便于开展的体育项目，做到人人有爱好、个个有特长。

“一跑”即大课间跑步10分钟、在家跑步半个小时，一天体育活动至少1个小时。

“一球”即每人学一样球技，主要为乒乓球、羽毛球、篮球、排球等。

“一项目”即学校一年一度的运动会，每人必参加一个以上项目，先由班级遴选，再参加全校比赛。

（四）坚持雅洁尚美，实施“一品一赛一美化”，体现美育宽度

提倡雅致洁净的生活，培养学生发现美、欣赏美的能力和创造美、追求美的情操。

“一品”即在艺术课中增加艺术品鉴教学内容，如音乐欣赏、美图美文赏析、作品分享、影视鉴赏等。

“一赛”即每期一次班级美化设计比赛，因地制宜，取材方便，由学生自行设计，开展班级评比活动。

“一美化”指的是校园美化。学校围绕“五洁”校园文化建设，一楼一主题。在走廊位置设计读书角，楼道走廊布置“五洁”文化师生书画作品。校园围墙通过美化，成为师生“五洁”文化活动、学生社团成果、学生“五育”之星等风采展示墙。教师办公室强调“五洁”相融、“五育”并举，确保洁净和高雅。

（五）坚持整洁为荣，开展“一园一扫一评比”，体现劳动教育广度

针对农村学生卫生习惯薄弱等问题，引导学生参加各类劳动，养成良好的劳动习惯和卫生习惯。

“一园”即学校充分利用乡村办学优势，在学校附近租借一块菜地，每班划分一块菜园，按时令种植蔬菜，每学期评一次“绿色园丁”。

“一扫”即划定每个班的卫生打扫公共区域，由班级同学轮流负责每天的卫生打

扫，每周开展一次卫生流动红旗评比。

“一评比”即实行个人劳动积分评比。涵盖在学校主动打扫卫生，回家做家务、干农活等，发放劳动奖励卡，根据积分，每月一次评出劳动小能手，全学期评出学校劳动之星。

三、主要成效

从 2018 年学校开始实施“五洁”文化建设以来，“五洁”文化与“五育”并举深度相融，“五洁”文化已扎根师生行为之中，推动学校各项工作在较短时间内完成“逆袭”。

（一）学校整洁美丽

学校新建了校园文化墙、楼道文化栏、班级文化角等，翻新了操场。学校大门、旗台旗杆、围墙、橱窗、垃圾箱等完整、美观；校牌、办公室牌、班牌、上下楼梯标志、紧急疏散路线标志、安全标志、厕所标识等标准统一、醒目规范，“五洁”文化在校园内蔚然成风。

（二）师生面貌焕然一新

“五洁”文化建设让师生看到了学校的发展潜力，教师的干劲更足，学生的拼劲被激发。教师们关爱留守儿童和为贫困学生建档立卡 300 余次，艺体教师利用课余时间义务指导学生训练每学期近 100 节次，师生风貌焕然一新。

（三）教学质量突飞猛进

通过全校师生的努力，学校教学质量显著提升，彻底甩掉了学校教学质量长期位列全县倒数第一名的帽子。2018—2019 年和 2019—2020 年，学校连续两次获得了全县同类学校教学质量综合考核一等奖、综合督导评估第一名的优异成绩。

（四）素质教育成果凸显

近 3 年，全校师生在各级各类竞赛中获等级奖和荣誉奖数量逐年加增，在全县乡村学校中跃居前列。运动会、美术、书法、征文、声乐、朗诵、舞蹈、演讲、科技创新全面开花。学生获国家级奖励 3 项、省级奖励 96 项。

（五）家长满意，社会赞誉

家长让孩子中学毕业后就去打工的思想普遍大幅转变，对孩子未来学习的期望值大幅提升，积极支持孩子参加学校倡导的各项赛事，从过去只看学习成绩到现在愿意多方面培养孩子，家校协同推进“五育”并举不断深化。社区、所在周边村组也积极为学校捐资助学，为学校的发展奔走出力。

（六）科研育人协同并进

学校申报的四川省教育厅重点基地项目即将结题，主研的省级课题正在推进之中，课题研究对推进学校“五洁”文化和“五育”融合，提升育人质量起到积极的推动作用。

四、社会影响

“五洁”校园文化建设给学校发展带来的巨大转变得到社会广泛关注和支持，促进了学校可持续发展。

第一，领导关怀。宜宾市关工委、江安县关工委十分重视学生健康成长，多次来校开展慰问山村儿童的关爱活动，并为学校授牌“留守儿童之家”。

第二，专家肯定。宜宾学院教师教育学院院长何会宁教授和团队专家多次来校指导科研和开展乡村学校文化建设课题研究。

第三，企业扶持。企业家前来资助学生，捐赠基础设施，打造高端多功能室，让学校成了环境舒适、设施设备齐全、校园环境美丽的乡村小学。

第四，文化支持。江安县书法家协会组织书法家为学校义务创作了60余幅精美作品，促进了学生美育素养的提升。

第五，媒体关注。近3年来，四川新闻网、江安教育等媒体报道了学校各类文化活动130余次。

撰稿人：赖显刚、王玉敏、蒋小岗、徐最钧、郭章荣

编辑手记

对留守儿童的成长与发展而言，德育是学校教育环节中必不可少的一环，它也是落实立德树人根本任务的基础。宜宾市江安县宗申远大小学深知留守儿童很难在家庭中获得优质的德育，于是，学校将“五洁”文化与德智体美劳相融合，通过“一讲一学一传颂”“一课一策一块田”“一跑一球一项目”“一品一赛一美化”“一园一扫一评比”，形成了符合偏远山区农村学生成长需求的文化育人体系，摆脱了留守儿童的德育困境，确保留守儿童健康成长、全面发展。

《教育科学论坛》编辑部　沈媛元

活动育人篇

学生活动是素质教育的重要组成部分，它包括文化、音乐、体育、美术、科技、社会实践等各类校园拓展项目。活动在学生的成长与发展中具有重要的教育价值。首先，活动育人可以引导学生树立正确的价值观；其次，活动育人可以引导学生展现自我，实现多元发展；最后，活动育人有助于培育学生综合素养。活动育人内容丰富、形式多样，是立德树人落地落实的重要途径，也是各学校在实践过程中不断摸索的重要内容。

本篇选取了9个典型的活动育人案例：成都市同辉（国际）学校的劳动教育活动、四川省遂宁中学校的班团德育活动、南充市莲池幼儿园的游戏活动、安岳县李家小学的生活教育活动、成都市龙泉驿区青台山幼儿园的足球活动、四川师范大学附属中学的“校园音乐心理剧”活动、攀枝花市实验幼儿园的“TPPS四位一体”体智能活动、四川大学附属中学（成都市第十二中学）的研究性活动、成都市新都区机关幼儿园新城园区的生命探索活动。活动主题不一，方式多样，既有劳动教育的落地落实，又有融入学校文化的活动体系建构；既有中学的体智能活动策划，又有幼儿园丰富多彩的游戏。这些案例虽特色不同，但都是活动育人的积极探索，都有利于提高学生解决问题的能力、实践创新能力，有利于学生社会主义核心价值观的培育，有利于立德树人方针的落实落细。

以“五育”并举的研究性课程体系培育“全面发展 学会研究”的学生

四川大学附属中学（成都市第十二中学）

党的十八大提出立德树人是教育的根本任务，党的十九大要求教育“落实立德树人根本任务”，习近平总书记在2018年全国教育大会上进一步明确了新时代教育立德树人根本任务的要求。“立德树人”这一发展教育的理念，意涵深远、掷地有声，学校必须要肩负起培养中国特色社会主义建设者和接班人的重任。基础教育课程承载着党的教育方针和教育思想，规定了教育目标和教育内容，是国家意志在教育领域的直接体现，在立德树人中发挥着关键作用。因此，中小学时期是落实立德树人根本任务的关键时期，课程更是落实立德树人根本任务的主渠道。学校必须将立德树人理念融入学校课程体系构建中，在课程开发实施中使学生德智体美劳五个方面均得到全面培育与发展，培养出具有健全人格的社会主义建设者与接班人。

一、“五育”并举的研究性课程体系的构建

四川大学附属中学（又名成都市第十二中学，以下简称“川大附中”）课程构建运用顶层与基层相向合拢的路线，以顶层的国家各级行政教育政策为导向，结合核心问题教学等校本理论，指导和助推基层教师展开有目的有价值的学校课程开发与实施，并在顶层与基层的持续深度互动中实现课程发展，在课程开发实施中满足学生全面而有个性发展的需求，积淀研究素养，达成“全面发展 学会研究”的育人目标。

（一）“五育”并举的研究性课程体系的顶层设计

学校按照教育部《关于全面深化课程改革落实立德树人根本任务的意见》《普通高中课程方案（2017年版2020年修订）》等文件要求，围绕学校“全育·双责”的办学

理念及“全面发展 学会研究”的育人目标，基于核心问题进行学科课程、综合实践活动课程、劳动课程、学科选修课程、校本课程等 5 类课程的开发与实施。在开齐、开足、开好 5 类课程的同时，非常强调各类课程需要具备研究性特征，将“培养–研究型”特色融入学校课程体系的构建与实施之中加以彰显。通过实践研究，形成了由 5 类课程、17 个领域组成的学校“五育”并举的研究性课程体系结构。研究表明，学校课程体系能承载学校的办学理念，有效培育学生核心素养，促进学生全面而有个性地发展。

基于《普通高中课程方案（2017 年版 2020 年修订）》中的课程设置，学校从是否有国家教材的角度，将 5 类研究性课程分为学科课程和项目课程两大类，其中项目课程又分为综合实践活动课程、劳动课程、学科选修课程和校本课程。

（二）“五育”并举的研究性课程体系的基层生成

在“五育”并举的研究性课程的全员全程校本教研中，所有教研组、处室都在校本教研领导小组的指导下，组织教职员工进行了相关国家文件政策的研习。立足学校“全面发展 学会研究”的育人目标，教研组基于《普通高中课程方案（2017 年版 2020 年修订）》审视组内开发实施的课程，不断地优化、固化课程内容，将原来开展得较为成熟的学生活动，按学校的课程开发要求转化为课程或者新建课程，例如课程教学处开发实施的“川大附中‘IDEAS’课程节”、教育科研处开发实施的“创新活动探秘——创新活动中的典型思维及其应用”等。

在前述“五育”并举的研究性课程结构与体系构建的基础上，学校与各教研组共同开发、实施、固化、系列化课程，将研究性课程的顶层结构与各教研组开发的 260 余门课程相向融合，按照 5 类课程、17 个领域，将所有研究性课程进行归类、整合，构建形成了学校的研究性课程体系。

二、“五育”并举的研究性课程体系的开发与实施

立德树人要求我们必须着眼于促进学生的全面发展。学校有 20 余年的核心问题教学研究基础，教师们深度认同核心问题思想是以学生为本，关注学生的全面发展、终身发展，并积极投身于校本教研，将核心问题教学由学科课堂教学拓展到项目课程教学中。因此学校所有的研究性课程都基于核心问题开发实施，课程实施以核心问题的提出和解决为逻辑主线，统筹学生的课堂学习与课外实践，实现了学科课程校本化、项目课程特色化，使课程能有效促进学生德智体美劳全面发展且学会研究。

（一）学科课程基于核心问题校本化的开发与实施

学校在国家课程纲要、课程标准、学科教材以及相关课程资源的基础上，基于核

心问题思想实施校本化开发，突破了以知识讲授为逻辑主线的教学传统，实现了以核心问题的提出和解决为逻辑主线的教学，使学生的学习活动以接受演绎为主变为归纳与演绎相结合，使学生的学习方式从单纯的接受性变为体验性与接受性相结合，让学生在活动的深度体验中实现全面发展且学会研究。

1. 促进学生深度体验的核心问题特征

基于核心问题的学科课程开发及实施，其课程内容的关键在于所确立的核心问题需要符合相关要求，学校从核心问题的立意、情境、设问三要素归纳核心问题的活动性与引导性、真实性与整合性、适应性与发展性特征并规范表达要求。核心问题由客观问题和学生活动方式两个要素组成，由于问题是学生自己想解决的新问题，容易促使学生形成悬而未决又力图解决的主动心态，核心问题中的活动又具有层次性和研究性，活动结果具有适当开放性，进而使每个学生都能全身心地投入交流合作、问题解决过程中，发挥自己的作用，获得关于问题意识、研究精神、研究态度或研究方法的深度体验。

2. 引导深度体验的核心问题教学目标

学校基于对“全面发展 学会研究”的认识，强调学生在核心问题的提出与解决过程中获得丰富而深刻的体验，在体验中不断积淀核心素养，因而将课程目标分为结果性目标与体验性目标，特别重视对关联体验目标的确立。一方面是以个人为中心的关联，如个人与自然、个人与社会、个人与国家、个人与自身的相互关联；另一方面是以知识为中心的关联，如知识与知识的关联、知识与思想方法的关联、知识与情感能力的关联、知识与各类问题的关联等。结果性目标与体验性目标相结合的课程目标表达在实践中得到了师生的认可，已经成为学校课程特色，有效地规范了师生课程实施的观念行为，同时也有力地促进了学生的全面发展且学会研究。

3. 突出研究过程的核心问题教学环节

基于核心问题开发与实施的国家课程，以完整合理的核心问题教学从“提出问题、解决问题、反思提升、评价反馈”4 环节展开，每个教学环节内容合理充实，活动时间充分，使得学生能全身心、多方式地投入问题情境中解决问题，达到活动体验的内容和结果丰富而深刻的效果。

综上，基于核心问题的学科课程校本化开发实施，“核心问题”是课程开发实施的关键。符合表达要求和特征的核心问题可营造深度体验的情境，根据核心问题教学展开的“提出、解决、反思和评价”4 环节有效推进师生研究性的教与学活动，将学习体验层层深入，且每门课程均追求“五育”融合，加之学科课程体系包含领域全面，因而实现学生在深度体验基础上的核心素养积淀，有效实现学生全面而有个性地发展。

（二）项目课程基于核心问题特色化开发与实施

学科课程已有国家的课程标准、课程实施、课程评价与课程管理以及学分认定等内容，学校已形成基于核心问题的学科课程开发与实施规范。而项目课程由于没有教科书等现成教材做备课根据，为此学校根据国家政策文件要求，在学科的核心问题教学成果基础上，基于核心问题特色化开发实施项目课程，构建、实践了《“五育”并举的研究性项目课程开发实施规划纲要》（以下简称《纲要》）；通过实践研究，总结了基于核心问题开发实施研究性课程应具有的性质，以此引导教师对研究性课程的开发与实施。

1. 以《纲要》为引导，规范课程的开发与实施

为解决既缺少教材又需要协调多位教师合作开课的现实困难，学校基于核心问题教学思想研发了《纲要》。《纲要》实现了多种功能：一是引导教师开发课程，规范地构建所开发课程的框架；二是提供课程内容和有关课程安全的申请和审批程序；三是被批准后的课程核心内容进入课程菜单，提供给学生选课；四是《纲要》可提供上课的时间地点及需要的保障条件，以便随时进行课程实施的支持与监督；五是有利于师生整体把握课程目标及课程内容的实施。《纲要》既促进了每位教师热情投入课程变革，又促进了学校项目课程体系的丰富和完善。

2. 以各类课程的性质要求保证项目课程高质量开发与实施

一方面，为保证不同的课程从不同的角度形成“五育”并举的育人合力，学校强调对课程性质的认识与把握。另一方面，由于学校以“培养-研究型”为特色发展目标，以“全面发展 学会研究”为培育方向，因而还非常强调每类课程的研究性特征。从学习过程、问题选择、思想方法、成果物化、资源开发等方面彰显课程的研究性，积淀学生的核心素养特别是研究素养，经实践研究归纳出各类课程的性质，以此引导课程开发实施的观念行为，达成项目课程“五育”并举的育人功能。

学校基于核心问题开发实施的所有课程都具有研究性特征，而且每类课程的性质都有相应的界定。如劳动课程的研究性，学校认为主动的劳动者在真实的劳动情境中，不仅仅把劳动当作任务来完成，更是将其作为一个对象来研究，从现实状况与理想状态的对比中主动发现问题、解决问题，提高劳动效率和劳动质量，锤炼意志品质，敢于在困难与挑战中高质量完成劳动任务，以获得创造性劳动体验并提高研究素养。

三、“五育”并举的研究性课程体系的实施成效

“五育”并举研究性课程体系的构建与实施促进了课程、学生、教师和学校的互激

共生发展，4 个维度既相互关联、相互影响，又相互激发、相互成就，形成了“四位一体”的良性发展格局。

（一）课程发展：因“五育”并举且研究性彰显而势头强劲

学校基于核心问题教学方式变革统筹各类课程的开发实施，将学校课程从单一的、割裂的学科课程拓展为 5 大类课程，形成研究性课程体系，既充分发挥了各类课程的育人功能，又有效进行了学科融合。每类课程都严格按照国家和学校要求，凸显德智体美劳的综合育人目标；课程与课程之间相互配合，统筹成为优质的育人载体。

目前，教研组和处室每学期开设的项目课程超过 60 门。2017 年 9 月以来，学校共开设项目课程 260 余门，5 大类课程既相互独立又和谐交融。100％的学生参与“选课走班”，获得基于核心问题的“五育”并举的研究性课程体系的培育，促进自身全面而有个性地发展。

（二）教师发展：形成“潜心研究 仁心育人”的教师团队

在“五育”并举研究性课程体系构建中，学校教师积极投身开发与实施，跳出课堂教学、学科教学的局限，站在课程育人的高度实现培养目标、追求专业发展。诸多教师个体的高水准发展营造出教学相长、资源聚集的专业生态环境，孕育并催生了研究性教师队伍不断成长。从学科育人到课程育人，升华了教师的仁爱之心，促使教师自觉以立德树人、为国育才的仁爱之心投身于课程建设。课程开发实施促进了教师自觉向研究型教师转型，从知识的传授者变成学生学习活动的设计者、引导者，自觉向具有研究意愿、研究素养、研究能力的研究型教师转型。

（三）学生发展：培育“全面发展 学会研究”的学生群体

在“五育”并举的研究性课程体系开发实施中，学生德智体美劳均得到全面高质量发展；全体学生均获得了参与生活实践情境或学习探索情境的研究经历，人人都有类型不同、内容各异的研究成果，研究素养得以积淀，“全面发展”与“学会研究”相互促进，培育了一批又一批“全面发展 学会研究”的学生。

1.“五育”并举的课程体系促进了学生的全面发展

基于核心问题的研究性课程体系为学生提供了丰富的育人境遇，在“学会研究”的促进下，学生实现了德智体美劳全面高质量发展，破解了长期以来普通高中存在的全面发展质量不高的难题。经调查发现，85.3％的学生对自己在学校的成长经历总体感受“非常满意”，认为自己在德智体美劳全面发展的基础上实现了高水平发展。具体表现为：

（1）学生品德和心理素质发展良好。所有学生的综合素质评价都达到良好及以上，以A等级通过学业水平考试的比例增加，体质健康检测达标率连续多年一直稳定在95%以上。

（2）学生社会责任感增强。学生积极投身于社会服务，在省市树立了良好的“川大附中青年志愿者”形象；全体同学都参与了社会实践服务，被评为“四川省中学生志愿服务示范学校”。

（3）学生学业水平提高。很多学生入学成绩中等而升学成绩优秀，各方面表现突出；学生近3年高考成绩处于高位且稳步提升状态，2018年高考重点率为91.8%，2019年高考重点率为95.2%，2020年高考重点率达96.3%，2021年本一率为95.1%，均明显高于四川省一级示范校高中平均值，位居全省第一方阵。

（4）学生艺术体育发展良好。每年的毕业学生中有超过10%的学生艺体素养达到四川省艺体本科专业要求，在全省普通高中里名列前茅。

2. 课程体系的研究特色提升了学生群体的研究素养

研究素养是在提出问题、解决问题或创造新事物新思想等过程中体现出的综合素养，是核心素养在研究方面的综合表现，是“培养-研究型”学校特色发展的应有之义。在学校“五育”并举的研究性课程体系开发与实施中，学生研究素养明显提高，主要表现在社会责任感、研究精神、实践能力3个方面。

第一，学生的社会责任感在解决真实生活情境或学习探索情境的问题中增强。学校课程基于核心问题开发，问题导向贯穿课程始终；所解决的问题，是学生在真实生活中发现并选择的。问题的选择与研究的过程，培养了学生的责任意识，增强了其社会责任感。

第二，学生的研究精神在问题解决的体验中得以提升。基于核心问题的课程有助于打破线性思维，使学生以充满创新精神的姿态，以不气馁、不放弃的心态面对问题，认识到事物的多因素、多变量、综合化。

第三，学生的实践能力在以创意改造世界中得以提升。课程立足师生需求，着眼于生活实际提出有价值、能研究、可坚持的问题，必然需要知识、方法和技能的综合运用。从“发现实际问题”到“理想化的情境解决”，再到“实际情境中的问题解决”，这一过程，让学生对解决问题过程的思路、方法、结论、方案更加清晰且形成成果，提升了学生的实践能力。

“五育”并举的研究性课程体系开发实施实现了学生在全面发展的基础上研究素养的显著增强，学生大量发掘学习生活情境中有价值的问题，进行力所能及的研究。每年的“课程节”“思维节”面向全校学生，3年来共有178个项目开展，平均每个年级每年产生30个以上的研究想法或成果。研究内容既有关于思维、身体、心理、学习生涯等自我发展的，如“茶饮与健康”“创新活动中的典型思维方法及其应用”，又有与社会、自然、国家发展密切相关的，如“学校周边 AED 投放的研究”“便利公筷的设计与制作”“成都市共享单车停放装置研究”“未来城市新型垃圾分类处理系统研究”等。

（四）学校发展：推动学校“培养-研究型”特色的创建

学校积极探索新时代普通高中育人方式变革，以课程改革为关键点，以点带面，又以课程改革为载体，促进育人方式改革的落实。学校在课程开发与实施中不断探索教育综合改革背景下的普通高中发展之路，顺应时代对教育改革与发展的要求，促进学校“研究基因”发展为“研究文化”，实现了学校以研究性课程和研究性教师培养“全面发展 学会研究”学生的培养目标，推进了学校“培养-研究型”特色的创建，带动了集团学校及联盟学校的内涵式发展，得到了各级领导、专家的充分肯定和高度评价，在业界产生广泛辐射与良好影响。2020 年 7 月，学校被教育部批准为普通高中新课程新教材实施国家级示范校。

川大附中基于核心问题开发实施“五育”并举的研究性课程体系实践证明，研究性课程体系全面贯彻党的教育方针，落实立德树人根本任务，使学生在核心问题的提出、解决、反思、评价研究中得到深度体验，在深度体验中积淀了包括研究素养在内的核心素养，在研究中实现了全面而有个性的发展，成长为德智体美劳全面发展的社会主义建设者和接班人。

撰稿人：冯小辉、冯刚、马方林

编辑手记

学校课程体系能承载学校的办学理念，有效培育学生的核心素养，促进学生全面而有个性地发展。学校必须将立德树人理念融入学校课程体系建构，在课程开发与实施中使学生德智体美劳 5 个方面均得到全面培育与发展，培养出具有健全人格的社会主义建设者与接班人。四川大学附属中学基于核心问题开发与实施“五育”并举的研究性课程体系，学科课程基于核心问题校本化开发与实施，项目课程基于核心问题特色化开发与实施，以“五育”并举的研究性课程体系培育“全面发展 学会研究”的学生，促进了课程、学生、教师和学校的互激共生发展，形成了“四位一体”的良性发展格局。

四川教育出版社　高玲

培养有温度的人：学科融合项目“校园音乐心理剧”实践

四川师范大学附属中学

一、以社会与情感能力培育作为立德树人的重要抓手

2019年，中共中央、国务院颁布的《中国教育现代化2035》明确提出，要“更加注重全面发展”，“不断提高学生思想水平、政治觉悟、道德品质、文化素养。增强综合素质……强化实践动手能力、合作能力、创新能力的培养”。在落实立德树人，促进学生全面发展的过程中，社会与情感能力的培养得到了越来越多的重视。

近年来，四川师范大学附属中学（以下简称“川师附中”）在德育工作中发现，部分学生往往表现出以自我为中心，较少站在他人角度看待问题，同理心缺失，心理弹性较差，在预防和应对人际冲突以及情绪管理等方面存在明显困扰。因此，社会与情感能力的培养是“应对当前学生身心发展问题的重要路径，也是实现学生全面发展的重要手段与目标”，教育教学应将培养学生的社会与情感能力作为落实立德树人的重要过程与目标。

二、校园音乐心理剧与社会情感能力的共同指向

校园音乐心理剧是基于音乐心理剧和校园心理剧的理论与技术，将学生学习、生活、交往等方面的困惑与冲突，用特殊的戏剧与音乐结合的形式进行演绎，既体现了音乐心理剧的音乐性、即兴性、创造性，也将校园心理剧的教育功能融入其中。校园音乐心理剧在培养学生社会与情感能力方面有天然的优势。校园音乐心理剧的核心是学生的自发性与创造性。其中，个体经验表达是自发性的呈现，即兴创作表演是一种创新能力的展现。音乐元素推动着师生间、学生间形成情感共鸣，学生受到音乐和同伴的鼓舞，自发地在情境中呈现、转化和领悟，完成情感协调和行为适应。

经济合作与发展组织（以下简称“OECD”）认为，社会与情感能力培育框架包含五个方面：任务表现、情绪调节、协作、思维开放、与他人交往。其中，情绪调节、协作、与他人交往强调突出学生的自主性，即充分相信个体能运用内部经验，选择和获得社会资源，帮助自己解决成长难题；而任务表现、思维开放更倾向于学生的创造性，即学生基于成长经历的自我突破和创新，以达到协调和再适应的结果。

三、演出内心的声音：校园音乐心理剧的培育模式

基于以上逻辑向度分析，川师附中开发和实践了学科融合项目“校园音乐心理剧”，采用“活动课程化，课程项目化”的方式，以学校艺术走班课程“音乐与戏剧表演”为实施载体，音乐与心理教师作为双导师进入课堂，构建了校园音乐心理剧的培育模式与实施策略。

（一）“环形递进”的培育模式

社会与情感能力是一种能力而非技能，不能仅仅依靠知识的讲授与训练，更需要在真实的环境中通过体验去进行强化。为此，学校构建了“环形递进”的校园音乐心理剧培育模式，并据此设计了校园音乐心理剧的具体内容序列，逐步塑造、循序渐进。

阶段一：课堂创生阶段，通过暖身、确认音乐意向等，让学生自由选择乐器即兴演奏，用乐器对话，任情绪流淌，重现真实的内心感受，看到自己内心的困顿。

阶段二：作品重塑阶段，学生以项目式学习的方式，将即兴演奏中呈现的心理困顿进行剧本创编与排演，运用心理技术与音乐表现，形成具有教育功能的校园音乐心理剧作品。

阶段三：聚演赋能阶段，给学生创设舞台，让他们展示自己的作品和感悟收获，将学生的内在体验推向高潮，通过更大的舞台反馈互动增强他们的积极感受，赋予积极的自我效能，推动学生带着新的经验与能力去应对未来生活的挑战。

（二）“思·悟·创·生”的实施策略

校园音乐心理剧的核心是学生的自发性与创造性，在课程实施过程中，学校通过触发学生的“思·悟·创·生”，来塑造和培养学生的自主性、创造性，以促进学生的社会与情感能力整体发展。

1. 思：自我探索与澄清

“思”即在校园音乐心理剧的实践过程中，通过教师引导、活动设计、任务驱动，有意识地触发学生的自我探索与澄清。“思”主要体现在三个路径中：①课堂创生阶段，运用音乐即兴演奏带动个人内在体验探索；②作品重塑阶段，个体在剧本创编和

排演过程中寻找、思考新的应对方式；③聚演赋能阶段，个体通过完整的音乐心理剧体验及与团体的互动，对自己有进一步的反思探寻。

2. 悟：内心松动与领悟

“悟”即在课程实践的不同阶段，通过团体动力的增强和音乐心理剧技术的运用，随着主角内心的变化和改变，带动其他同学对自己的生活经验有所感悟与升华。同时，通过作品的展演交流，使得在“演员即是观众，观众即是演员”的角色互动中，主角、配角及观众都能生发新的感悟，能够尝试用多元的视角理解他人、看待生活中的问题，寻找新的更加积极的应对方法。

3. 创：问题解构与重塑

“创”即通过任务驱动，推动学生对问题进行解构与重塑。学校借鉴项目化的实践模式，以学生在课堂创生中出现的主角和主题为线索进行二次创编，并形成具有教育功能的校园音乐心理剧作品展演。在这一过程中，学生将实现剧目的导演、编排与呈现，教师更多作为观察者提供必要的支持，由此推动学生进行充分的自主思考与基于生活的再创性表达，根据同一题材（如亲子关系、学习压力等）进行深入挖掘，分析普遍性与特殊性背后的故事，找寻张力点，培养团队协作与分工，以及完成任务的态度与能力。

4. 生：经验生发与赋能

在课程不断推进中，随着团体动力的形成与增强，学生在参与过程中自然而然地生成了对情绪的感知与调节、与人交往、分工协作等学校所期望培养的社会情感能力。同时，学校根据过程性评价与反馈要点对每个个体进行个性化指导，为个体在面对问题时提供相应的专业帮助与支持，促成学生在每个阶段的能力有所发展。鼓励学生将学习后的新经验运用于自己的生活场景，并邀请学生进行分享，与观众进行互动答疑，用他们习得的知识和经验来帮助有类似困惑的观众，通过这些活动使得学生在课程结束后也能带着新的经验与积极的自我效能感去应对生活中的挑战。

四、培养有温度的人：校园音乐心理剧的效用评价

校园音乐心理剧的效用评价是在学校开展社会与情感能力培养实践的关键一环，也是考量本项目中社会与情感能力实施效果的必需。作为一项软能力，社会与情感并不像认知能力那样容易通过学习成绩等外显指标测量出来，因此需要基于社会与情感能力的内涵与维度，构建围绕音乐心理剧实施过程的课堂观察指标。基于 OECD 的社会与情感能力测评框架，川师附中提炼了社会与情感能力课堂观察指标。

通过观察记录学生在课堂上的行为表现和想法，在项目结束时对学生不同能力维

度的课程观察指标进行评估整理，学校发现，学生在开放能力、协作能力、情绪调节能力上有显著提升。同时，学校采用随机抽样的方式对学生做了访谈，访谈结果也进一步验证了这一培育效果。当被问到“通过该课程学习，你的收获是什么”时，95%的学生表示“拓宽了自己的视角，能以更多元的视角看待问题”；90%的学生表示“通过音乐即兴演奏，能更自由地表达内心的情绪”。项目结束之后，学校向参加了该项目学习的学生班主任及部分家长进行了回访。从班主任的反馈来看，这些学生表现出很好的后续发展力，在学习动力、情绪调节、同伴交往中表现出很好的适应力；部分家长反馈，孩子比以往有了很大改变，更愿意跟父母进行沟通。

该项目的开展得到了学校的积极认可，在推进学校“五育”融合课程框架中，社会情感能力作为重要培养目标被写进学校规划中，校园音乐心理剧这一课程也被作为精品课程进行打造。课题组教师多次应邀在省级重要培训活动、研讨活动中进行交流分享，同时，该课题还被确定为“锦江-龙泉-邛崃-都江堰-简州新城”区域教育共同体专题研讨活动的主题。

撰稿人：田静、彭晓丽、陈怡

编辑手记

美国“学术、社会和情感学习”联合组织（CASEL）把社会情感学习定位为一个帮助儿童和成年人发展和提高有效生活所需的基本技能的过程。这些技能包括：认识并管理我们的情绪，学会关爱他人，建立积极的人际关系，做出负责任的决策，有建设性和有道德地处理具有挑战性的状况。四川师范大学附属中学通过学科融合项目“校园音乐心理剧”，实现了在真实情境中培养学生的社会与情感能力，对学生的心理健康发展和社会情感发展都起到了一定促进作用，而心理健康和社会情感的良性发展都有助于让学生成为更健全以及更有温度的人。

《全视界·教育》编辑部　王渊

以劳立德 以劳育人
——生活教育视角下农村小学劳动教育体系构建

安岳县李家小学

《中共中央 国务院关于全面加强新时代大中小学劳动教育的意见》指出，劳动教育是中国特色社会主义教育制度的重要内容，直接决定社会主义建设者和接班人的劳动精神面貌、劳动价值取向和劳动技能水平。安岳县李家小学（以下简称“李家小学”）结合自身实际情况，构建了“生活教育视角下农村小学劳动教育体系”，通过劳动教育实施，促使学生、教师、家长对待劳动的观念得到彻底改变，立德树人、以劳立德、以劳育人得以落地落实。

一、劳动教育操作模式

通过几年的劳动教育实践探索，李家小学总结出了劳动教育的操作模式。

（一）支部引领

学校党支部把德育工作作为一项重要政治任务，切实加强学校党支部对德育工作的全面领导，用习近平新时代中国特色社会主义思想铸魂育人，高质量完成培养新时代社会主义建设者和接班人的使命。学校党支部高度重视劳动教育工作，召开学校支部会专题研究劳动教育工作。成立以支部书记、校长为组长，副校长为副组长，各办公室负责人为成员的领导小组，负责引领、指导劳动教育必须把习总书记的要求和《中共中央 国务院关于全面加强新时代大中小学劳动教育的意见》精神落到实处，把握好劳动教育的基本思想、基本原则、基本内涵、总体目标、课程设置、内容要求、评价制度等，保证劳动教育落地落实，促进学生形成正确的世界观、人生观、价值观。

（二）行政督促

学校行政部门在支部的指导下，成立劳动教育领导小组、劳动服务队，拟订劳动教育内容，完善劳动服务制度，统一劳动服务标志，制订劳动服务纪律，建立劳动服务工作程序，把握劳动服务原则，运用劳动教育实践结果。学校利用行政会、教职工会、国旗下讲话集会等，组织学习习近平总书记讲话精神和相关文件精神，阐释劳动教育的重要性，促使师生改变劳动观念，做到人人重视劳动教育、人人参与劳动，把劳动教育内化为师生的自觉行动。

（三）少队组织

学校少先队大队部负责组织学校大型的劳动教育活动。一是组织开展符合学生年龄特点的校内劳动。主要通过学校集体劳动（如值周校园卫生打扫、保洁、营养餐对口帮扶、校园 110 活动等）、专项劳动（如整理书包、整理书桌、清除校园杂草、书本发放等）、课后劳动服务教育（如包饺子、简单的烹饪等劳动竞赛），对学生进行有针对性的劳动教育。二是组织开展符合学生年龄特点的社会实践劳动。利用植树节、劳动节、国庆节、重阳节、春节等节假日，组织学生走出学校，走进社区，参加社会劳动实践。三是组织开展符合学生年龄特点的节假日感恩劳动。利用妇女节、母亲节、父亲节、教师节、重阳节等节日，让学生为教师、家人做一些有意义的服务，教育学生懂得感恩。活动的开展，促使师生的劳动观念、劳动态度高度统一，使学生逐步养成良好的劳动习惯和劳动品质。

（四）家校协作

学校通过校园微信公众号、告知书、家长会等向家长宣传劳动教育的重要性、目的意义、学校做法、家庭职责，要求家长与学校积极配合。通过家校联动，组织学生学习劳动知识，家长和学生一同开展家务、农事体验活动。在家务、农事体验过程中，学生掌握必备的劳动技能，体验从事农业劳动的乐趣，品尝劳动成果，感受劳动之美。家长在日常生活中向孩子渗透“家务劳动是每一个家庭成员应尽的义务”的观念，注重以身作则，发挥示范作用，引导孩子主动承担家务劳动。

（五）典型案例

学校探寻劳模事迹，传承匠人精神。深入挖掘社会资源，邀请社会、家庭中的劳动模范为学生与家长作宣讲报告，组织学生和家长深入劳动模范的工作现场认真观察和体验，引导学生看劳模、访劳模、写劳模、学劳模，多角度地感受劳动的意义。学校通过相关活动的开展，教育学生尊重劳动者、珍惜劳动成果，教育学生自觉自愿、认真负责、安全规范、坚持不懈地参与劳动，形成诚实守信、吃苦耐劳的品质，养成良好的消费习惯。

（六）表彰奖励

学校十分注重劳动教育的成效，每学期都要评选劳动教育“先进班集体”“劳动之星”“美德少年”，推荐评选“李家好人”“美德少年”“实践活动先进个人”等。利用微信公众号、微信群、校园广播、校园橱窗等大力宣传劳动教育的先进个人、先进事迹，引导全体师生、家长牢固树立劳动光荣、劳动伟大、劳动崇高、劳动美丽的观念；体会劳动创造美好的生活，体认劳动不分贵贱，让学生养成勤俭、奋斗、创新、奉献的品行。

二、劳动教育体系构建

学校通过多种活动形式让学生参与劳动实践体验，活动分为学校篇、家庭篇、社会篇、感恩篇，构建了学校的劳动教育体系。

（一）劳动教育实践体系

一、二年级（低段），主要围绕劳动启蒙，让学生学习日常生活自理，感知劳动乐趣，知道人人都要劳动。培养目标是：让学生树立劳动光荣、劳动伟大、劳动美丽的观念。具体的劳动实践包括：在学校整理书包、整理课桌、打扫教室、分发书本等；在家中自己刷牙、洗内衣、烧水、端饭等；在社区发放宣传单、捡拾垃圾等。

三、四年级（中段），主要围绕卫生、劳动习惯养成，让学生做好个人清洁卫生，适当参加校内外公益劳动。培养目标是：让学生明白劳动不分贵贱，形成热爱劳动、尊重劳动者的观念。具体劳动实践包括：在学校打扫教室内外卫生，进行校内卫生保洁等；在家中整理房间，帮助摘菜洗菜等；在社区走进敬老院做一些感恩的事情等。

五、六年级（高段），主要围绕卫生、劳动习惯养成，让学生做好个人清洁卫生，适当参加校内外公益劳动，学会与他人合作劳动，体会劳动的意义。培养目标是：让学生养成勤俭、奋斗、奉献的劳动精神。具体劳动实践包括：在学校参加卫生保洁、搬运课桌椅等；在家中做力所能及的家务活、做简单的农活等；在社区参与公益活动等。

（二）劳动教育评价体系

学校的劳动教育评价体系主要从劳动出勤情况、量化情况、完成情况、劳动态度、劳动效果五个方面进行评价。

通过劳动教育体系的构建，学生的综合素养得到提升，劳动技能得到提高，理解了劳动的可贵；教师的专业素养得到提升，综合育人的观念得到增强；劳动教育成为学校发展的特色亮点，实现了学校的内涵式发展。

依托劳动教育，学校创新教育机制，注重教育实效，践行知行合一，落实“五育”并举，进一步促进学生形成正确的世界观、人生观、价值观，将立德树人的根本目标落到实处。

撰稿人：李大勇、黄勇、刘春艳、李志江、卿朝丽

编辑手记

《中共中央 国务院关于全面加强新时代大中小学劳动教育的意见》强调，要坚持因地制宜的基本原则，根据各地区和学校实际，结合当地在自然、经济、文化等方面的条件，采取多种方式开展劳动教育。安岳县李家小学结合当地特色，通过各种生动、新颖的学生活动，构建了“生活教育视角下农村小学劳动教育体系”，改变了学生、教师、家长对待劳动的观念，提高了学生的劳动技能和综合素养，让立德树人得以落地落实。

四川省教育融媒体中心　陈敬

以健康体魄践行“五育”并举

——“TPPS 四位一体”体智能活动课程开发与实践

攀枝花市实验幼儿园

20 世纪末期，我国台湾地区为 3～6 岁儿童专门设计了基于动觉智能（kinesthetic intelligence）的体智课程。这套课程结合了体育游戏、户外运动、舞蹈律动、健康素质、生活乐趣等多元素，注重平衡、协调、敏捷、力量、弹性、速度以及由触觉引起的各项身体技巧训练，强调以智力活动的方法和技巧解决体能活动中的问题和想法，将体能与智能有机融合，相互促进，循环共生。2014 年，攀枝花市实验幼儿园（以下简称“攀枝花实幼”）引入此成果，基于“TPPS 四位一体”的体智能活动设计与实践研究也应运而生。

一、体智能活动的核心价值

（一）有助于幼儿身体素质的均衡发展

2015 年，攀枝花实幼对小、中、大班共 90 名幼儿进行了 10 米折返跑、立定跳远、网球掷远、双脚连续跳、坐位体前屈、走平衡木 6 个项目的抽样检测。检测结果中立定跳远项目整体成绩最好，网球掷远的整体水平最低，且个体差距较大，反映出幼儿身体素质发展不均衡、整体发展优秀率偏低的问题。对此种情况，体智能活动可以通过相应的游戏化素质锻炼和技巧性练习改善幼儿身体素质发展的不平衡状况，为其一生的健康和谐发展奠定基础。

（二）有效促进幼儿身体素质与智力品质的相互融合共生发展

健康的体魄、愉快的情绪和充沛的精力有助于提高幼儿的思维敏捷性、反应灵活度，帮助他们开阔心境。体智能活动让幼儿在“玩中学、学中玩”，在身体素质与智力品质两方面相互促进，共生发展。

（三）为幼儿园健康领域的体育活动开展提供可参考的实践依据

为更精准地了解教师在组织体育活动中存在的问题，攀枝花实幼对 65 名一线教师展开问卷调查。结果显示，教师虽然都基本能认识到健康教育对于幼儿终身发展的重要作用，但半数以上教师在幼儿发展目标确定、内容选择、活动评价、动作规范性等教学实施方面存在困难。体智能活动通过科学的时间配比、场地安排、材料投放、指导策略、双向评价，引导教师更新教育观念，调整活动设计，规范活动过程，加强师幼互动，分析幼儿行为与表现，监测体能数据变化，为幼儿园体育活动的开展提供参考和依据。

二、基于“TPPS 四位一体”的体智能活动设计

体智能活动设计采用“TPPS 四位一体”模式建构与实施方法，实现体智能活动的全天候、全覆盖、多形式、多领域整合。

“T”即时间（time）。攀枝花实幼的体智能活动从早晨入园到幼儿入睡前，保证幼儿冬季有不少于 3.5 小时、夏季有不少于 2.5 小时的体智能活动时间，并将其分段融入幼儿一日生活的各个环节。

第一个“P”即全体人员（personnel）。体智能活动覆盖全园 3 个园区，以“游、艺、智、趣”吸引全园 1000 多名师生加入。

第二个“P”即项目（project）。经过 8 年的实践完善，体智能活动由最初的简单活动，拓展为涵盖晨间体智能活动、快乐早操、大创游、体智能课、午间特色体智能活动、家庭亲子体智能活动共 6 个大项、20 余个小项的综合活动。

“S”即学科（subject）。体智能活动以健康领域为核心，与艺术、语言、科学、社会等领域充分融合，成为融游艺性、科学性、观赏性为一体，让孩子们合作交往、自由探索、激情洋溢的综合性活动。

三、体智能活动“五育”融合的创生落脚点

（一）强健体魄——为儿童一生的成长奠基

幼儿的速度、力量、灵敏性、协调性、平衡性、耐力和柔韧性等身体素质可以通过走、跑、跳、投掷、平衡、钻爬 6 个基本动作获得锻炼与提升。攀枝花实幼制订了 6 个动作在不同年龄段层次的发展目标，在大量实践基础上研发出《玩美运动》《体智能活动设计》《基本动作指导手册》《特色体智能游戏》4 套园本教材。

在每天的体智能活动中，幼儿园充分利用地面、墙面、走廊、操场、园区步道等空间，在富有情境性的游戏环境中，让幼儿不断观察、触摸、摆弄，获取新的运动灵感，生成新的活动内容，锻炼活动技能技巧，塑造健康体魄。

（二）启智明慧——支持幼儿的学习与发展

随着活动的展开、幼儿能力水平的变化和游戏的不断深入，教师及时按年龄层次更新、投放运动材料，让幼儿有更多机会获取新的运动灵感，生成新的活动内容。当活动推进中遇到幼儿难以解决的困难或预见到安全隐患时，教师通过平行介入、垂直介入、交叉介入等形式，基于幼儿当前发展水平与兴趣，为幼儿提供不同层次的支持与帮助，促进幼儿的自我学习、自我探索、自我管理。

（三）育心育德——塑造阳光、智美、勇敢的幼儿

当前，我国幼儿的整体智力发展水平得到显著提高，但也出现了一些不容忽视的心理健康问题，如幼儿难以承受挫折、以自我为中心等。教师可以利用体智能活动的游戏文化特质帮助他们进行改善。如通过球类、接力等团队合作运动项目，让幼儿体验团队的力量和相互协作的必要性；引入游戏竞争机制，帮助幼儿超越自我，体验努力后成功的快乐与满足，感受顽强拼搏、坚持不懈、公平竞争、友谊与团结的体育精神，塑造阳光、智美、勇敢的人格。

（四）以美育人——向美而生，健康成长

幼儿园体智能活动中无处不渗透着美的教育，如融游、艺、体于一体的“游艺操”、幼儿韵律体操、幼儿花式篮球，热身活动、放松活动也伴随着律动进行，等等。

此外，教师鼓励幼儿收集废旧纸箱、泡沫、纸盒、奶粉罐等，自制成活动材料，用于美化、改造活动环境。

体智能活动还能在活动各环节中矫正幼儿不美观的身体运动形态如低头、弯腰、驼背、斜肩、“八字脚”等，让幼儿感受运动带来的柔韧美、力量美、速度美和韵律美，理解健康之美。

（五）体劳结合——体验劳动的快乐

体智能活动既是体育运动，也是劳动契机。搬沙袋、推铁桶、搭木梯、叠轮胎、摆放材料等任务，基本都由幼儿自行商量、相互协作完成。活动结束后，教师会引导幼儿整理物品、摆放器材、清理场地、修补损坏器材，帮助幼儿养成良好的劳动习惯。

四、体智能活动取得的成效

（一）促进了幼儿体质与认知创新能力的持续共生发展

2017—2021 年，攀枝花实幼在连续 5 年的体能数据监测中发现，幼儿的走、跑、跳、投掷、平衡、钻爬 6 个项目测试的合格率均有不同程度的提升，体能发展的差异逐步减小。其中，走平衡木、双脚连续跳以及立定跳远的总体合格率大于其他 3 项，10 米折返跑提升最明显，坐位体前屈和网球掷远虽略逊于其他项目，合格率也在逐年上升，“优秀”比重逐年稳步递增。

体智能活动中，教师不断启发幼儿的想象力，引导幼儿体验创新设计的乐趣，发展发散性思维，并将创新能力迁移至其他领域。幼儿在活动中通过大量观察、触摸、探索，在已有知识经验基础上独立分析，建构新经验和新认知，获得了新的发展和成长。

（二）加速了教师实践水平与专业素养的提升

1. 健康教育实践水平得到提高

首先，教学目标的制订更科学，教学内容的选择更符合幼儿意愿。教师在观察分析幼儿的基础上，根据目标体系，在具体活动中落实恰当的目标与内容；投放适合的运动材料，让运动内容和运动器械适宜幼儿的学习与发展。

其次，教学组织能力得到提升。教师针对幼儿运动的特点、学习与发展需求，支持幼儿以多种方式参与运动，科学把握时间与运动量，注重活动过程中对幼儿品质的培养与精神支持；实施多元教育评价，关注个体差异，支持幼儿富有个性地发展。

2. 教育科研素养得到提升

课题组多次组织全园教师开展篮球、足球、体智能大创游、体智能活动设计等相关研训活动，梳理体智能循环活动中的得失，在不断的改进完善中有效发展科研素养。2 名专职体能教师受邀到雅安分享幼儿园花式篮球教学经验，1 名专职体能教师在攀枝花市户外体育研讨活动中展示了体智能集体教育公开课。课题开展至今，全园形成了相关论文 117 篇，其中 63 篇获奖，15 篇发表，教师指导参加全国、省、市各级各类体育比赛获奖 13 项。

（三）获得家长的广泛认可与社会赞誉

家园协力，形成了幼儿园和家庭“1＋1＞2”的实践效果。家长转变思想，积极参与亲子活动，亲子运动会的父母参与率从 2016 年的 72.1％上升至 2020 年的 98％。亲子每日运动 30 分钟的打卡率从最初的不足 50％上升至现在的 92％。2020 年举行的

“川渝线上亲子运动会”，攀枝花实幼以 96%的打卡率获得一等奖。

（四）夯实了幼儿园高品质发展之路

攀枝花实幼编写完成了 4 套园本体智能活动教材，幼儿体操队、篮球队等在全国、省、市各级各类幼儿体育比赛中先后荣获金奖 10 项、特别奖 2 项，幼儿园被评为“四川省教育先进集体”“四川省教育综合改革试点单位”“首批攀枝花市教育培训基地”，成为攀枝花市学前教育高品质发展的展示窗口。2019 年，承办了四川省第十二届学前教育改革研究共同体学术研讨会，全省 100 所共同体幼儿园的 300 余名园长、骨干教师莅临幼儿园观摩体智能活动。2020 年，幼儿园被遴选为“四川云教”主播学校，通过平台将 70 余项体智能优秀活动向全国、省、市加盟园所推广传播，开展线上线下专题讲座 11 次，影响力辐射至全国。

撰稿人：刁玲、李艺

编辑手记

过去 10 年，我国的学前教育得到了突飞猛进的发展，取得了令人瞩目的成绩。在这个过程中，一大批具有前瞻意识的幼儿园不断探索新的教育理念、课程体系、教学方式，但所有改革的背后，都是对立德树人根本任务的坚守，这也正是未来学前教育发展的关键。多运动，强体魄，攀枝花市实验幼儿园用 8 年时间打造“TPPS 四位一体”体智能活动，以“体”为引，实现了“体中有德、体中有智、体中有劳、体中有美”的“五育”融合，培养孩子成为能够适应现代社会和应对未来生活的人，为幼儿的可持续发展奠定了坚实基础。

《全视界·教育》编辑部　邹蜜

“德育大课堂+班团德育课”创新德育模式探索

四川省遂宁中学校

教书育人，德育为先。德育工作是学校整个教育工作中的统帅与灵魂，它致力培养学生的思想品德和人格素养，体现了学校教育的根本目标，贯穿德智体美劳教育实践的各个方面。

四川省遂宁中学校（以下简称“遂宁中学”）围绕“培养什么人、怎样培养人、为谁培养人”这一根本性问题，积极探索和完善核心素养背景下德育工作的方法和途径，加强德育工作的吸引力、感染力、针对性和实效性研究，找准切实可行的着力点，改变以往德育单一刻板、以说教为主的模式，打破单向传递德育知识的封闭样态，打造以引领、陪伴为主的德育模式，通过“看、听、唱、演、悟”等途径多感官、多角度提升学生德育素质，教育学生理解认同和拥护国家政治制度，了解中华传统文化、社会主义先进文化，增强中国特色社会主义道路自信、理论自信、制度自信、文化自信，引导学生准确理解和把握社会主义核心价值观的深刻内涵和实践要求，培养良好的政治素质、道德品质、法制意识和行为习惯，形成健康的人格和良好的心理品质，促进学生核心素养提升和全面发展，把学生培养成为有理想、有道德、有文化、有纪律的社会主义建设者和接班人。

一、创新模式，以“德育大课堂”为德育主阵地

充分发挥“德育大课堂”的示范引领作用。以社会主义核心价值观为导向，每周的德育大课堂都结合重大节日、纪念日、学校典型事例，重启发、重激励、重鼓舞，对学生展开教育。

（一）加强物质保障，精心打造“德育大课堂”

第一，学校加大资金投入，共计投入资金200多万元，在校本部以及介福路校区

修建电子屏，为“德育大课堂”的“看、听、演”提供了平台；第二，学校充分保障课时，调整学校课表，确定每周一第一节课为“德育大课堂”时间；第三，学校还加大人力投入，配置专业队伍，由专人负责，团队策划，打造一堂堂内容丰富的“德育大课堂”。

（二）运用现代技术，精彩呈现“德育大课堂”

“德育大课堂”包括六大内容。

第一，升旗仪式。学校配齐礼宾枪、礼宾刀、礼宾服，进行专业训练，精心打造国旗班，让庄严肃穆的升旗仪式留给师生爱国主义教育的深刻记忆。

第二，国旗下宣誓。誓词为：“面对国旗我庄严宣誓：我已长大成人，将永远做祖国忠诚的儿女。从今天起，我将以忠心对国家、以孝心对父母、以热心对社会、以诚心对他人。努力做到‘明体达用，卓然为当代器’，为中华民族的伟大复兴而努力奋斗。”

第三，主题视频。校园电视台精心制作了专题片（有优秀师生的点滴生活故事、学习之星、才艺之星、走进星级班集体等专题）和正能量微电影，通过立体的感官共鸣，培育全校师生向善向美的情操。

第四，每周美文。全校师生一起在优秀学生的引领下，齐声诵读生命感恩词，感恩世间万物的润泽，感恩强大祖国给予我们安宁祥和的幸福生活。

第五，每周一歌。齐唱德育歌曲，歌声升华了师生对党和国家的拥护、爱戴、感恩之情，师生们在歌声中激励自己为实现伟大中国梦而努力学习奋斗。

第六，感悟分享。

“德育大课堂”从“看、听、唱、演、悟”5个维度，引导学生将社会主义核心价值观内化于心、外化于行。

二、扎根班级，以“班团德育课”为德育主战场

班级是学生成长的摇篮，班级工作是德育工作的基础，坚持立德树人、“五育”并举离不开班级建设。学校多次组织教师到江苏苏州、湖北恩施、重庆等地学习优秀经验，外派教师超百人次；聘请外省优秀教师到学校开展讲座，大力提高教师的业务工作能力和水平；通过班主任培训，实现“3个转型”，即在管理思想上从“经验型”向“科研型”转变，在教学思想上由“教书型”向“育人型”转变，在知识能力结构上由“单一型”向“综合型”转变。

（一）发挥班主任的引领作用

良好班集体的建设离不开班主任的引领。学校高度重视对班主任的培训和帮扶工作，每月以年级为单位开展班主任沙龙交流，促进班主任之间的相互学习；每月召开

各年级管理者交流会议，相互交流学习自己年级的管理经验；学校每学期定时召开德育教研活动，各年级推选优秀班主任分享治班理念与方法，在榜样的引领下不断进步；不定时地邀请国内知名优秀教育专家对班主任进行培训，提高班主任的教育管理能力。除了学校内部的自我学习，学校还在暑假期间外派班主任参加培训，加强班主任的学习研修。

班主任作为班级的领路人，在工作中要革新自己的管理理念和方法，在不断的学习中激发自己的教育情怀，让自己先成为有深厚文化基础、有更高精神追求的人。学校打造独具魅力的优秀班主任团队，从而促进立德树人、“五育”并举实践真正落地。

（二）切实推进“班团德育课”

学校将每周一下午第四节固定为“班团德育课”时间。班主任根据学生不同的年龄段以及学校主题活动开展的实时要求，制订不同主题的“班团德育课”规划。“理想、感恩、自律、友爱”等主题“班团德育课”在各班如火如荼地开展起来，这对学生形成正确的价值观，传承我国优秀道德传统起到了重要作用。开展这些主题“班团德育课”活动，有利于学生核心素养的提升。

为了让学生在班级中健康成长、学会合作，班级“小文艺会演”的不定时开展也给了学生一个展示的平台。学生在节目的排演中加深了对彼此的了解，增进了友谊，促进了团结和谐班集体的建设。又如，中秋节是家人团聚的节日，一个班级就是一个温暖的大家庭，在班级举办中秋晚会，能营造班级和谐友爱的氛围。

开展这些形式丰富的主题“班团德育课”活动，不仅能形成和谐友爱的班级文化，更能促成立德树人、“五育”并举的理念在班级落地生根。

三、拓宽渠道，以社团活动为德育载体

（一）社团活动的重要性

社团活动是学校德育的一个重要组成部分，蕴含着德育的重要价值。学生社团深受师生的欢迎和喜爱，在丰富校园文化生活、培养学生的爱好和兴趣、展示学生的特长和风采、培养学生的学科核心素养等方面日益凸显出重要的作用。经过精心设计的社团活动不仅有学校自身的文化特色、传承意义，更会深深地镌刻在学生的心间，促进学生的全面发展。

（二）典型社团活动展示

学校团委、学生会成立了晴天志愿社、青藤文学社、动漫社、摄影社等20余个学生社团，丰富的社团活动对学校德育工作起到了巨大的推动作用。

下面以晴天志愿社为例进行说明。晴天志愿社是学校的志愿者社团，作为志愿服

务活动性质的社团，晴天志愿社在不同节日有不同的活动安排。例如，元旦节的时候，志愿者去社会福利院看望儿童，并带去社团成员手工制品和各种节目；清明节，志愿者到烈士陵园开展扫墓活动；重阳节，志愿者去敬老院看望并帮助孤寡老人。这些公益活动，提高了学生的社会责任感和自我认同感。

遂宁中学通过开展各色各样的社团活动，在无形中不仅培养了学生的人文底蕴和科学精神，更是把立德树人理念贯穿始终。

四、成效与反思

立德树人铸魂，“五育”并举育才。遂宁中学的德育工作与时俱进，深入人心，深受学生、教师、家长的好评。特别是学校每周精心打造的“德育大课堂”，已经成为师生共同期待的精神家园。近两年，遂宁中学接待南充、广安、资阳，以及重庆、甘肃等省内外多所学校的人员前来参观学习，学校多次被评为市级德育工作先进集体，“班团德育课”之“保护母亲河”被央视等多家新闻媒体报道。学校将紧抓德育创新，深化德育模式研究，实现德育管理科学化、指导形式多样化、评价制度规范化，为培养德智体美劳全面发展的时代新人而努力。

撰稿人：唐悦、何立志、严飞、郭梅、余莉

编辑手记

培养什么样的人、怎样培养人以及为谁培养人，是教育教学的根本性问题，四川省遂宁中学校试图用扎实的实践来丰富这一问题的答案。学校把立德树人作为中心环节，将活动育人贯穿学校教育教学全过程，从“看、听、唱、演、悟”多种途径多感官、多角度地提升学生核心素养，创新模式，以“德育大课堂”为主阵地，以“班团德育课”为主战场，再辅以社团活动，有利于突破学科教学边界，统筹学校、家庭、社会各方优质教育资源，使学生在活动体验中快乐成长，成为德智体美劳全面发展的时代新人。

《教育科学论坛》编辑部　沈媛元

建一座有生命力的院子

成都市新都区机关幼儿园

立德树人是新时代教育的主线和目标。对于幼儿园阶段而言，立德树人的根本任务是要关注幼儿的感受与体验，遵循幼儿发展规律，开展以幼儿为本的活动，促进幼儿全面发展。而园所文化引领下的课程建设是幼儿园实施德智体美劳全面发展教育的重要载体。据此，成都市新都区机关幼儿园（以下简称“机幼”）结合新建园的园本实际，确立了“建一座有生命力的院子”的愿景，以创设“生・探”环境、建构“生・探”课程、实践“生・探”活动为切入点，助力幼儿园深化落实立德树人这一根本任务。

机幼是一所有 66 年文化积淀的老园，拥有一园五址的办园规模。机幼新城园区于 2016 年开园，“办一所高品质幼儿园”是市、区政府与机幼团队对其共同的发展定位。同时，面对一个绿意缺失、满是钢筋水泥的新园区，如何找准定位，实现高品质办园需求，是机幼人必须解决的问题。

一、实践探索阶段

机幼新城园区践行立德树人的 6 年实践探索大致可分为 3 个阶段。

（一）“生・探”特色的环境育人阶段（2016. 11—2017. 7）

开园之初，机幼沿袭了幼儿园在科学教育领域长达 10 年探索的积淀，提出创设“有准备的探究环境”，打造富有创造性与好奇心的童乐园，让每一个孩子学会生活、亲历探究、获得发展的构想。这一阶段，机幼人站在自然教育、生活教育理念的视野高度，本着“环境创生课程”的理念，以“统一规划，分步实施”的方式，进行分为 4 个阶段的园所环境升级打造。第一阶段，从零出发，定位班级基础环创。第二阶段，有效增设，配齐 5 大功能室。第三阶段，统合课程，创设“牧云农场”和“筑梦空间”。第四阶段，创新空间，建造小型科学园中城。在精心创设的探究环境中，孩子们根据感兴趣的问题自发探究，在玩游戏的过程中丰富了生活经验。

（二）幼儿园生命科学课程的探索阶段（2017. 3—2019. 3）

在探索实践中，机幼人观察到幼儿对于周围生物有天然的探究兴趣，但同时，幼儿也很容易做出伤害周围生物的行为，如踩死蚂蚁、摘花、折枝等。于是，机幼人开始反思当前的科学教育是否过于关注科学的严谨与理性，而忽视了幼儿自然生命的成长与内在生命道德的激发。基于此，机幼在 2018 年立项了市重点课题“幼儿园生命科学课程建构的实践研究”。在课题引领下，机幼在科学教育中融入生命教育的视角，关注科学精神与人文关怀、理性探究与感性体验有机融合的整合课程，并创新了体验式生命科学的教育途径。这一阶段，生成了一系列有价值的生命探究活动，如“幼儿园里的‘敌人’”“遇见小蝌蚪”“番茄生长大揭秘”等。生命科学课程成为“生・探”园本课程建构的基础。

（三）以“生・探”为主的综合活动课程探索阶段（2018. 3—）

在实践“生・探”课程的过程中，机幼人也逐渐发现，生命是教育的原点，教育最终指向人之生命意义的实现。幼儿教育关注幼儿学习与发展的整体性，关注幼儿生命应是幼儿园教育理念的核心。幼儿的体验探究不应局限在狭义的科学教育中，而是应该扩展到影响幼儿生命生长的各个因素，在领域上、资源上、活动形式上、场所上进行有机融合，形成教育合力。于是，机幼在 2019 年立项省重大课题“幼儿园生命体验课程建构的实践研究”，回到对“培养什么样的人、怎样培养人”的思考上，重新审视幼儿园课程的理念、目标和路径，重新审视幼儿园的课程如何高质量地回应新时代对于人才培养的需求。同时以生命体验为核心，有机融入健康、语言、社会、科学、艺术等领域，实践“生・探”园本课程。

二、实践探索结果

（一）提出了“生・探”课程的价值意蕴

机幼提出的“生・探”课程的“生”即生命、生活、生长，“探”即探求、探究、探索。“生・探”课程包含三重意蕴。一是在生活中体验探究，即在生活中自发地对感兴趣的问题进行探究；二是在生命中体验探究，即在探究中获得，学习尊重、敬畏与保护生命；三是对幼儿生命生长的探究，即顺应幼儿的发展规律，用适宜幼儿发展的方式支持幼儿体验探究。因此，“生・探”课程主张让生命在生活中自然生长，用手、脑探索、探寻自然的奥妙，强调以幼儿生活为中心，为幼儿提供真实的、丰富多彩的、自然的教育环境；以儿童的视角为起点，让幼儿以好奇的眼睛、好动的双手不停地去探索、发现，成为学习的主人和知识的主动建构者。

（二）营造了体验式“生·探”环境

幼儿园的环境与文化是影响幼儿的重要因素，潜移默化地影响着幼儿生命态度和价值观。在多年的实践探索中，机幼人发现环境的营造需遵循以下几点原则：第一，幼儿是环境的体验者。教师需要与幼儿对话，不断地倾听幼儿对环境创设的心声。第二，重视环境与课程的同构。环境是课程生成的前提条件，幼儿需要不断与环境互动来生成新的探究。此外，课程的实践也会创生出新的环境。第三，让学习在自然环境中悄然发生。幼儿天性热爱自然，自然环境也更易吸引幼儿探究的兴趣。幼儿在生意盎然的院子里，在与草木、花鸟、鱼虫的互动中更易产生获得感，引发探究体验。

于是，机幼营造了“一场二区三馆四园”的体验式“生·探”环境，强调让幼儿在自然、灵性的环境中获得生命生长。一场即“牧云农场”。充分利用楼顶800余平方米的空间，创设“生·探”课程实践环境。二区即班级科学区、种养区。科学区主要围绕班级近期主题课程中的“生·探”教育内容创设区域。种养区一般设立对比实验区、观赏区、植物救助站、发现桌、四季桌等。三馆即科探馆、黑熊探秘馆、荷桂飘香馆。四园即种植园、百草园、百树园、饲养园。

（三）开发了一系列以“生·探”为核心的体验活动

机幼人开发了体验活动遵循的探究范式。该探究范式包含了在体验式“生·探”环境内，幼儿可能出现的探究行为及教师相应的支持与操作要点。即教师深入了解幼儿关键经验，围绕幼儿探究的学习路径——发现问题、感知体验、深入探究、交流分享、总结反思等，运用一系列支持策略，引导、支持幼儿猜想、探讨，探寻信息，生成一系列的探究体验活动。

教师从幼儿的年龄以及探究特点出发，恰当地选择和运用活动形式，开展了四季种植体验、生命养育体验、自然畅游体验和生态拓展体验等多样化的体验活动，让种养体验激发幼儿对生命探究的兴趣，让节庆体验培养幼儿热爱生命的态度，让自然畅游成为延续幼儿探索的起点，从而帮助幼儿建构知识和经验，发展幼儿探究解决问题的能力，提高幼儿的生命素养。

三、实践探索成效

（一）幼儿在探究中发展

幼儿园的“生·探”活动是一个让幼儿进行经验累积的过程。在经验的累积中，幼儿对自然万物以及自我的生命生长有了一个初步的认知。在对生命的体验中，幼儿直观地、科学地了解了生命的全过程，进而建立了学会关爱、保护生命的情感态度，能使用正确的方式表达自己对生命的关爱，懂得悦纳自己、同理他人、尊重生命、适应社会。

（二）教师在实践中成长

历过 6 年的研究，机幼教师的专业素养得到了显著提升。机幼通过多元的教师学习策略以及扎实的“生·探”体验活动，让教师从对“生·探”课程的认识片面、内容理解有偏差转变为能更加多元、多维度地认识和理解幼儿园的“生·探”活动。教师在教育行为上，也从追求知识的渗透、目标的达成到重视幼儿探究过程的体验，关注幼儿的全面发展。教师更加关注幼儿的生命情感，珍视幼儿旺盛的探索欲，实现了教师专业素养质的飞跃。

（三）家长在参与中转变

随着家长的积极关注及持续参与，他们对生命教育的情感态度、价值认知及实施方式等都有了极大的转变。实践“生·探”课程之后，机幼随机选择了园内小、中、大班的一些孩子的家庭进行了访谈，从结果看，家长对生命教育更加重视，认知更加丰富和全面。例如，中二班家长在实践班本生命体验课程“小鱼二三事”之后表示，以前为了好玩，孩子会摘花或踩小草，现在孩子会说“我们不能踩那些小草，它们也会疼的”。

（四）园所在积淀中提升

“生·探”课程的开发与实践，将生命探究体验融入课程之中，并进一步对幼儿园的生命教育活动与其他活动进行了渗透与整合，衍生出偶发事件的班本活动样式，形成一套可供借鉴与参考的“生·探”课程园本化实施的案例集。在“生·探”课程的价值引导下，幼儿园成为一所有生命力的院子，这里有灵动的小朋友，有活跃的教师，还有院子里生机盎然的景象，一切有生命的事物都在恣意生长，绽放着生命的美好。

近年来，围绕“生·探”课程，机幼先后受邀在中国学前教育研究会、四川省重大课题研讨会、西部幼教论坛、四川省陶行知研究会、区课程建设年会等多层面分享了课程建构与实践经验；迎来了浙江、重庆，省内的理塘、德格、康定等地以及市内各区县园所人员参观 30 余次，来访观摩学习的教师达到 2000 人次。学校 10 余项研究成果获得省、市一、二等奖，如“夺宝奇兵”获四川省游戏评比一等奖，“玩竹启智”获四川省教玩具评比一等奖，“春播节”获四川省校园视频评选一等奖，“制砖游戏”获成都市游戏评比一等奖等。学校探索实践成效被多家媒体正面报道，如 2018 年 5 月《成都日报》报道了“生·探”环境创设，2019 年四川电视台报道了“生·探”课程实践等。20 余篇论文在专业期刊上发表。园所社会知名度增加，区域影响力扩大，办园品质得以彰显。

撰稿人：杨雪、熊仕蓉、邓富玉

编辑手记

为落实立德树人根本任务，回应新时代幼儿生命生长与全面发展需求，成都市新都区机关幼儿园立志将一所绿意缺失、满是钢筋水泥的园区发展成“一座有生命力的院子”。在 6 年的实践探索中，幼儿园坚持以幼儿发展为理念，重塑园所文化，因地制宜营造体验式“生·探”环境，并以幼儿自发产生的兴趣点和问题为起点，以支持幼儿有温度的生命探究为课程线索，积极开发以“生·探”为核心的多样体验活动，并梳理出体验活动探究范式，为幼儿园创建环境、建构课程、实践保教活动提供了可供借鉴的框架和蓝本。

四川省教育学会　朱远平

美劳智创 为劳动教育赋能

成都市同辉（国际）学校

成都市同辉（国际）学校［以下简称“同辉（国际）学校”］秉承“五育”并举、“五育”融合的教育理念，在校园内建设具有城市公办小学特色的劳动实践基地，将劳动教育与德育课程、学科教学、财商教育、职业体验等融合，逐步建立“美劳智创”课程群，有效拓宽了“五育”融合场域、创新了课程开发模式，以培养学生的自主性、探究性、合作性，全面提升学生素养，探索出新时代劳动教育实施的新路径。

一、实践背景

（一）新时代劳动教育新要求

习近平总书记在全国教育大会上特别强调了劳动教育的重要性，要求在学生中弘扬劳动精神，教育引导学生崇尚劳动、尊重劳动，懂得劳动最光荣、劳动最崇高、劳动最伟大、劳动最美丽的道理。同辉（国际）学校牢记总书记的嘱托，落实立德树人根本任务，完善德智体美劳全面培养的学校教育体系，进行促进学生形成劳动价值观、养成良好劳动素养以及全面发展的人格培养的教育，为学生终身发展奠基。

（二）劳动育人功能亟待加强

目前，教育中存在劳动教育被淡化、弱化的现象，一些青少年不珍惜劳动成果、不愿劳动、不会劳动、不尊重劳动者，与社会主义建设者和接班人的培养要求有较大差距。为此，必须切实加强大中小学劳动教育，发挥劳动教育树德、增智、强体、育美的综合育人功能。

（三）劳动育人基地亟待建设

劳动教育在有课程、有教师、有场地、有实践、有评价等方面还存在较大缺失，客观上存在有教育没劳动、有劳动缺教育的问题，存在劳动教育娱乐化、浅表化，劳动课缺少序列化、结构化的不足。城市公办学校普遍存在场地空间有限、功能室紧张、班级数量较多等困难。学校以劳动实践基地建设为抓手，需要建设相对固定的、必要的校内劳动场所。

二、学校实践

（一）指导思想

学校坚持以习近平新时代中国特色社会主义思想为指导，全面贯彻党的教育方针，落实立德树人根本任务，把劳动教育纳入人才培养全过程，贯通中小学各学段，贯穿家庭、学校、社会各方面，与德育、智育、体育、美育相融合，与经济社会发展和学生生活实际相结合，与学校教育特色相契合，构建学校劳动教育体系，创新劳动教育机制，帮助学生掌握劳动技能，形成劳动习惯，树立劳动精神，培养有责任有担当的社会主义建设者和接班人。

（二）总体目标

（1）树立正确的劳动观念。牢固树立劳动最光荣、劳动最崇高、劳动最伟大、劳动最美丽的观念，满足学生的共性成长需求和个性发展需要。

（2）培育积极的劳动精神。领会“幸福是奋斗出来的”的内涵与意义，继承中华民族勤俭节约、砥砺奋进的优良传统，弘扬开拓创新、敬业奉献的时代精神。

（3）具有必备的劳动能力。掌握基本的劳动知识和技能，能正确使用常见的劳动工具，增强体力、智力和创造力，具备完成一定劳动任务所需要的设计、操作能力及团队合作能力。

（4）养成良好的劳动习惯和品质。能够自觉自愿、认真负责、安全规范、坚持不懈地参与劳动，形成诚实守信、吃苦耐劳的品质，珍惜劳动成果。

（三）主要思路

积极构建符合校情和学情的劳动教育体系，从专注技能到德智体美融入劳育，从单一活动到纳入课程、全员覆盖、多学科渗透，从“尚劳”到“美劳智创”，在学校的整体统筹下，各部门分工联动，力求培养全面发展的未来劳动者。

三、实践的途径与方法

（一）明确劳动教育五大内涵

随着时代的变迁，劳动教育的内涵也在不断地丰富和延展，承载着尊重劳动、崇尚劳动、辛勤劳动、诚实劳动、创造性劳动的时代新意蕴，坚守着培养劳动精神、工匠精神的时代新使命。

（1）劳动观念：认知世界从认知劳动开始。从根本上摆脱“纸面成长”的局限和偏向。

（2）劳动能力：劳动能力从体力劳动开始。体力劳动是劳动教育的底层操作系统，其支撑作用能激发劳动情感。

（3）劳动精神：劳动精神从奉献服务开始。教育学生在劳动中忘记“小我”，不计较个人得失，时时铭记集体和祖国的需要。

（4）劳动习惯：劳动习惯从真实生活开始。激发学生对劳动的亲近感、成就感，继而热爱劳动、敬重劳动者，提升育人的实效性。

（5）劳动品质：劳动品质从探索创新开始。劳动实践的问题解决过程彰显了学生的发散聚合思维品质，促使学生建立以问题驱动创新的新机制。

（二）形成“美劳智创”体系思路

学校以“培养最美劳动者，奠基最美建设者”为目标，以实践体验、多元选择为实施路径，整体统筹，建设童城劳动实践基地，主要包括班级劳动馆、学科劳动馆和职业体验馆，探索构建“美劳智创”特色劳动教育体系。

基地以学校童城银行发行的童城币为载体，连接童城社区商城、网店、快递网点、银行、农场、书吧、电影院，将财商与职业体验相融合，培养学生的劳动兴趣，让学生认识劳动价值，引导诚信劳动。

（三）落实“美劳智创”有效路径

劳动不只是单调复杂的体力活动。在开展劳动教育时，同辉（国际）学校注重劳动课程与学科课程、实践活动、日常生活的有机融合，使劳动教育与学生的智力发展、审美情趣联系起来，多角度、多思路、多形式地丰富劳动育人体系，不断提高学生认识事物、探索世界、创造生活、提升审美的能力。

1.“美劳智创”日常化

日常的劳动教育从自我服务开始。学校立足生活事务处理，注重学生生活能力和卫生习惯的培养，使他们树立自立自强的意识。一是一日常规。戴好红领巾，行好礼；爱护教室卫生，保好洁；打扫餐后教室，用好餐；做到“七步洗手”，爱卫生。二是公共区域打扫。实行“门前三包”制，美化校园环境，落实垃圾分类，服务他人。三是校园大扫除。每周五进行全方位的清扫，固定时间，固定要求。四是“爱的作业”。每日布置家庭劳动作业，让学生在家做力所能及的劳动，学校定期评选智慧生活小达人。

2. “美劳智创”课程化

学校将劳动教育纳入课表，并将劳动教育有机地渗透到各学科中。

低段以日常生活劳动为主要内容，通过道德与法治课围绕“自立”开设系列劳动课，让学生学习基础劳动技能，具备生活自理能力；通过班队会课，让学生树立劳动意识，围绕少年先锋队知识，了解到爱劳动是少先队员必备品格，将劳动习惯的养成纳入少先队优先入队评价中，启蒙劳动情感，增强劳动意识，培养劳动精神。

中段以生产劳动为主要内容，通过木艺课、陶艺课等课程传授传统劳动技术，让学生的动手能力、创新能力和审美能力在课堂中得以提升；通过农事课，让学生了解农业发展历程、农作物生长过程，在劳动中体会劳动的艰辛与快乐，感悟人与自然的关系，认识劳动创造的价值。

高段以服务性劳动为主要内容，学校以课题为抓手，跨学科开发构建 STEAM 融合课程，培养学生的探索创新精神、学习力和动手能力，更让学生走进社区，利用所学知识、技能服务他人和社会，强化社会责任感。

学校构建从层次和类型上都能够相互关联和实践运用的螺旋式课程体系，并将学生六年“美劳智创”的表现和成果纳入《独自闪光 与人同辉——学生综合素质评价报告手册》进行综合评价。

3. “美劳智创”项目化

劳动教育一定不是单一的、孤立的。学校遵循劳动教育综合性、持续性、探究性、创新性的特点，通过实施项目化管理，将教与学的变革和真实问题的解决进行整合。

如针对项目“创客基地”，学校开放了自然实验室、工程设计室、机械加工室、文化创意室等，把整个校园都交给学生去设计改造。每年改造节，学生都可以贡献自己的设计，小到班牌，大到教学楼布置，满足了学生需要，为学生提供了学习和展示的舞台。

4. “美劳智创”全息化

全息化，指课程内容、项目实施、活动情境的多元综合化，是学生德智体美劳的“全息”，是学生、家长、教师参与的“全息”，也是学校社会联动的“全息”。学校着力构建学校家庭社区一体化的教育共生体，真正实现家校同心愿、共成长的美好愿景，让学生懂得劳动的价值，明白改变世界应从现在开始。

如项目“百变阳台”让“美劳智创”走进家庭。从设计、制作一款集观赏性及艺术性于一体的家庭特色阳台，到植物的选择、种植的流程，都让孩子全程参与，共创高效能家庭文化。

四、成效

（一）助力学生成长，落实立德树人根本任务

对学生加强劳动教育的引导，提升劳动教育的育人质量，激活自我教育的内化作用，学生劳动素养得以在劳动实践基地扎根落地。学校营造劳动至上的校园文化，促进学生学习方式转型，学生核心价值观在劳动教育课程实施中得以养成。

（二）发挥课程引领作用，涌现出研究型教师

课程研发带来教师领导力的持续提升，教师站在整个课程架构与课程价值的高度，对教学工作有了全新的定位和认知，普通教师在实践中真正成为反思与生成智慧的研究型教师。近 5 年来，参与“美劳智创”课程群研究的教师的课堂教学、教育案例、教学设计及论文在各级评优活动中获得一等奖 50 余次，其中 16 人获得省级课题优秀成果奖，5 人获市优秀教师、德育工作者称号。

（三）反哺家庭教育，助力学校美誉度提升

美劳课程走进家庭，家长的教育理念和家庭生活状态有了很大改变。在近期进行的家长问卷调查中，家长对劳动教育非常重视的占 93%，比较重视的占 7%；父母参与 24 项技能指导的比例是 100%；对家庭生活中最快乐的时刻这一选项，选择家庭劳动的占 97%，选择公益劳动的占 75%，均较 5 年前的数据有大幅提升。家校一体积极参与劳动教育，爱劳美劳蔚然成风。

撰稿人：瞿曦、王曦、李创

编辑手记

劳动教育是立德树人的重要内容。根据新内涵，构建新思路，成都市同辉（国际）学校依托劳动实践基地，构建“美劳智创”特色劳动教育体系，在校内呈现了微缩的社会，把生活搬进课堂，让学生能贴近真实的情境；在校园生活、劳动课程、综合项目、家校联动等多个场域下开展劳动教育，在校内外、课前后延伸劳动教育的作用，以教育反哺生活，实现劳动教育的实践价值。劳动教育，要真劳动，也要真教育，让学生在劳动过程中受教育，通过教育认同劳动，国辉（国际）学校的做法值得借鉴。

《教育科学论坛》编辑部　张文龙

以球润德
——由足球俱乐部引发的德育

成都市龙泉驿区青台山幼儿园

一、背景和缘起

足球俱乐部游戏活动是成都市龙泉驿区青台山幼儿园（以下简称“青台山幼儿园”）必不可缺的常规活动。青台山幼儿园足球俱乐部通过招募的形式在全园征集小球员，根据家长建议和幼儿自主选择等方式确定成员。在活动开展的过程中，青台山幼儿园在幼儿的语言、表现中发现了诸多问题，如规则意识淡薄、合作意识不足、轻言放弃等。

二、案例描述

镜头一：我不想参加

足球俱乐部游戏活动的时间到了，平平才慢慢地走到了队伍里。足球老师询问：“平平，足球俱乐部的游戏活动已经开始了，你为什么才来呢？”平平抬头望着老师说：“老师，我不想待在足球俱乐部了。”老师询问原因，平平说：“太累太辛苦了，天气很热，我跑不动，我不想参加。”

分析：

如今优越的生活让不少孩子缺少坚持不懈的意志品质。有的孩子发现某件事情很累很苦的时候，受不了外界带来的压力，可能会直接选择放弃。

措施：

1. 言传身教，遵循德育规律

在活动过程中，教师的表率与示范对幼儿有非常大的影响力，对幼儿的个性与良好品格的养成有非常重要的作用。活动中教师以角色扮演的方法进入游戏，真实还原幼儿的生活，用体态语言、正确言行影响幼儿，从而形成感召力。

2. 任务难度适中，让孩子学会坚持

坚持是俱乐部游戏活动最重要的核心价值之一。在活动中适时鼓励和肯定幼儿的进步，让幼儿知道只有坚持下去才能获得成功。当幼儿表现出退缩和放弃的态度时，教师不妨把事情或任务的难度降低，让幼儿根据自己的能力去完成任务，从而获得成功的体验。

镜头二：他犯规了

哨声吹响，大班足球队队员纷纷奔向足球，你争我抢地要将球踢向对方的球门。作为一名球员，在足球快要踢进对方的球门时，果果用手扶了一下足球，将足球送到了自己的脚下，正准备将球运往对方球门时，悦悦马上大喊起来："裁判，他用手摸球，他犯规。"哨声吹响，裁判李老师罚了果果一张黄牌以示警告。

分析：

足球作为一项竞技运动，规则性非常强，在比赛中幼儿如果不能很好地遵守足球的游戏规则，将受到处罚。平时开展足球游戏时，教师也经常会发现幼儿不遵守规则的现象，比如推拉小朋友、球出界后仍然带球进攻等。

措施：

1. 通过师幼绘本阅读共构规则，逐步建立规则意识

教师利用绘本《一起踢足球》开展教学，和幼儿一起阅读，一起感受绘本中人物的行为及情感变化。幼儿通过阅读绘本，体会到团体的重要性并树立一定的团体意识。

2. 通过师幼绘本阅读，正确看待不遵守规则的现象

当幼儿违反规则时，教师应该耐心指出幼儿违反规则的原因，教会他们今后应该怎样避免违反规则，这样幼儿就知道自己错在什么地方，规则意识也会逐步建立。

镜头三：就怪你，不是我

中班足球队的幼儿和大班足球队的幼儿开始了激烈的足球比赛，大班足球队很快就赢了 3 个球，而中班足球队一个球都没有进。中班的可可对着希希说："就怪你，不是你我们就不会输。"希希说："不是我，是他。"希希边说边指着旁边的嘟嘟说。嘟嘟撅起嘴，双手抱着头冲出了比赛场地。老师走到嘟嘟身边说："老师知道不是你，足球比赛本来就是一个团队项目，嘟嘟已经很努力了。"就这样，嘟嘟的情绪慢慢有所缓解。

分析：

经常会出现这样的场景，幼儿聚在一起抢球，队员之间相互指责、吵闹，有的幼儿也会在这个过程中嘲笑没有接住球的孩子，这是缺乏团队精神的表现。

措施：

1. 在阅读活动和游戏中培养幼儿的团队合作精神

开展以足球为载体的俱乐部阅读活动，让幼儿在自主探索足球游戏的玩法、亲身体验足球游戏活动中学会努力、尊重、团结、谦逊等，充分利用环境及趣味足球游戏，培养幼儿对足球活动的兴趣爱好，增强团队精神。

2. 在日常生活中建立团队精神

团队协作能力的形成不能仅仅靠足球或者其他体育活动，也需要在日常的活动中去建构。比如，在吃饭、睡觉、游戏时让孩子互相帮助；在班级中选取管理员、值日生等角色时，也要对有困难的孩子给予帮助。

3. 通过微电影提升团队合作能力

每年 4 月，幼儿园都会组织小朋友看一场关于足球的微电影，通过电影让幼儿感受到团队合作的重要性，帮助幼儿树立团队合作的意识。

4. 建立班级足球故事本

在中大班，幼儿园建立了班级足球故事本，幼儿通过开展足球俱乐部等活动，用绘画等方式记录自己在足球活动中的故事。老师帮助幼儿建立一些自我认知、自我提升、自我激励的方法，在探寻问题的过程中提升幼儿合作解决问题的能力。

镜头四：耍赖

激烈的中大班足球比赛结束了，大班足球队以 5∶1 的比分赢了中班足球队。中班足球队的可可抹着眼泪说："我们输了。"鑫鑫说："大哥哥耍赖，明明他们的球出界了，裁判也不管。"楠楠说："就是，刚才一个大哥哥用手拉我衣服。"中班足球队其他小朋友立刻附和："就是，他们耍赖，不公平。"

分析：

足球是一项竞技运动，输赢十分正常。案例中，中班足球队的幼儿输了这次比赛，却认为是大班的哥哥姐姐在耍赖，不能正视比赛的输赢，找各种理由和借口掩饰输球的事实。

措施：

1. 正视输赢，磨炼幼儿的意志品质

输赢是足球运动中的常事，孩子年龄小，承受能力较弱，但也要让他们正确对待输赢。教师要让他们从活动中体会赢了不能骄傲、输了不能气馁的道理。

2. 倾听孩子的内心，接纳孩子的情绪

在幼儿面临失败时，成人要用同理心去帮助幼儿走出失败的困境，采取安慰、理解、鼓励的方式，让他们坦然接受失败。这样，幼儿才能够在每一次失败中总结经验。

三、启示与感悟

（一）提炼足球“以球润德”的价值

在开展幼儿足球活动的同时，幼儿园梳理了幼儿园足球方面的德育价值，如团队精神（勇于担当、善于合作、乐于分享），规则礼仪（规则意识、沟通能力、文明礼仪），坚韧意志（吃苦耐劳、正视输赢、顽强拼搏）等，让幼儿在参与足球活动的过程中不断树立良好品质。

（二）开展“乐动”特色足球课程

青台山幼儿园初步构建了“乐动”特色课程，架构了足球特色课程体系、实施框架，明确了幼儿足球的开展方向。

1. 环境营造，让学习随时随地发生

幼儿园充分利用空间，在操场上设置了4个较为标准的足球场，配备了相关的足球设施，同时结合足球的发展历史设置了蹴鞠等相关活动区域。幼儿园走廊结合足球俱乐部的开展设置了足球绘本角、足球展示区、足球创意区等，形成了足球文化长廊。班级教室里的足球元素也随处可见。

2. 区域学习，创设多元的足球学习内容

结合每年4月足球节的举办，每个教室里都创设了足球特色区域。有的班级将足球融入图书区，有的班级将足球融入美工区，还有的班级将足球融入语言区……在学习过程中，不仅幼儿的认知能力得到了转变，他们的合作意识也增强了。

3. 每周一课，持续提升幼儿的足球运动能力

幼儿园将足球融入一日教学活动中，每班每周至少开展一次足球游戏活动，以游戏的方式促进幼儿体质发展，提升他们的意志品质。

4. 多元融合，引进专业体能教师开展活动

幼儿园聘请专业的体能教师开展足球活动，通过教师的带动，让幼儿的足球学习更系统，让幼儿更加阳光、强健，有效地提升了幼儿的综合运动能力、协调能力。

5. 活动增效，推动全民足球运动意识的提升

（1）足球俱乐部活动。结合幼儿的兴趣和爱好，幼儿园成立了足球俱乐部、足球啦啦操俱乐部、足球小记者俱乐部、足球亲子俱乐部、小球迷俱乐部，以足球游戏为手段，让幼儿通过参与足球俱乐部的活动，逐步形成乐于合作、遵守规则的意识，培养勇于拼搏的精神。

（2）足球主题探究活动。每年4月，幼儿园小班开展“走进足球”、中班开展“探索足球”、大班开展“足球村”系列主题活动。活动融合五大领域，开展健康、语言、社会、科学、艺术的相关足球活动。

（3）足球系列大型活动。在开展足球系列大型活动时，教师将活动设置的主动权还给幼儿，让幼儿策划大型活动。幼儿需要在策划过程中不断协调、相互配合，为足球大型活动思考规则。此外，幼儿园还建立了“阳光足球父教”团队，让家长们以各种形式参与到活动中来。精彩的足球活动让幼儿感觉新鲜又有趣，同时会更加专注地投入活动中。

（4）足球常规活动。为了充分调动幼儿参与足球活动的积极性，提升幼儿的规则意识，每周的足球常规活动有：每周一节足球游戏课，每周二、周三开展“足球小子”活动，每周五为全园足球畅玩日。通过每周常规活动，幼儿的足球能力和品质持续提升。

四、结语

“以球润德”需要长期、持久地开展活动，需要幼儿园教师共同努力研究、探索。丰富多彩的德育活动能不断激发幼儿的主观能动性，达到“以球润德”的目标。

撰稿人：钱文利、吴曼、李静、孙爱君

编辑手记

为深入贯彻落实国务院《中国足球改革发展总体方案》中“从娃娃抓起、从基层抓起、从基础抓起”的重要精神，在全国首批示范足球园的指引下，成都市龙泉驿区青台山幼儿园以足球课程为基础，以足球特色建设为依托，努力挖掘足球的教育功能，推进“以球育人，以球润德”的教育目标。幼儿园通过成立足球俱乐部、足球啦啦操俱乐部、足球小记者俱乐部、足球亲子俱乐部等，不仅锻炼了幼儿的身体素质，还培养了幼儿的意志品质。

四川省教育融媒体中心　唐虹

“三联”游戏撬动发展“四乐”文化润泽童年

南充市莲池幼儿园

习近平总书记强调，要把立德树人融入思想道德教育、文化知识教育、社会实践教育的各环节。近年来，南充市莲池幼儿园（以下简称“莲池幼儿园”）全面落实立德树人、“五育”并举根本任务，深入贯彻《幼儿园教育指导纲要（试行）》提出的“游戏是幼儿园的基本活动”的指导精神，围绕幼儿园“给孩子一个快乐成长的支点”的办园宗旨及“尚雅、乐活”的园风，提出了“三联游戏撬动发展 四乐文化润泽童年”的发展愿景，开启了“三联”游戏空间创建、路径探索、目标共构的实践之路。

一、“三联”游戏情况介绍

“三联”游戏即联合班级区角、功能房场馆、户外廊道三个空间开展的自主游戏。自2017年以来，莲池幼儿园莲池、清泉两个园区以班级区角为基础，向场馆（功能房）“长枝”，向廊道（户外）“繁叶”。立足园所实际，充分利用各种资源，两园区各班级因地制宜分别设置了科学区、表演区、探究区、积木区等六至八个班级区域，创建了艺术工作坊、绘本悦读馆、科学发现馆、生活体验馆、“偶·遇”艺术工作坊、木工房等十六个场馆，打造了奇趣冒险岛、时空穿梭道、彩虹音乐谷、户外能量站、QQ瞭望台、清音雅苑等十二个廊道游戏区。班、馆、道三处交汇成游戏场所网络，让孩子们在互融互联互通中尽情舒展、自由生长，更好解构游戏真谛、领悟成长含义。

二、“三联”游戏实施策略

（一）建立三大“空间站”，在场所共通中激活乐活兴致

进一步扩大幼儿游戏和活动空间，有助于幼儿身心发展。幼儿园充分利用班级区角、

功能场馆、户外区域，通过建立班、馆、道三大区域“空间站”，将“班·馆”“馆·道”“班·道”进行有机结合，融通主题任务、功能结构，为幼儿提供全方位的游戏体验。

1. “班·馆”结合，主题相通，激发深度学习热情

“班·馆”结合即班级区角游戏与功能场馆游戏相结合。教师在班级主题活动统一规划引领下制订班级区角和功能场馆的活动内容，让场馆游戏与班级主题、班级区角相结合。将班级区角活动中不能满足幼儿探索发现与操作的内容延续到场馆中继续开展，启发幼儿的智慧，促进幼儿之间的相互学习、自主交往。

2. “馆·道”结合，任务联通，激活联动学习热情

“馆·道”结合即功能场馆游戏与户外廊道游戏相结合。户外廊道、场馆之间并没有严格的界限，而是具有共享性，可以通过共同创设区域环境、共同设计计划表格、共同商榷活动任务，创建并完善共享区域活动，在馆道区域之间形成“派送同一任务，制订同一计划，实现同一驱动”的互动游戏局面。

3. “班·道”结合，功能互通，激发持续学习热情

“班·道”结合即班级区角游戏与户外廊道游戏相结合。在开展游戏的过程中，教师基于幼儿的游戏需要将室内的游戏区角拓展到户外区域。

三大“空间站”的建立，既是游戏场地的扩张，又是游戏经验的扩容，有效促进了室内外游戏区域之间的融合贯通，促进了幼儿自主能力的发展。

（二）打通三大共同体，在资源共融中支持乐学行为

立德树人视域下的幼儿教育，既要体现开放性，又要体现时代性。幼儿园打通三大共同体，即将教师、家长、社区三种教育资源融为一体，聚焦“内外圈”，抓资源供给改革，着力以育人共同体整合社会教育资源，实施全方位育人。

1. 融合教师专业资源，支持慧学行为

为了让全园教师在游戏中能针对某一个场馆和户外区域进行深入系统的探究，在教师的配置上，幼儿园打破全园教师的班级界限，充分利用幼儿园室内外游戏区域“各具特色”和教师“各有所长”的特点，以小、中、大班各为一组的形式，分别指定不同特色的室内外游戏区域专职教师，定点组织室内外游戏活动，形成“面向全园，定点教学，以长促长”的师资联盟。

2. 融合家长特长资源，支持好学行为

家长作为教育资源的一个重要组成部分，可以为幼儿园提供丰富的教育资源。幼儿园在全园区进行家长特长及意愿调查，建立优质家长教育资源库，利用家长特长开展“阳光父母走进校园”等活动，不断丰富幼儿园的课程内容，同时也为教师、家长、

幼儿提供了交流的机会。

3. 融合社区多方资源，支持善学行为

社区资源在幼儿教育中有着非常重要的作用，社区资源包括环境资源、人力资源、物质资源。幼儿园有效地开发、利用、整合社区各方教育资源，为“幼儿走进社区”“社区走进学校”和“问题走出课程”搭建平台，将幼儿教育理念拓展至社区。参观、体验、访学三项行动让幼儿、学校、社区共同参与幼儿园活动课程，真正达到教育资源共享，进一步支持幼儿的善学行为。

三大共同体的互通，实现了多方向、交互作用的连续协同共育动态过程，建立了多形式、多场景、多内容的协同共育的共育体系，对于提高幼儿园教育质量、转变家庭育儿观念、促进幼儿身心健康发展具有至关重要的作用。

（三）玩转三大游戏节，在课程共建中彰显乐创精神

创新是一个民族进步的灵魂。乐创精神提倡培养幼儿的创新能力和创造意识，是当今孩子面向未来的核心竞争力，是素质教育的核心所在，也是莲池幼儿园师生达成的意识自觉和行动共识。幼儿园以六一、元旦等节日活动为契机，以幼儿自发游戏为原点，充分挖掘游戏活动资源，构建丰富而有意义的童玩游戏节。师生共同发起传统游戏、买卖游戏、“作战”游戏三大童玩游戏节，在游戏化课程中拉长游戏时间，推高游戏价值。全园师生在游戏节的强参与深体验中获得创新、创造、创想的意识和能力。

1. 班级・廊道：传统游戏节——传承文化，勇于创新

传统游戏节以传承和发扬我国优秀传统文化为逻辑起点，以班级区角游戏中开展的爷爷奶奶、爸爸妈妈过去玩过的游戏项目为活动来源，利用班级区角和户外廊道两大空间开展童玩游戏节。

2. 场馆・廊道：买卖游戏节——参与实践，乐于创造

买卖游戏节利用场馆和廊道空间，以“美得不得了”和“食在很好玩”两大主题板块开展活动，以“卖什么—怎么卖—怎么评价”为线索共同建构游戏课程。幼儿参与游戏材料制作。买卖游戏节极大地满足了幼儿大胆创作、自由表达、自主游戏的需要，师生乐于参与、乐于创造、乐于挑战、乐于享受的态度和能力得到了极大彰显和提升。

3. 户外・廊道：“作战”游戏节——自在奔跑，敢于创想

“作战”游戏节以亲近自然、释放天性为目的，以不设限制、自由创想为原则，利用区域场地宽广利于奔跑、地势起伏便于躲避的资源优势，开发创想有趣好玩的“作战”方式和躲避方法，在花样玩水、追逐打闹中释放孩子自由玩乐的天性，实现自由创想的愿望。

童玩游戏节让幼儿真正成为游戏主人，幼儿在游戏中玩出经验、玩出智慧，实现

了游戏化课程“让幼儿在生动有趣的游戏中学习，在寓教于乐的游戏中发展”这一教育价值。

（四）放大三层交往圈，在共享互动中提升乐往能力

为了加强全园幼儿联动，丰富游戏内容、形式，通过三层交往圈——横向层、纵向层、纵横相交让幼儿在互动共享中培养乐于交往的优秀品质，实现自主参与、共享共长的成长愿景。

1. 横向平行，跨班融合，扩大幼儿交往范围

在同年龄几个平行班级的基础上，打破班级界限，实现了班级间区域共享、物资共享及教育共享。在区域活动内容的选择上也遵循动静结合的方式，提供多元化的活动环境。幼儿园通过在平行班之间交换游戏材料和游戏场地，采用部分置换、整体置换、自由组合三种共享模式，开展了多层次、多样态、创特色的平行跨班活动。

2. 纵向相通，以大带小，促进幼儿共享共长

采用纵向班级跨班区角，通过自主模式或互助模式，运用以大带小的游戏方式，帮助幼儿建立不同班级不同年龄的社交圈。混龄之间互相交流，是一种有效的学习方式。

3. 纵横相交，打破界限，促进幼儿自主联动

在开展平行班跨班和混龄班跨班区域游戏的基础上，开展小、中、大班组混班混龄的游戏大联盟活动。活动中，教师在固定游戏区域执教，有目的地进行实时的跟踪记录，观察儿童，解读游戏，支持幼儿深度游戏；幼儿则在自主选择区域中持续游戏，感受交往的快乐、合作的快乐。

三、成效

“三联”游戏的开展建构了莲池幼儿园教育的新模式，莲池人在游戏中探索，在探索中提升，在提升中前进。一路走来，幼儿园撷取“三联”游戏给予的馈赠，“偶·遇”艺术工作坊、教玩具展示获省级一等奖，“区角活动中幼儿自主能力培养‘五轮驱动’策略”获省教育教学成果二等奖，相关成果还获得了其他各种市级奖励。

未来路上，莲池人将时刻带着游戏精神，巧用游戏放大镜，观察孩子成长的“哇”时刻；用教育望远镜，一窥孩子美好的未来模样；把握教师之“导”与孩子为“主”之间的平衡，秉持呼吸有致，深刻剖析每一个活动，以专业眼光解读孩子们的行为变化，用研究精神探寻有效的策略和方法。

撰稿人：于丽、姚玉波、殷姿、余倩、吴丽

编辑手记

儿童天生活泼好动，精力充沛，好奇心强，不知疲倦地探索着周围的世界，因此游戏活动可以很好地满足他们的需求。南充市莲池幼儿园在落实立德树人根本任务的过程中，将“三联”游戏作为幼儿园的基本活动，建立三大空间站，打通三大共同体，玩转三大游戏节，放大三层交往圈，以“乐活、乐学、乐创、乐往”的“四乐”文化润泽儿童心灵，为孕育优秀人才播下了一粒粒充满希望的种子。

《教育科学论坛》编辑部　沈媛元

实践育人篇

生活即教育。让教育回归生活，从生活中汲取营养、获得力量，始终是重要的教育命题。核心素养教育背景下的基础教育更强调对真实情境的解构，以培养学生迁移运用所学、解决真问题的能力。可以说，基于“五育”融合的各类综合活动架起了课内与课外、学校与生活之间的桥梁，意义日益凸显。科学认识实践育人的地位与作用，不仅是教育改革应该持之以恒努力的方向，也是教育主动适应新时代要求的关键所在。

2017 年 9 月，教育部正式颁布了《中小学综合实践活动课程指导纲要》，成为中华人民共和国成立之后综合实践活动课程发展进入第 4 个阶段的标志性事件。它与同年发布的《中小学德育工作指南》、2019 年印发的《新时代爱国主义教育实施纲要》、2022 年发布的《义务教育劳动课程标准》以及每年的全国教育大会精神等文件一起，为立德树人根本任务注入新使命，指引新方向，让实践育人提升到了新的历史高度。聚焦四川省基础教育工作者在孜孜不倦探求过程中的实践育人成果，本章摘选出 10 个各有特色的实践育人典型案例。从教育行政机构到教育科研机构、从学前教育机构到高等院校，对实践育人的探索涵盖全学段：打造高校与中小学校深度联结的劳动实践基地；因地、因校制宜，寻找劳动教育的突破口；以绿色可持续发展理念为切口，挖掘校内实践内容与空间潜力；从学科出发，打造“劳动教育＋跨学科”的综合实践活动……这些典型案例不仅为各级各类学校和广大基础教育工作者提供了从设计策略到实施路径的借鉴，更充分彰显了近两年四川省在实践育人探究过程中形成的多路径、新创想、巧融合、跨时空、重持续等实干特色。

育无界·践有为
构建融合共生的“营地教育”育人生态

泸州开放大学（泸州市教育实践基地）

泸州市教育实践基地（下简称“营地”或“泸州营地”）作为首批全国性综合实践基地，以“乐学无界、践知有为”为办学理念，积极探索“营地教育”在实践活动组织和实施方面的示范引领作用，有效弥补了学校教育综合实践活动的缺失和不足，探索形成了以“一核引领、三为育人、四链支撑、五维聚力”为主要内容的实践教育营地名片。

一、营地基本情况及实践教育发展态势分析

（一）营地基本情况

泸州市教育实践基地是在四川省教育厅的大力支持下，积极争取中央专项彩票公益金和地方专项配套资金，于 2015 年 11 月建成，2016 年 9 月正式投入使用的。营地占地面积 100000 平方米，建筑面积 33700 平方米，总投资 1.7 亿元，能同时容纳 1200 名学生参加实践活动，每年接待参加泸州市教育和体育局下达的计划内综合实践活动的学生约 15000 名，每年承接计划外学生培训约 12000 人次，现有教职工 122 名。

（二）立足实际，共建优良育人路径

2001 年 6 月，教育部印发的《基础教育课程改革纲要（试行）》提出在中小学设置综合实践活动并作为必修课，这标志着综合实践活动被正式纳入我国的基础教育课程体系。基于此，国家在各省探索并建设了部分中小学综合实践基地和研学营地，与学校教育互相联通、互补共生，在“培养德智体美劳全面发展的人”方面发挥着重要作用。

（三）顶层设计，营造良好育人生态

全国中小学生研学实践教育营地 2019 年座谈研讨会强调，全国 40 家营地要探索“营地教育”中国方案，要求以营地为中心，构建研学实践教育体系。基于教育部要求和实践教育形势分析，泸州营地坚持“乐学无界、践知有为”的办学理念，注重实践教育师资培训，着力构建多元、立体的实践教育课程体系。

二、主要做法

（一）坚持“一核引领”，强化实践育人目标引领

实践育人是营地开展实践教育活动的核心。营地通过生动实践，让学生从个体生活、社会生活及与大自然的接触中获得丰富的实践经验，形成并逐步提升对自然、社会和自我之间内在联系的整体认识，强化价值体认、责任担当、问题解决、创意物化等方面的意识和能力，以此将实践育人的目标引领贯穿基地“三为育人、四链支撑、五维聚力”的始终。

（二）坚持“三为育人”，构建实践育人目标体系

1. 懂“为生之道”，用“三生”哺育“三观”

营地以生命教育、生存教育和生活教育理念为支撑，打造了“三生”教育课程，将该系列课程与学生的现实生活有机衔接。让课程源于现实生活又高于现实生活，以“天地人事”之教，涵“生命自觉”之育，培养学生的自立能力和判断能力，引导学生形成正确的生命观、生存观和生活观。

2. 明“为人之道”，管中窥豹明大道

营地通过集体食宿、自主管理、集体研学等形式，强化学生的集体意识、人际交往能力；通过设立宿舍、食堂文明守护员强化学生的自我管理意识和在实现集体利益过程中的个人责任感……这一整套行之有效的教育体系，让学生从学校这个小课堂，走进了社会这个大课堂，一步步成为有品德之人、有品质之人、有品位之人。

3. 知“为学之道”，在体验中获新知

营地倡导学生主动参与、乐于探究、勤于动手。营地通过参加“守望盐业文明·传承工匠精神”等综合实践和研学实践活动，让学生成为课堂教学的主体，参与到教与学的过程中，培养了学生搜集和处理信息的能力、获取新知识的能力、分析和解决问题的能力以及交流与合作的能力。

（三）坚持“四链支撑”，搭建实践育人课程支架

1. 抓住兴趣链

营地面向学生真实生活情境，贴近学生个体生活，着眼于学生的直接经验，在兴趣的基础上生成课程。

2. 连接知识链

营地面向学生现有能力，搭建学习支架，发挥学生的主观能动性。营地结合中小学学科课程，跨学科整合课程内容，以项目式学习模式将选题指导、资料搜集、信息整理、成果展示作为课型进行教学。

3. 注重实践链

营地一直将学生的实践体验放在首位，通过亲历、行成、检验和反思 4 个阶段，让学生形成认识事物的完整认知结构。

4. 关注能力链

营地围绕校内外实践课程，强化实践课程通过兴趣链、知识链、实践链落地落实，时刻关注学生在问题探究、行为观察、现象分析中的价值生成情况。

（四）坚持“五维聚力”，打造实践育人生态环境

1. 构建“营地＋基地＋社区”的实践育人组织保障体系

营地积极探索与全国营地、基地和泸州本地社区间的资源共享与合作，综合营地、基地在教育资源、教学资源、综合管理服务上的优势，构建“开放、共享、合作”的实践教育格局，探索学生的省际互换机制。营地利用泸州开放大学社区教育资源优势和“泸州社区大学、区县社区教育学院、街道（乡镇）社区学校、社区（村）教育学习中心”的社区教育四级网络体系，为学生提供各种社区实践和社区服务学习机会，让实践活动面向全学段学生，形成大环境育人生态保障。

2. 构建“营地＋”的协同成长体系

营地充分发挥辐射带动作用，构建“营地＋”的协同成长体系。协同区县教培中心，通过集体研讨、上示范课、课程打磨提升等方式，帮助基地研学课程质量不断提升。建立“营地＋学校”研学课程模式，通过与学校在师资交流、课程定制、研学运行机制探索方面的深度合作，解决学科课程与实践课程联系不紧密，研学课程行前、行中和行后的衔接度不够、延展性不强的问题。

3. 构建“线上＋线下”与“基地课程＋研学课程”相结合的立体课程体系

营地开发了实景课堂云端研学项目，通过实景教学视频与活动任务程序的嵌套式搭配，将线下的基地、研学课程植入云端，搭建起学生自主学习的平台，让学生足不

出户便能与真实现场建立起联系，形成“乐学—好学—会学—学会”的交互式学习模式，形成了具有泸州特色的实践课程。

4. 构建教师成长体系

营地借助“全国中小学生研学实践教育营地”申报和开展研学活动、参加教育部装备中心组织的实践课程评比、参加全国研学营地课程交流、建立泸州市教育实践基地智库等契机，通过“走出去”“请进来”开展教师培训等形式，建立“思想理论深入、方法深入、行动深入”的师资培养成长体系，让教师奠理论之基、纳百家之长、聚地方之精。

5. 构建“自评＋小组评＋教师评”与“营地证书＋实践档案”相结合的多元评价体

基地以立德树人为导向，让学生审视自我行为后作出反思性评价，让学生参照他人行为作出对照性评价，让参与实践活动全过程的老师作出阶段性评价和终结性评价，以此形成“自评＋小组评＋教师评”的多维度评价模式。活动结束后，营地还将根据学生每项活动的表现，汇总课程评语、学生课表、住宿情况等生成学生成长档案和营地学分证书，构建实践活动的多元评价体系。

三、主要成效

（一）“营地＋”的融合共生使“营地教育”育人生态初步形成

经过5年的实践探索，营地成为40家国家级研学实践教育营地共同体成员之一，并与渭南营地、延安基地签订战略合作协议，与50多家研学基地（资源点）达成合作协议，形成了“营地＋1小时、2小时和3小时”研学圈，常态化开展研学实践教育活动。构建了以区县社区教育学院（4个）、街道（乡镇）社区学校（24个）、社区（村）教育学习中心（560个）为中心的阵地网络，供中小学生在社区开展实践活动和社区服务。在“泸州市教育实践基地”微信公众号融入了实践活动的在线评价，建设了泸州“营地实景课程”微信小程序，创新开展学生在线研学。

（二）营地实践教育课程多次迭代，课程质量不断提升

营地以“创新开发和末位淘汰”的方式对课程进行优化提升，现已形成了“四渡赤水”“风雨人生路”“众志成城”“动力圈”“泸州猪儿粑”“非遗文化——百合莲枪”“民腔民调”等独具特色的100多门综合实践课；开发了市内外研学线路24条，形成了“孕育生命体验”“重走长征路”“诗酒情景表演”等研学课程近40门；形成了“酒城六艺堂”“致泸合作·乐学堂”等社区实践和社区服务课程品牌。2020年，营地“守望盐业文明·传承工匠精神”研学课程入选教育部教育装备发展中心“第二届中小

学综合实践活动课程资源征集活动”案例集。

（三）营地实践育人模式的示范引领作用日趋凸显

营地实践教育工作得到了社会各界充分肯定，2016 年全省示范性综合实践基地建设现场会在营地召开，海南海口、辽宁盘锦、湖南长沙、陕西渭南、重庆等城市的 20 多个营地和基地到校交流学习，营地代表多次在全国中小学营地基地交流会、四川省劳动教育和综合实践交流会作主题发言。营地还承接了致公党中央足球夏令营、美籍华裔青少年寻根之旅夏令营、泸州市文明办上海研学夏令营、团市委成都研学夏令营等活动。截至目前，营地共接待省内外中小学生开展综合实践活动 280000 人次，开展研学实践教育活动 170000 人次。营地实践教育活动先后被《人民日报》、新华网、人民网、学习强国网、《四川日报》、四川新闻网、《泸州日报》等国家级、省市级媒体报道。

撰稿人：于文全、郑敏、魏乐乐

编辑手记

全国中小学生研学实践教育营地 2019 年座谈研讨会强调，全国 40 家营地要探索“营地教育”中国方案，要求以营地为中心，构建研学实践教育体系。基于教育部要求和对实际形势的分析，泸州营地着力解决实践课程脱离社会实际、实践活动难以有效组织、实践课程设计目标单一等问题，积极探索“营地教育”在实践活动组织和实施方面的示范引领作用，有效弥补了学校教育综合实践活动的缺失和不足，探索形成了以“一核引领、三为育人、四链支撑、五维聚力”为主要内容的实践教育营地名片，构建了多元、立体的实践教育课程体系。

四川省教育融媒体中心　唐虹

守正创新“玩转”劳动日

成都市龙江路小学

《中共中央 国务院关于全面加强新时代大中小学劳动教育的意见》中提出：“大中小学每学年设立劳动周，可在学年内或寒暑假自主安排，以集体劳动为主。”成都市龙江路小学积极探索具有“愉快教育”特色的劳动教育模式，拟定了《成都市龙江路小学劳动教育实施方案》，并创设了“小蜜蜂劳动日”实践体验课程（以下简称“劳动日课程”），将劳动教育和学生的生活场景、学习场景自然融通，以极具仪式感的主题活动与课程将“崇尚劳动、尊重劳动”融入学校文化。

一、更新理念，透视劳动教育生命力

学校2000年就开设了劳动教育课，2003年形成校本劳动教育课本《新编劳动技术教育读本》。新时代要求各学校更新观念，进一步提高对劳动教育工作的认识，因此，学校领导和全体教职员工在观念上达成“三化”共识。

（一）时代化

新时代劳动教育目标直指劳动素养的四个维度：劳动观念、劳动能力、劳动精神、劳动习惯。相比传统劳动日较单一的内容，学校新启动的劳动日课程从目标到内容都进行了更新，更能彰显新时代劳动教育陶冶情操、弘扬劳动精神的基本准则，更能实现劳动日课程树德、增智、强体、育美的综合育人价值。

（二）体系化

劳动日课程体系既要求三类劳动的内容与实施形成螺旋上升的层级，也要求与劳动教育的其他内容、其他学科活动等相联系，形成一个有机的整体，从而确保劳动日课程能够系统化、结构化、常态化开展。

（三）生态化

劳动日课程是一颗种子，根植于传统文化，汲取其他教育文化的精髓，努力成为集真善美于一体的绿色人格教育场，让学生的劳动指向学生的现在与未来，连接学生的学校与家庭以及社会生活，帮助学生“系好人生的第一颗扣子”。

更新理念后的劳动日课程要在劳动教育过程中保持学校现有劳动教育理念的迭代升级，既要避免传统劳动教育的丢失，又要让学校的劳动教育在新时代得以有机发展，显示出劳动教育的生命力。

二、更新课程，激发全面育人教育活力

学校的新劳动日课程在广度、深度和高度上实现了全面飞跃。学校通过课程化的建构与实施，有效连接劳动日和“全面育人”的两端，让劳动日课程以更加理性、规范、持久的方式得到继承和发展。

（一）课程体系

劳动日课程的开展以课程为支点，聚焦基础能力课程，凸显个性拓展课程。基础能力课程是每生每周一节的劳动必修课。针对不同年段的特点，劳动专职教师进行三类劳动（包括整理类、清洁类、烹饪类的日常生活劳动，种植类、养殖类的生产性劳动，服务班级、服务校园、服务社会等方面的服务性劳动）的课堂教学工作。个性拓展课程在每周固定时间上一个半小时至两个小时，开设缝、剪、染、修、烘焙、电工、木工等专业性、针对性更强的劳动选修课程，对劳动必修课程进行补充和拓展。实践体验课程从“劳动与家庭”“劳动与自然”“劳动与社会”三个维度构建，突破时空的限制，利用班会、队会、综合实践活动等时间，结合劳动项目实践重组为劳动日课程，引导学生积极参与学校、社区、社会劳动服务。

劳动日课程将三类课程进行一体化设置，通过准备期的习技习德、实践期的出力出汗、反思分享期的入脑入心，促进学生形成正确的劳动价值观，为培养具有良好劳动素养的高素质人才打好基础。

（二）能力体系

每周星期四，学校轮流安排一个班参与学校的日常生活劳动。根据学生的年龄特点和能力发展规律，为尊重学生的兴趣，学校设置了分年段的具体劳动任务，让学生自主选择劳动板块。同时，学校按小学生劳动核心能力发展规律，明确以“三会两爱”（会自理、会操作、会照顾，爱公益、爱创意）为课程目标主题指引，形成劳动能力体系，将课堂教学与实践活动结合，丰富学生的劳动体验，提高其劳动能力。

（三）实施体系

学校的劳动日课程与其他学科课程一样，有着完整、规范的教育过程。劳动日课程主要着眼于以下三个环节：

1. 基础培训

劳动日课程的培训目的主要是帮助学生将劳动日课程与平时的劳动课教学做横向的内容连接，形成劳动认识的结构化基础；同时，与“要在学生的意识形态中塑造劳动的观念、劳动的精神”方面做情感与精神的连接。

2. 实践体验

劳动日课程的实践不仅指向学生的劳动任务、劳动技能，更指向学生的劳动态度、劳动价值观。小学生的劳动日课程不仅是帮助学生学习今后的谋生手段，更是引导学生学习将小事做到极致，培养精益求精的劳动品质。

3. 分享提升

劳动日课程让学生在亲历劳动知识技能学习、实践体验后，进行交流、评价、分享、讨论，让学生更有劳动的动力，为后面的劳动日课程开展提供更多的经验和情感积累，不断提升劳动日课程的教育价值。

三、更新师资队伍，提升有机协同育人凝聚力

劳动日课程需要将劳动实践与学科教学紧密结合起来。学校需要对劳动教育的师资队伍进行组织架构调整、人员重组，让劳动日课程的理念更新与人力资源的更新协调、相匹配。学校主要在以下三个匹配上着力：

（一）组织架构与课程设置相匹配

设立劳动教育发展中心，且在人员配置上打破教学、德育一成不变的思路，让来自行政岗、教学一线的各学科优秀教师、德育骨干和后勤管理人员配合工作。中心提供与劳动日课程需求相匹配的课程设置，和学生一起制订计划、发布“菜单”，根据劳动日课程向学校人事部门提出相匹配的专项教学的人员名单，并提出课程的物资、设施等后勤保障需求。

（二）师资结构与劳动项目相匹配

劳动日课程中不同的劳动项目对师资的专业要求不同，学校聚合校内劳动教师、外聘劳动辅导员和家长志愿者打造全能型劳动师资队伍。当劳动日课程开展的时候，“三支主力军”打组合拳，充分发挥了各自的优势，取长补短，利于达成最佳的教育教学效果，实现新时代劳动教育的新目标。

劳动日课程开展前期，校内劳动教师进行前期教学，引导学生掌握相应劳动的方法和注意事项；劳动日课程开展当天，学校的花工、电工、食堂叔叔、物管阿姨等变身导师，与孩子们结为师徒，指导他们学习、体验一天的劳动。孩子们还可以向校外劳动辅导员请教，如向成都农业科技职业学院的老师们请教种植、养殖的专业知识，向华西公共卫生学院的营养师们讨教学校午餐的搭配，等等。家长志愿者也参与其中，保驾护航，与老师和辅导员一起进行后期的分享工作。

（三）教研团队与劳动日课程相匹配

学校成立劳动日课程专项教研组，进行课程研制、定期总结，设计了中心发言人轮值制等配套管理制度。教研团队进行劳动日课程的集体备课，并开展专题研究，让劳动日课程的研究小而精、接地气，促进了教师快速成长，特别是在锤炼教师的专业思维上产生了不可替代的作用。教研团队的中心发言人轮值制，以课例、小项目研讨促进教师的问题处理能力、教学设计能力、教学反思能力和教研能力发展，探索出了劳动日课程实施“学校与社会联手”“学校与家庭牵手”的有效路径。

四、劳动日课程实施取得喜人成效

在传统守正中创新而出的劳动日课程，以塑造劳动精神为内驱力，让学生在真实情境的劳动中，运用所学解决真实问题，取得了令人欣喜的教育效果。

（一）实践效果明显

学生在贴近生活情境的劳动过程中，亲历劳动实践，创造劳动成果，产生了浓厚的劳动兴趣，并将其内化为劳动精神，不仅对学校内的常规劳动课和劳动日课程等充满期待，回家后还主动参加劳动实践，记录劳动过程和感受。家长在看到孩子的劳动实践及成果后，也对学校的劳动教育更为认同与支持。

（二）有一定区域影响

学校创设的劳动日课程，不仅在校内取得了喜人的教育实效，在区域范围内也形成了一定的影响力。学校先后被评为成都市武侯区劳动教育试点校和成都市劳动教育试点校，多次在各级各类研讨活动中作分享。

劳动日课程带给学生的成长，不仅仅是知识的积累、技能技巧的习得，更重要的是劳动意识、责任感、人际交往、同理心、团队精神等综合素养的全面提升。学生在对劳动价值的理解中不断凝聚劳动的力量，萌发出为城市建设、为中国梦而努力的学习动力。学校的最终目的不仅是培养合格的劳动者，更是让劳动彰显人的价值，绽放生命的精彩。学校搭建出的课内课外融通的劳动日课程，希望让它成为促进学生全面、终身发展积极平台，让更新理念的劳动日课程成为学生成人、成才过程中的一个绚丽舞台！

撰稿人：唐月悦、罗秀

编辑手记

在进一步加强劳动教育的时代主张之下，成都市龙江路小学准确把握育人方向，迅速响应政策要求，基于已有的探索经验开发“小蜜蜂劳动日”实践体验课程，体系化地将劳动教育贯穿于各类课程之中。从时间上，每周有学习，日常有实践，定期有活动；从空间上，也实现了从校内走进家庭、走向社区。学校以强有力的组织和选优配强的师资保障了课程的高质量实施，建构科学，推进扎实，成效显著。

《教育科学论坛》编辑部　张文龙

依托综合实践 破解“五育”落地难题

广安市教育研究所　邻水县鼎屏小学西校区

近年来，广安市中小学校聚焦立德树人根本任务，努力构建市域内德智体美劳全面发展的教育体系与家校社协同教育机制，为“五育”并举提供了行动思路和综合实践样例。邻水县鼎屏小学西校区（以下简称“鼎屏小学西校区”）秉承“正心赋能，向美而生”的宗旨，积极开发三级特色课程，开展丰富多彩的实践活动，以综合实践助推“五育”并举，破解“五育”融合难题。

一、亮出名片，融合精神全方位展现

（一）注重内涵建设

鼎屏小学西校区廊柱文化的核心区域——柱子文化厅，是学校实施“正心”教育的第一个地方，承担着思想引领和文化浸润的作用。教育内容包括社会主义核心价值观、品格教育、四有教师、五美学生四个方面。在“五育”并举的活动背景下，其内容与学校的“一训三风”是一脉相承的。在这些柱子上，既有关键词，又有对关键词的注解和阐述，“二十四品格”还配有相应的图标，目的是帮助师生理解、记忆，引导其在学习、生活中内化运用，进而达到修德修身的目的。每年开学，新生在这里接受第一次校情教育，专项学习“二十四品格”，熟记“五美学生”要求，以“正其思想，明其方向”，从而成长为充满正能量的人。

（二）打造个性化班级

鼎屏小学西校区教室的设计综合考虑师生一日活动的各个方面，体现了以人为本的理念。学校配有清洁间、电子书包柜、梯形课桌、交互一体机、耳麦音箱，百兆网络保障了信息设备的正常运行和信息技术与课堂教学的互融。班级文化建设方面，学校以编织作品为主体，发动师生动脑动手，根据班级特点，设计、装扮各自的班级。教室后面的文化墙，展示了师生共同合作的编织成果，既有学生参与活动、劳动、学习的日常掠影，又有每个班独特的评价机制等。每个班级都设立了图书角，通过“图书漂流”的方式，每班定期交换读物，激发学生阅读的兴趣，培养学生良好的阅读习惯。每个班级都设有绿植区，老师们准备好花盆、土壤、种子，从开学的第一天开始，便和学生们一起播种，让学生争当植物管理员，浇水、松土……在实践中体会劳动的快乐。

二、玩出名堂，融合课程多层次推进

鼎屏小学西校区是邻水县环境一流、设施一流的现代化公立学校。结合学校的地理位置，利用学校的设施、设备，根据学生的年龄、心理特征，学校在德育方面深思熟虑，打破了学科的界限，开设了多门符合学生成长需要的多学科融合课程。

（一）创客教育显特色

学校开创了以创新思维为核心教育目标的创新创客教育空间，教学内容和资源丰富，融合了教学及实践，有效地促进了创客模式下学习过程中的跨领域融合，可满足学生学习、探究、思考、创意生成及实际操作的各项条件，有助于培养学生的探究能力、创新思维及综合实践能力。此空间不仅可以作为学校开展相应课程、辅导学生参与各级各类比赛的平台，还可以为其他学校学生、教师以及有创新兴趣的社会人士提供学习、小型比赛、展示会、交流总结会等的平台，充分发挥其社会效益。在创意实践课程设置上，学校主要实施三级课程：低年级学生学习编织课程，人人动手，人人能编，翻动巧手，编织童年的梦想；中年级学生可进入创客空间学习创意搭建课程，利用课堂提供的模块，自己设计、制作，实现属于自己的创意；高年级学生可在此学习初级编程和智能机器人组装、3D 打印等课程，还能驾驭智能机器人驰骋赛道。学校师生首次参加四川省机器人大赛即获大奖，同时学校还顺利获得了四川省第十六届校园影视成果展示交流活动承办权。

（二）趣编课程润童心

编织是人类最古老的手工艺之一。学校的美育课程除了常规的绘画、手工剪纸，还增设了童心趣编劳技课程，旨在让同学们了解和体验结艺编织，亲手去制作一件手工艺品，在快乐学习的同时，也能学习到中国传统的匠人精神，增强审美情趣。学校每班每周均设有一节趣编课，每周三、四的课后服务活动中，孩子们还可以根据自身的兴趣爱好，有选择地参加自己喜爱的课。课程之初，一缕丝线，一寸绳结，对学生来说，是陌生的事物，随着学习的深入，线绳在老师和同学们的指尖“翩翩起舞”。目前，学校的童心趣编作品越来越丰富、鲜活，是学生美育发展的重要支撑。

（三）校园影视展风采

校园电视台的建成，大大加速了校园影视教育课程的研究与开发。精心打造的校园电视台，从一“出道”就得到省内校园影视行家的青睐。在这里，学生们关注时事新闻，聚焦社会热点，盘点校园动态，采编、播音等都亲自上阵；同时，学生们观影评影，模仿经典，自编自导。校园电视台的栏目每周于固定时间在学校大门大屏幕以及班级的智慧屏上播出。校园电视台在“五育”并举的背景下，拓展学校教育，开阔学习视野，加强学生道德建设和科学普及教育，弘扬先进文化，批评陋习和不文明现象等。

（四）课间活动乐趣多

上午的十点到十点半是阳光大课间活动开展时间，体育教师按照学生的年龄、心理特点，精心编排了各种独具特色的大课间活动内容。冬季的大课间活动是快乐健康跑。根据学校的学生人数，低、中段学生被安排在教学楼中庭以及操场，高段学生被安排在篮球场。学生在老师的带领下，以S队形有序慢跑。春、夏、秋三季，学生在老师的带领下齐跳优美的集体舞，以此展现师生良好的精神面貌和积极向上的校园风采。

此外，学校还设置了丰富多彩、形式多样的体育活动。比如冬季运动会、春季羽毛球比赛、夏季啦啦操展示、秋季篮球赛等，以此让学生适应现代教育发展的要求，促进学生的特长与能力协调发展，真正体现坚持“五育”并举，做到以文化育人，以德育人。

三、做出成效，融合教学多维度践行

自2019年创校至今，学校已举行了数十次班主任“五育”主题工作交流论坛，内容包含了品格教育、课程融合、社团活动、劳技教育、美育等方面。校领导与班主任齐发力，与班主任深度交流，围绕“五育”核心践行融合教学，德育成果显著。

（一）推进品格教育

学校正确认识到了品格教育的育人价值，展开了切实的行动。每周星期一早上是品格教育班会课，教师提出当周的品格教育活动要求及任务，在接下来的一周里，师生将品格教育的所学、所获融入学习与生活。同时，教师不忘设立评价机制，为学生盖品格章、兑换品格币等，以此推进品格教育的落地生根，发挥德育合力作用，形成校园特色文化。品格教育活动的开展，让学生掌握了生活的基本技能，增强了学习、成才的能力，遇见了最好的自己。

（二）尝试学科跨界

学校开展融合课程磨课活动，由语文老师带头，将教学跨界融合，集科学教育、艺术教育、劳动教育元素，整合开发人文实践活动课程。比如，教师在执教《中国美食》一课时，首先，除了完成本课的学习目标——会认、会写生字，还引导学生掌握烹饪的技巧，在家长的监护下，学会煮饭、炒菜；其次，培养学生拥有一颗感恩的心，学会节约粮食；最后，教师还呈现了一份菜单，教育学生如何用有限的现金点最丰盛的菜。整堂课打破常规教学模式，让学生在课上发出欢声笑语，课后迅速成长。学校每周星期一下午最后一节课是音乐劳动教育课，学生在老师的带领下，欣赏《军民大生产》《连连夯》《船工号子》等劳动歌曲，感受劳动的光荣。放学前十分钟，伴随着美妙的音乐，学生学习如何整理课桌、摆放桌椅、擦桌子、扫地、拖地等，进行劳动实践。教师寓教于劳，培育了学生的劳动观念，让学生崇尚劳动、热爱劳动。

（三）依托“智慧课堂”

四十台智慧钢琴和一套数字音乐互动教学系统，组成了学校的现代化的、灵动的智慧音乐室，它将倾情演绎一对多的互动教学；古色古香的智慧书法室里，三十套智慧书写系统，助力师生精准互动，让学生笔尖的每个变化都变得清晰明了。“智慧课堂”成为学校一道亮丽的风景线，学生在这里培养了兴趣，真正地实现了德智体美劳全面发展。教师在这里提升了情趣，打开了格局。

（四）开展课后服务

学校对课后服务实行个性化管理，以促进学生身心健康成长为主题，以组织丰富的活动为主线，将课后服务活动开展得有声有色。除了创客空间活动、童心趣编、智慧书法课，学校还开展了活力街舞、五球（篮球、足球、羽毛球、乒乓球、排球）训练、小小主持人、手工剪纸、电脑编程、合唱、民族舞、器乐、棋类等多种形式的课后服务活动课。每位辅导老师尽职尽责、尽心尽力，确保了课后服务的效果，课后服务课成了全面提升学生综合素养的重要平台。

撰稿人：周慧、徐婕、廖光强、黄薇薇

编辑手记

实践育人是新时代教育和教学工作的重要载体，也是破解“五育”落地难题的有效手段。从校园文化的创设，到实践活动的设计，再到课堂环节的实践融入，邻水县鼎屏小学西校区依托实践育人，践行了“五育”并举、“五育”融合育人理念，完美诠释了广安市中小学校深入推进教育教学改革，为学生的未来成长赋能的时代担当和教育情怀。

四川省教育融媒体中心　陈敬

“双减”背景下高质量作业管理体系的建构

四川省教育科学研究院附属实验小学

建构作业管理体系是学校在“双减”（指在我国教育领域中有效减轻义务教育阶段学生过重作业负担和校外培训负担）背景下面临的时代命题。四川省教育科学研究院附属实验小学“多翼着力”，对作业管理体系进行顶层设计，对全科作业进行整体统筹，落实作业公示制度，创新作业形式，设计“分层、多样、优质”的高质量作业，并以作业改革撬动教学管理提质增效。

一、背景分析

2021 年 7 月，国家出台“双减”政策，强化作业管理，要求全面压减作业总量和时长，减轻学生过重作业负担。

四川省教育科学研究院附属实验小学以“培育具有中国精神的未来创造者”为育人理念，以“多翼着力”作业统筹机制为切入点，以精准、分层、个性化作业分层设计为着力点，建构了学校完整的作业管理体系，探索出一条助力“双减”落地的可行之路。

二、作业管理体系建构

（一）多翼机制保障，五步管理流程

一是成立了作业质量研究与评估中心。学校成立了作业质量研究与评估中心，专项负责学生作业的负担控制与质量提升。该中心由行政团队进行政策指导，教学服务中心与教研组统筹实施作业管控机制，教师发展中心对作业质量进行检查与考核，学生成长中心在家校共育理念指导下把控作业投放与反馈改进。

二是明确了五步作业管理流程。作业质量研究与评估中心明确了“作业设计—作业布置—作业批改—作业分析—作业评价”五步作业管理流程。学科组根据作业设计

与使用指南，通过集体的力量，系统设计作业。学校对作业布置进行统筹管理，落实作业公示制度，教师在批改作业后对作业进行个性化追踪，持续跟进反馈，不断优化作业设计。

三是强化了“四个日常”作业管理措施。学校坚持“日常就是最高标准”，把作业管理五项流程渗透到日常学习与工作中，每日、每周、每月、每学期都强化作业管理。教师每日批改、评讲作业，教学服务中心每天监测作业课后辅导质量。学科组每周通过作业统筹单统筹全科作业，督促教师进行作业设计的反思与再优化。学校教学服务中心每月组织作业专项月考核，考核中强调作业选择、布置、批改、评讲、反思等。教师则进行每月作业追踪表、过程性评价表的综合分析，与家长及时沟通学生学习情况。学校每学期组织作业评比考核，教师整合作业过程性评价及结果性评价，全面评价学生的综合素养。

（二）统筹实施方式，明确作业公示

学校探索出周作业统筹制度，明确作业统筹实施方式及作业公示规则。在每周一次的备课活动中，备课组在集体讨论的基础上安排本周作业。学科组统筹作业总量、确保作业质量、明确作业指导，完成下一周的作业统筹单设计，并交教学中心和校长审核。每周一，作业统筹单在校内公示栏、班级群、学校工作群公示，形成学生、家长、学校对统筹单的全面审视。每周五，教学服务中心提前安排下周的作业统筹单设计，备课组、学科组、教学服务中心、行政管理部门同步抓作业统筹，如此周而复始，不断诊断改进，确保作业统筹实现最佳效果。

三、高质量作业设计赋能管理

（一）团队研发，角色转变

作业设计能力是教师的重要专业能力。教师要追求专业成长，一定要从“布置作业”走向“研发设计作业”。研发设计作业，是作业布置的更高形态，它要求教师对教学的重难点、教材的分析理解非常精准，这本身就是倒逼教师深度研究教材的一种有效方式。一位教师的作业设计能力，就是这位教师最雄厚的专业功底。学校把教师作业设计能力培训纳入常规培训当中，持续加以巩固提升，让教师逐步完成从作业布置者到作业设计师的角色转变。

（二）原则支撑，指南先行

一是作业设计紧扣原则。一份高质量作业的背后，是一所学校优秀的教育观和儿童观。学校坚持系统设计、分层设计、单元视角、诊断改进的作业设计原则。如学校依托“大单元”教学背景，进行“作业单元化”设计，围绕单元学习主题，尝试进行单元课时作业开发。

二是作业使用遵循指南。学校将作业设计纳入教研体系，邀请专家进行“作业优化设计”主题讲座。学科组组织教师积极参加学习讲座，研读相关文件、书籍，通过集体的力量，研发出一套系统的作业设计与使用指南。在指南的指导下，学科组进行再研讨，进而设计出更高质量的有学校特色的作业。

（三）分层设计，个性匹配

基础作业紧扣课程标准、教学进度和学习内容，重在查漏补缺、复习巩固，直击课堂重难点，由教研组结合本校学生实际进行设计。学科实践作业（含跨学科综合性作业）紧扣学生多元智能和综合素养，通过丰富的学科综合实践活动和“五育”融合实践作业，着力提升学生综合素养。如语文实践作业——给校长的留言条，在训练学生写作的同时，极大提升了学生观察生活的积极性和学校生活的参与度等。

除了内容分层，学校还设置了课前、课中、课后等不同阶段的作业，反映不同的教学目标。把各个时段的作业都利用起来，会形成对教学整个流程的适时检验。为了真正减轻学生的作业负担，教师切实思考对校内各个时间段的有效利用，真正思考课堂四十分钟的达成度，把课前预学、课中学习、课后促学以及当堂练习、课后评测、延时巩固等结合起来，对每天的学习任务进行梳理，再辅之以个性化的面批讲解、答疑辅导，解决“后三分之一”学生的问题，“轻负高质”才能使质量高起来。

（四）模式赋能，以单为引

在作业管理体系的实践中，学校形成了一套“多翼着力”的作业统筹机制，也探索出分层分时、高质特色的作业设计方式。在统筹单上，作业不再是单一的、机械的书面作业，而是精准、分层、个性化的设计。学校力求设计更多有趣的跨学科作业、开拓思维的实践作业等，以培养学生的多元化能力、成长性思维。

教师力求将常态工作做到极致，在统筹单中设计了家长陪伴指南，指出作业应该成为家长了解学生学情的重要方式。作业的布置、评估等情况应该及时向家长反馈，以方便家长了解孩子的学习成长情况。但这个陪伴指南并不是给家长布置作业，而是用温暖的话语、可操作性的指导来缓解家长焦虑，引导家长给予孩子更高质量的陪伴，让教育回归育人本质。

（五）评价促优，手册助力

一是强化过程性评价，关注学科核心素养。学校积极推进作业评价改革，推行全覆盖、多维度、追踪式作业评价。改进结果性评价，强化过程性评价，设计不同维度的评价标准、不同形式的评价方法；探索增值性评价，完善综合性评价，让不同的学生对自我有一个正确的认识，使不同之“材”皆有所用。各学科形成作业布置、批改及评价方案，初步构建了学科核心素养评价体系。

如数学组通过开展整学期的“数学＋”学科活动与期末“数学核心素养”综合评价，了解学生在数学语言表达、数学知识应用、数学学具操作等过程中体现出的综合能力。语文过程性评价表遵循“小组合作，每周一轮”的原则，实行小组成员轮流记录制度，记录小组成员每周在课堂表现、基础作业、综合实践三个方面的表现情况。

二是融通学科特色，重视综合实践。学校除了基础作业设计，也自主研发形成了《体育银行手册》《成长评价手册》《童萌假期之旅》等有特色的实践性作业。如《童萌假期之旅》专为假期设计，具有重实践、促探究的特点，让孩子们在生活中学习，将学习运用到生活中。“双减”理念指导下，这本手册严控书面作业量，以阅读为主线，提倡亲子阅读，更像是一本亲子陪伴指南。

《童萌假期之旅》上附有期末报告单。“双减”背景下的首个期末，一、二年级不进行书面考试，学科组通过过程评价和结果评价多维度进行综合素养评价。过程评价包括基础和实践作业完成情况、课堂表现等。结果评价以等级呈现，不打分数。学校希望家长们理性看待小学阶段的学习成绩，重视阅读积累、问题解决、综合实践……关注学生素养，让学生成为更好的自己。

为推动“双减”政策落地落实，有效提升学生核心素养，让每位学生获得适宜的教育和适切的发展，学校深入推进作业改革的探索与实践。学校“多翼着力”，在作业管理上形成一整套流程，对作业管理体系进行整体设计，对全科作业进行统筹，创新作业形式，设计“分层、多样、优质”的高质量学校作业，并以作业改革撬动教学管理提质增效，使学校形成“双减”背景下的新样态。

撰稿人：陈瑶、胡梦燃、胡聪颖

编辑手记

中共中央办公厅、国务院办公厅于2021年7月印发的《关于进一步减轻义务教育阶段学生作业负担和校外培训负担的意见》，是党和国家从为党育人、为国育才的战略高度，克服当前功利化、短视化教育行为，为改善教育生态、回归教育本质、守住学校主阵地而作出的重大决策。建构高质量作业管理体系是“双减”政策背景下学校教育的时代命题。四川省教育科学研究院附属实验小学积极探索实践作业管理体系建设，不懈推动作业设计优化和作业品质提档升级，为我们在“双减”背景下落实立德树人根本任务提供了一个可供借鉴的成功案例。

四川省教育学会　朱远平

“四学”共融 以劳育人
——理综专业中劳动教育的有机渗透

射洪市教育科学研究室 遂宁市教育科学研究所

劳动教育是中国特色社会主义教育制度的重要内容，旨在发挥劳动的育人功能，帮助学生树立劳动观念，获得劳动技能，养成劳动习惯，锻造劳动精神，从而培养和发展学生的劳动素养。教育部在《大中小学劳动教育指导纲要（试行）》中提出：“中学在独立开设劳动教育必修课的同时，应在学科专业中有机渗透劳动教育。”这成了学科专业教师亟待研讨的问题。

近年来，遂宁市理综教师努力挖掘学科专业与劳动教育的结合点，以导学、引学、自学、践学“四学”策略实现了学科专业教学对劳动教育的有机渗透，有效促进了劳动教育的落地。

一、导学：连接生活，前置学习任务，培养劳动观念

在“学习为重”思想影响和“念不好书只能打工”的错误观念误导下，部分学生在生活中没有机会感受劳动，出现了不尊重劳动、不想劳动、不会劳动的“三不”劳动现象。实际上，生活中充满了劳动教育契机，教师应在理综教学中连接生活，前置学习任务，让学生从生活劳动（实践）或生活经验中明确劳动更新知识、创造价值和财富的意义，形成劳动意识，培养正确的劳动观念。

例如，教师在北师大版《生物学》八年级下册“合理膳食与食品安全”教学中，先布置前置任务：让学生在周末时间亲自设计菜单、选购食材，按照食谱或长辈的指导，为家人做一餐营养饭菜；再在课堂教学中，让学生运用膳食平衡标准，对自己和他人的菜品进行评价，从而明确合理膳食是什么、怎么做，掌握从膳食入手的健康生活路径。

如此教学，学生在“菜单设计、食材购买和烹饪”的劳动付出中收获了美食，体会到劳动创造的幸福，逐步树立起热爱劳动的观念。同时，学生习得食材购买、烹饪等基本劳动技能，培养了孝敬父母、关爱家人的美德，体现了以劳树德的理念。

又如，在科教版《物理》九年级上册“电路创新设计展示”教学中，可在课前让学生亲自设计开关电路图，课中让学生展示并说明自己的作品原理，对自己和他人的作品进行评价。学生在前置探究（劳动）任务中获取知识，明确劳动是知识的源泉，从而树立正确的劳动观念，形成劳动意识并实现以劳增智。

二、引学：立足学情，激发学习兴趣，培养劳动精神

劳动精神是劳动者劳动时秉持的劳动观念、价值理念以及劳动时表现出的劳动态度、精神风貌。日益富足的物质生活使学生大多生活在“包办环境”中，缺乏崇尚劳动、热爱劳动、辛勤劳动、诚实劳动的新时代劳动精神。在理综教学的导入环节，教师应运用适当的劳动教育情境素材，在激发学生学习兴趣的同时培养劳动精神。

例如，在人教版《生物学》必修二“基因指导蛋白质的合成”教学中，先以导语“胰岛素是治疗糖尿病的激素类蛋白质，天然胰岛素提取难、产量低，人工合成是获取胰岛素的重要路径”引出我国是世界上最先人工合成具有生物活性蛋白质的国家，再以“生物是怎样合成蛋白质的？其原理对人工合成蛋白质有没有指导作用？”导入，激发学生的学习兴趣。

又如，在科教版《物理》九年级上册“电磁继电器”教学中，可通过导语“火箭发射时，科研人员在发射场几公里以外，我们用什么去控制火箭的发射”引出让中国人自豪的、领先世界的航空航天技术成果介绍，唤醒学生的求知欲。

如此导入可让学生感悟到“生物学、物理等领域的重大发现和迅速发展是科学家们勤奋劳动和艰苦探索的结果”，树立尊重、热爱、崇尚劳动的精神。除了运用科学故事，我们也可利用生产生活实例导入。如在人教版《生物学》必修一的“影响光合作用因素”教学中，先播放玉米种植的农业技术视频，展示劳动者合理密植、正行通风的劳作，再以“玉米种植为什么要合理密植？正行通风的科学原理是什么？”导入，也可达到较好的劳动教育效果。

三、自学：自主探究，提升学科素养，培养劳动习惯

培养劳动习惯离不开反复的程序性劳动。理综中的物理、化学和生物学一般需通过程序性地“提出问题、作出假设、设计实验、进行实验、得出结论和交流讨论”等环节完成教学。自主探究借由固定的程序培养劳动习惯，并因其自主性而获接受认可，

具有得天独厚的劳动教育价值。

例如，北师大版《生物学》七年级上册中的“观察人和动物细胞的基本结构”“观察植物细胞的基本结构”等章节，均涉及装片的制作和显微镜的使用；教科版《物理》必修一中的“测量物体的加速度”“验证动能定理”等实验，均涉及打点计时器的使用和纸带数据的处理，都有一套标准的程序化步骤。教学中的学生自主探究环节，让学生体会到正确操作的必要性，促进其养成认真严谨、专心致志的劳动习惯。

自主探究教学除了能培养学生的劳动习惯，也能培养学生探究（实验）的技能，从而提高学生科学探究的学科素养。学校若长期开展自主探究教学，将有助于学生的未来发展。

四、践学：拓展课堂，知行合一，提升劳动素养

理综知识源于实践又能指导实践，实践在帮助学生巩固理综知识的同时也能培养劳动素养。劳动意识形成后不能被束之高阁，学生应以行动践行劳动，将劳动意识内化于心、外化于行。教师要深挖理综课程资源，以实践拓展课堂的广度，深化理综学科教学，提升学生的劳动素养。

（一）知行合一，检验真理，深化知识理解

“纸上得来终觉浅，绝知此事要躬行。”教师应引导学生适时将知识应用于实践，加深学生对知识的理解，从中培养劳动素养。

例如，在《生物学》七年级上册“吸收作用”教学中，学生在知晓“植物生活需要多种无机盐，缺乏氮、磷、钾有特定表现”后，到种植实践基地为缺肥植物“把脉、诊断”；“呼吸作用”教学中，学生在知晓“影响呼吸作用的因素”后，到种植实践基地中耕松土，体会过程并验证功效，从而加深对呼吸作用的理解，同时习得农业生产劳动技术。

又如，在《物理》九年级上册“小灯泡的电功率”教学中，学生知晓“小灯泡的电功率与电流和电压有关”后，进行分组实验，利用滑动变阻器改变电路中的电流，观察小灯泡的亮度，在亲力亲为中加深对电功率的理解。

（二）知行合一，探寻新知，增强学科认知

结论源于事实，是对事实的总结概括；事实越是丰富，概括的结论才可能越严谨准确。拓展课堂，让学生通过实践（探究）寻找更多的事实，才能使之深度理解事实并将其内化为结论，增强学科认知的同时培养劳动素养。

例如，《生物学》七年级上册“细胞通过分裂而增殖”中的“研究细胞大小与物质

扩散的关系”实验，旨在让学生通过探究（实践）明确“细胞越大，物质交换能力越弱”，为理解细胞不能无限增大、必须分裂增殖作铺垫。教材所提供的实验中，细胞从外界环境获取物质的速度相对较慢，没有直观体现出物质交换，学生难以仅由此理解结论。教师可在课后引导学生开展拓展实验。

如此，学生掌握的事实得到扩充，能真正理解并认可书中结论，从而将其内化以增强学科认知，探究实践的劳动素养也得到了提升。

（三）知行合一，解决问题，强化学科素养

教学会产生生成性问题，而部分问题难以在课堂上解决。拓展课堂，开展课后实践，可解决教学生成性问题，强化学科素养。

如人教版《生物学》必修一“细胞增殖”的教学中，教师多用三维动画、平面模型和静态图示来突破重难点，让学生构建“有丝分裂”的动态过程与静态过程。然而，三维动画时长短且染色体形态、运动路径固化，常与习题图示不符，平面模型没有立体感，静态图示又不能展示动态过程。于是产生了新问题：“有更好的模型辅助构建‘有丝分裂过程’吗”。

这时，教师引导学生在课后利用木条、铁丝和扭扭棒制作有丝分裂三维模型，学生可从实物的角度全方位观察侧视的中期染色体整齐排列、俯视的中期染色体零乱排列以及有丝分裂各时期的各个微小时间节点的细胞状态，训练了学生的建模思维，强化了学生的学科素养。同时，制作三维模型是在原有模型上的创新，是创造性劳动和训练劳动技能的过程；应用模型是感受劳动价值和树立劳动观念的过程。

拓展课堂实践能让学生在生产生活实践中加深对学科知识的理解，拓展实验能让学生探索新知、强化学科素养，同时，能促进学生形成正确的劳动观念，训练劳动技能，树立劳动精神，从而提高劳动素养，实现全面发展。

撰稿人：周裕志、刘刚

编辑手记

劳动教育是发挥劳动的育人功能，对学生进行热爱劳动、热爱人民的教育活动，是中国特色社会主义教育制度的重要内容和全面发展教育体系的重要组成部分。为全面贯彻党的教育方针，落实立德树人根本任务，劳动教育的时代内涵和实践策略都需要有新的发展。遂宁区域内的理综教师携手探索，在把握变化中抓紧教育教学机会，以“有机渗透”的方式将劳动教育融入理综教学实践的全环节中，不仅提升了学生的学科核心素养，还在潜移默化中培塑了学生正确的劳动观念、良好的劳动能力、积极的劳动习惯和品质以及向上的劳动精神，既实现了实践育人功能，又拓宽了实践育人渠道。

《全视界·教育》编辑部　李广越

劳动，让生命灵动
——“启明星·亮晶晶”劳动课程的实践研究

成都市新都区北星小学校

一、研究背景

2020年3月，《中共中央 国务院关于全面加强新时代大中小学劳动教育的意见》发布；2020年7月，《大中小学劳动教育指导纲要（试行）》印发。这要求各地区各学校建设劳动教育课程体系。成都市新都区北星小学校（以下简称“北星小学校”）以“启明教育”为理念，提出了“培养明心明行的灵性少年”的育人目标，开发出启明课程体系的5大课程群与德智体美劳“五育”对应，其中行明课程群以力行为落脚点，构建了系统的劳动教育课程，以培养学生良好的劳动素养，促进学生形成正确的劳动价值观。

二、研究过程与成果

（一）精挑细选，构建劳动教育课程研发与实施团队

系统构建劳动教育的课程体系，需要成立专业化、高素质的本土课程顶层研发团队和执行力强、覆盖全校课程实施的团队。2020年3月，学校形成了“工字形态，两翼支撑”的劳动教育课程研发与课程实施的组织架构。

该组织结构的顶端是学校劳动教育的顶层设计和理念引领层，由校长室和领衔劳动教育的育德中心组成。下端则是覆盖全校51个教学班的课程实施操作层，他们负责劳动课程的落实落地。中端是连接上下两端的中间管理层，由各级部主任以及各年级德育组长组成。而左右两端则是业务与事务分离的支持平台，左端是学术平台，负责劳动课程的研发和课堂实施的校本研讨，由课程研发团队以及各年级组的德育骨干组成；右端是后勤保障平台，负责劳动课程所需物资购买与储备，由学校后勤中心以及

各年级的联络员负责。

（二）精雕细琢，构建劳动教育课程体系

1. 课程理念：“启明星·亮晶晶”劳动课程——劳动，让生命灵动

劳动，是人类区别于其他动物的根本所在，也是人类走向未来、探索世界的最终状态。只有在劳动中走向生命的通透开悟才能使儿童的灵性得到彰显，也只有在劳动中体会到自豪感与骄傲感才能实现生命的意义与价值。

2. 课程总目标

课程总目标是培养手脑并用、身体力行的未来劳动者。

3. 课程具体目标

课程具体目标是“亮生活、启匠心、创未来”。

4. 课程结构及内容

根据劳动教育的实施纲要，结合北星小学校劳动教育课程的具体目标，学校形成了 3 种课程类型：基础课程、拓展课程和探究课程。3 种课程体现不同的特性：基础课程体现序列性、日常化；拓展课程体现专业性、个性化；探究课程体现探究性、融合化。

（1）“亮生活”基础型课程群

该课程群以培养学生的基础生活自理能力为主要目标，由低到高逐步涵盖了生活劳动、生产劳动和服务性劳动，旨在让学生在点亮自我生活、照亮他人生活和服务社会生活中建立起良好的劳动习惯和品质。目前，学校共开发出了 6 个年级的课程序列。

（2）“启匠心”拓展型课程群

本课程群追溯了我国劳动人民的历史脉络，选取了各个重大历史阶段劳动人民的技艺作为学习的内容，旨在让孩子们实现“启匠人之心，专一技之长”。

（3）“创未来”探究型课程群

该课程群旨在让学生直面生活中遇到的真实问题，在现实问题和社会情境中以劳动为核心，创造性地调动多学科知识协同解决问题。目前，学校的研发团队已经开发出“麻烦图书角”“堆肥沃肥”等探究型课程。

（三）精耕细作，扎实推进劳动教育课程实施与评价

1. 打造劳动教育教研团队

课程体系的建构为学校劳动教育的开展提供了支撑，然而，育人目标达成的关键还在于课程实施，因此学校建立了“教研–教学”劳动课程两级实施团队。

学校育德中心集结 6 个年级德育组长组成了劳动课程实施的教研团队。教研团队

教师根据课程结构设置进行课例设计，发布到各年级组 QQ 群内供各班教师创造性地使用。为确保课堂教学的有效性，学校同时还推行先行课制度。同年级教师在观课议课中完善教学设计及课堂组织，然后再在各班全面实施。每周五课程研发团队及各年级德育组长还要参加教学研讨，反思本周课程实施的得与失，讨论下周课程实施的主题与方案。在摸索中实践，在实践在反思，目前，北星小学校“启明星·亮晶晶”劳动课程已经形成了 3 类课程的课堂实施模型，积累了 38 个优质教学案例，这些案例将作为编写校本教材的素材与依据。

2. 分类实施课程

3 类课程理应有 3 种不同的实施路径。通过学习《劳动教育实施纲要指南》，结合学校实际，学校确定了以下 3 种课程实施模型。

（1）“亮生活”基础型课程实施模型

基础型课程每周 1 课时，通常围绕某个生活主题让学生学习专项劳动技能，掌握劳动方法；而后，利用家庭日常打卡清单，让学生在家长的督促下进行反复实践，形成劳动技能，养成劳动习惯，形成在校学习、回家温故、必修选修结合的共振模式。

在“亮生活”课程群的具体实施过程中，学校提炼出这类课程群在实施时的一般课堂模型：分解主题、头脑风暴→认识材料及工具（安全教育）→自主实践→提取要点、规范操作→展示成果、反思交流→拓展延伸。

（2）“启匠心”拓展型课程实施模型

拓展型课程依托课后延时服务时间实施，供孩子们走班选修。课程导师除了由学校具有相关专长的教师担任，还聘请了校外手工艺人。擅长金钱板的门卫叔叔、木工出身的食堂叔叔、农民出身的“星娃”奶奶，都成了课程的师资。

（3）“创未来”探究型课程实施模型

“创未来”课程群旨在让学生直面生活中遇到的真实问题，在现实问题情境中以劳动为核心，创造性地调动多学科知识协同解决问题，提升学生劳动素养。为此，“创未来”课程群中的课程均以项目化学习的方式实施，利用学生在校期间的一些重大时间节点，以该时段内产生的真实问题为学习契机，培养学生的问题解决能力。通过研讨实施，“创未来”课程群的实施模型如下：发现问题、分析问题→探究问题、提出创意→验证创意、确定方法→实践论证、成果展示→反思交流、拓展延伸。

3. 完善课程评价，保障课程落细落实

多元的课程内容，需要多维的实施方式。学校采取了以激励为主的多元评价，邀请多方评价主体参与。基础型课程采用终结性评价、表现性评价结合的方式，设置了劳动技能评分榜、阶段性的劳动技能大赛，让竞技点燃学生的热情。

在校学习技能，在家巩固技能、培养习惯。为充分发挥家庭在劳动教育中的基础作用，我们设计了劳动手册，邀请家长参与形成性的劳动评价。手册中还包含了“劳动日志”“星娃有话说”“家长有话说”，供学生、家长畅所欲言，记录劳动成果。每学期末，教师根据学生在校的劳动表现、手册反馈，对学生每学期的劳动进行结果性评价，授予学生“三星劳动小能手”（合格）或“五星劳动小能手”（优秀）的称号。

我们在评价拓展型课程与探究型课程时，更多关注孩子们在劳动中的自我表现与自我展示，注重过程性评价，建立学生劳动成果档案袋，帮助学生收集、记录自己的劳动成果。

三、研究成效

依托“启明星·亮晶晶”劳动课程的开发与实施，学校探索出了具有北星特色的劳动教育推进之路，因此获评成都市劳动教育试点校。学校还多次因劳动教育受到中国网、教育导报网、今日头条等媒体的相继报道，广受好评。课程研发团队多次在省、市、区级劳动教育研讨活动中进行课程开发与实施的成果推广和经验讲座。

北星学子通过系统劳动教育逐渐变成主动承担家务的小能手、走出家门服务社会的公益志愿者、用双手为远方小朋友“编织暖冬”的爱心大使。通过劳动教育，学校成功塑造了家长的育人观，家长也成为劳动课程开发与实施之路上的建议者、参与者、同行者；而教师在劳动课程的开发、实施中，也得以快速成长，成了劳动课程的开发者、实施者和宣传者。

撰稿人：张娟、陈明旻

编辑手记

2020年3月20日，《中共中央 国务院关于全面加强新时代大中小学劳动教育的意见》印发，对新时代劳动教育做了顶层设计和全面部署，标志着我国劳动教育进入了崭新时代。随着该意见的出台，各中小学积极开展劳动教育，但大多数学校在实施过程中，出现了劳动教育的碎片化、活动化的倾向，没有探明劳动教育究竟教什么、怎么教。成都市新都区北星小学校以“启明教育”为理念，以“培养明心明行的灵性少年”为育人目标，开发的“启明星·亮晶晶”劳动教育系列课程，探索出中小学实施劳动教育的有效路径，为中小学劳动教育系统化提供了很好的样例。

四川省教育学会　朱远平

巧借田园实践 共育环保之花

资阳市乐至县第二幼儿园

立德树人是新时代教育的根本任务。对于学前教育而言，立德树人要以幼儿为本，遵循幼儿学习与发展的特点与规律，开展形式多样的有幼儿参与的一日活动，促进幼儿全面发展。资阳市乐至县第二幼儿园（以下简称“第二幼儿园”）以创建节约环保型学校为契机，以幼儿的一日生活为载体，特别设置田园实践劳动，引导幼儿亲身实践，深入亲近大自然，了解环保之于我们的重大意义，丰富与深化了幼儿一日生活的形式与内涵，让幼儿成为环保的实践者，促进了幼儿的全面发展。

一、构建幼儿环保实践的基本框架

（一）强化环保宣传和培训

在开始田园环保实践后，第二幼儿园通过“1＋1 大手牵小手（大手先行，小手紧随其后）”模式统筹规划，强化环保宣传和培训，让师幼环保意识入脑入心。

“大手先行”。幼儿园在学生食堂、教学楼等有水龙头处，都张贴了节约用水环保宣传海报、标语，幼儿园电子显示屏上也滚动播放环保宣传标语，每周还进行国旗下的环保主题讲话，宣传学习《中华人民共和国水土保持法》《四川省节约用水办法》等环保法律法规，同时组织幼儿观看《世界水日》等环保宣传片。

“小手紧随其后”。幼儿园利用微信群、QQ 群等平台，每天定时推送环保宣传内容，布置环保打卡小任务，引导师生科学环保、自觉环保，增强环保意识。

（二）强化环保社会实践

首先，幼儿园组织教职工及幼儿到陈毅广场和社区向市民发放宣传资料，大力宣传节能减排、低碳环保生活的意义和做法；组织幼儿参加全省“拒绝舌尖上的浪费”绘画征集活动，6 幅作品参加市级比赛，其中 2 幅参加省级比赛，并分别获得一、二等奖。

其次，教师还让幼儿参与讨论种植种类，学习种植方法、种植管理等知识。幼儿在田园实践基地亲身体验分工合作、分享收获的过程，在参与中，自然地认识了植物生长的简单规律，感受到种植的辛勤和快乐，从而主动参与到环保学习当中。

比如，幼儿园在园内开辟水田和耕地，种植水稻、油菜、花生等作物，幼儿通过播种、浇水、施肥、捉虫、收获等体验活动，感受了劳动的辛苦和光荣，也懂得了粮食的来之不易。通过饲养兔、鸡、鸭、鹅、羊等小动物，观察它们的生长过程，给小动物取名字、和它们做朋友，幼儿学会了怎样关爱、保护小动物。幼儿还通过种植花草树木，管理果树，采摘樱桃、桃子、李子、枇杷等，感受大自然的回馈，从而培养了保护地球、保护生态的意识。

（三）强化以高标准改造节能设施

俗话说："凡事预则立，不预则废。"幼儿园秉持这一原则，合理规划幼儿园布局，从开始制订环保节能计划到最后成功创建省级节约环保型学校这一漫长过程，一共投入了节水、节电等改造资金 12 万余元。从此，幼儿园的环保更具实效性，也让环保行动转化为一种让师生身心愉悦的体验。

二、巧借特色田园环保实践活动支持幼儿全面发展

（一）开辟幼儿田园实践基地

为打造幼儿田园实践基地，幼儿园专门开辟了开心菜场、开心牧场、开心果园等供幼儿使用，还积极动员家长参与。家长们积极地为田园基地提供自制的洒水壶和其他物品，充分保证了田园的可使用性，也为幼儿营造了良好的心理氛围，鼓励幼儿积极参与到环保实践活动中来。

（二）田园环保实践活动锻炼幼儿身体

幼儿园有部分幼儿超重，是由不良饮食习惯和缺乏运动造成的。田园农场开始使用后，这些孩子每天都跟着老师在园内开辟水田和耕地，种植水稻、油菜、花生等作物。幼儿在田园基地的运动量是相当大的，他们通过在田园基地的长期劳动体验，既感受了劳动的辛苦，学会了珍惜粮食，同时也锻炼了身体，一举两得。

（三）田园环保实践活动助推幼儿自主管理

田园实践活动还增强了幼儿自主管理的核心能力，即幼儿自主计划能力。比如，在田园实践基地，幼儿园会组织幼儿按照一年四季的农作物成长计划，鼓励他们自主查阅资料，学习了解自己种植的农作物何时需要浇水、施肥、捉虫等，让幼儿明白，

要想取得好的收成，就需要自己去规划好这些细小的事情。幼儿通过一季又一季的农作物种植，久而久之，做计划的能力也越来越强了。

（四）田园环保实践活动丰富幼儿语言表达

在幼儿园中，往往有部分幼儿不爱交流表达，但是这些孩子在田园环保实践活动中因为面对的是大自然而不是老师，所以没有心理压力，显得格外放松，在田园环保实践活动中也能大胆地与老师和同伴表达交流。

有时候你会发现班上一个平时不善于和老师交流的孩子，在这里却突然地叫住老师，向老师抛出许多问题，比如，为什么种子要喝水才能长大？为什么有的番茄长得大，有的番茄长得小？因为有了亲近大自然的实践机会，幼儿的语言表达的形式和内容也丰富起来了。

（五）田园实践活动提升幼儿艺术表达能力

在田园实践活动深入开展的同时，幼儿园也在园本课程的设计上增加了观察实践活动。幼儿几乎天天都在实践活动中有所发现，比如，植物的叶子在展开成一片平展的叶子前是卷起来的。于是，是在一堂大班的美术活动课“各种各样的树叶”中，幼儿以前画的都是千篇一律完全铺展开的整片叶子，现在经过长期深入田园的亲身观察实践，他们创作时开始有了自己的想法。有的孩子会在画面上表现他观察到的被虫子啃过的残缺树叶，有的孩子会表现一张张蜷缩着的没有展开的树叶，有的孩子会表现出刚刚长出来的嫩叶的独特颜色。这些丰富多彩的艺术表达都是因为田园环保实践活动的开展，这也大大提升了幼儿的艺术表达能力。

三、田园环保实践活动的蝴蝶效应

（一）促进幼儿全面发展

田园环保实践活动贯穿在幼儿的一日生活之中，承载着幼儿的学习和发展。剖析田园实践活动，最重要的无异于“自然”这一特色，因为幼儿的天性是热爱大自然，亲近大自然，所以幼儿就在最有利于他们全面和谐发展的自然环境中，发展着一系列重要能力。比如，幼儿通过种植农作物获取了一些基本的农作物知识，在每天赶小动物回家时发展了体能，在种植过程中记录农作物的长势，发展了观察能力。这一系列的联动反应促成了幼儿全面健康发展。

（二）形成一体化的园本课程体系形成

在田园环保之路上，幼儿园渐渐地形成了一体化的园本课程体系，每周都会将环保实践活动安排在幼儿的一日生活之中。

比如，小班幼儿在科学常识活动“认识种子”进行完之后，会到田园实践基地，由大班的哥哥姐姐来为他们讲解不同种子的区别；中班幼儿在社会活动“环保小卫士”进行完后，会由老师带着去陈毅广场和社区向市民发放环保宣传资料，宣传节能减排、低碳生活的意义和做法；大班幼儿在美术活动“珍惜粮食”进行完后，老师会在幼儿午餐环节提醒幼儿珍惜粮食、吃多少盛多少、饭菜不掉落在桌面上、饭菜都要吃干净，从而促使幼儿将环保这一理念转化为具体的行动。

（三）家长积极参与幼儿园环保行动

在开展田园环保实践之路上，刚开始家长们都不理解，怎么每天小朋友回家就说要收集废旧瓶子或者纸箱去学校？通过环保主题家长会的召开，家长们了解了幼儿园这样做的目的，并且也愿意支持幼儿园的工作，开始主动将家里的废旧物品送到学校。老师们通过巧手加工将废旧物品变成了一件件有价值的东西，比如一个大纸箱经过包装加工被投放在了孩子们的田园实践基地里，用来盛放植物种子或放置其他物品，充分实现资源的可回收利用，进而达到环保效果。

通过实践，第二幼儿园形成了“三步走”的节能环保独有经验，并成功创建省级节约型校园，还在全市公共机构节能暨节约型机关创建工作培训会上作了经验分享交流，市、县电视台多次到第二幼儿园进行节目录制。第二幼儿园将继续坚定脚步，巧借田园实践活动，共同培育环保之花，也期望孩子们心目中的环保之花永远绽放。

撰稿人：朱宏

编辑手记

《中华人民共和国环境保护法》明确指出，教育行政部门、学校应当将环境保护知识纳入学校教育内容，培养学生的环境保护意识。加强对学生的环保教育，既是深入贯彻落实习近平生态文明思想的内在要求，也是贯彻落实我国环境保护基本国策的战略性工程。资阳市乐至县第二幼儿园以创建节约环保型学校为契要，在幼儿一日生活中特别设置田园实践劳动，引导幼儿亲身实践，深入亲近大自然，了解环保的重大意义，既丰富了幼儿一日生活的形式与内涵，又让幼儿成为环保的实践者，促进了幼儿的全面发展。

四川省教育融媒体中心　陈敬

农村小学落实劳动教育的实践研究

乐至县大佛镇中心小学

苏霍姆林斯基曾说："劳动是有神奇力量的民间教育学，给我们开辟了教育智慧的新源泉。这种源泉是书本教育理念所不知道的。通过劳动，人才具有用心灵去认识周围世界的能力。"《义务教育劳动课程标准（2022 年版）》明确指出："今秋开学起，劳动课将正式成为中小学的一门独立课程。"

一、学科教育中学劳动

（一）主抓学校教育主阵地

学校教育是实施劳动技术教育的主阵地，课堂教学是重要形式。劳动技术教育课程是综合实践活动课程必修课之一。乐至县大佛镇中心小学根据少先队员的年龄特点，充分挖掘教材中劳动教育的内容，在课堂教学中做到普遍渗透，达到促进少先队员热爱劳动的效果。

（二）在各学科中渗透劳动教育

首先，学校在语文课中渗透劳动教育。语文教材中有大量可以应用在劳动教育方面的素材。人教版《语文》五年级下册课文《祖父的园子》讲述了作者跟随祖父在园子中劳动的快乐，语文老师抓住时机，借此引导学生从小树立正确的劳动观。老师首先向学生提问：作者跟随祖父在院子里做什么呢？学生回答：栽花、拔草、种菜、摘黄瓜、追蜻蜓、采倭瓜花……老师继续说：原来祖父的园子里有这么多有趣的活动，从中我们感受到了作者的童年因为跟随祖父劳动而获得快乐。接下来，请同学们谈一谈你们在自己家园子里劳动时有趣的事情吧！随后，学生开始畅所欲言，分享劳动的快乐。

其次，学校在写作训练中渗透劳动教育。每年学校都会举办一次五一劳动节征文活动，开展“劳动与教育”“假如没有劳动”“记一次劳动”“劳动最光荣”等系列活动，帮助学生树立科学的劳动观、成才观。

学校在数学课中也渗透着劳动教育。在西南师大版《数学》一年级上册“整理房间”一课中，教学目标是让学生在观察、比较、交流等活动中，初步体会分类的含义和方法，感受分类在生活中的作用，引导学生从小培养热爱劳动的观念。数学老师根据教学目标，设计了以下教学活动：

师：小朋友，在家帮父母整理过房间吗？请自己说一说。

生分享劳动经历。

师：大家参观书中两位新朋友的家，有什么感受呢？

生：小小的房间整洁，明明的房间杂乱。

师：我们先看看小小的房间是怎么整理的。

生边看边总结。

师：看完小小的房间，我相信大家也能帮明明把房间整理好。

随后老师布置作业，让学生整理自己的书桌、小书包，做到学以致用。

最后，学校还将劳动素养纳入学生综合素质评价体系，制订评价标准，形成激励机制，建立公示、审核制度，确保记录真实可靠。学校把劳动素质评价结果作为评价学生全面发展情况的重要内容，作为期末评优评先的重要参考。

孩子是祖国的未来，教师要用心用情，将劳动教育融入生活教育中，让孩子们在劳动中获得一些生活体验和生活乐趣，充分激发出孩子们对劳动的认同感，培养出辛勤、诚实的生活态度。这是孩子们今后生活所需要的，也是孩子们未来生存所需要的，更是让其生命更好地发展所需要的。

二、劳动实践中学劳动

习近平总书记在全国教育大会上明确提出要教育引导学生崇尚劳动、尊重劳动。劳动教育一直是少先队组织中不可缺少的一部分，《少先队活动课指导纲要》明确提出要增强少年儿童的劳动意识。在现行课程体系下，在少先队活动中融入劳动教育，将少先队活动课程与其他课程整合，都是非常有意义的关于劳动教育的探索和实践。

为贯彻落实《中共中央 国务院关于全面加强新时代大中小学劳动教育的意见》，学校切实加强劳动实践基地建设管理，全面实施素质教育，提高学生劳动技能和实践水平，增强学生动脑和动手相结合的能力，培养学生艰苦奋斗的品质。为了进一步落实立德树人根本任务，学校加强劳动教育，培育学生的劳动精神，让学生全方位体验不同的社会角色，在劳作和实践中继承艰苦奋斗、勤俭朴素的优良传统。

2020 年 9 月，学校党支部、行政集体决策将红鞍教学点尽力打造为“农耕红鞍，菜香乐土”学农实践教育基地。学校将学农实践教育作为学校少先队活动开展的重要载体，每学期带领四到六年级少先队员以中队为单位参加一次“步履研学＋劳动实践”少先队活动，将学农与研学有机结合，促进学生全面发展。少先队员以中队为单位，分为除草整地中队、种植中队、田间管理中队、采收中队，进一步明确劳动内容和职责，在中队辅导员的指导下，从自身生活中主动地获取知识、应用知识、解决问题，掌握学农基地中种植的瓜果蔬菜等的相关知识，从中发展创新能力、实践能力等。

学校是乡镇中心校，而劳动实践基地位于乡村，距离学校来回有八公里的路程，每次开展活动都需要中队辅导员带领各中队徒步前往劳动实践基地。在组织开展“步履研学＋劳动实践”少先队活动时，中队辅导员会提前一天告知中队长，由中队长组织中队委及小队长策划本次中队活动，明确各中队委、小队长的分工和职责。活动当日，中队长组织大家八点半从学校出发，一路上带领大家认识各种灌木花草，大约徒步一小时到达劳动实践基地。然后，中队长清点人数、分派任务，稍作休息后，各小队长带领少先队员开始到田野劳作。劳作结束后，中队长带领少先队员到休息室休息、吃午餐。下午则为劳动感受分享时间，中队长组织各小队分享劳作收获、感受，回顾总结本次“步履研学＋劳动实践”的成果与收获，最后中队长做总结，为本次的学农生活画上句号。活动结束后，中队辅导员将少先队员安全带回学校。通过这样的少先队活动，少先队员可以更好地将自己融入大自然，感受自然风光的美好，感受大自然中生命的多彩，感受劳作的辛苦不易，感受大汗淋漓的畅快，感受劳动人民的伟大。

然而，仅凭自己在学农实践教育基地里埋头苦干是远远不够的，学校需要发挥家校合作的重要作用，才能取得更好的劳动教育的成绩。学校将少先队员参加劳动的图片、视频传给家长时，发现有的家长会对自己的孩子在家里不做一件家务，在学校竟会有模有样地使用一些简单的农用工具而感到惊讶。劳动能促进学生形成良好的道德品质，能促进学生养成吃苦耐劳、克服困难的坚强意志，能促进学生的智力发展，让学生真正体验到体力劳动的艰辛和价值，树立正确的劳动观念，习得劳动技能，形成劳动创新精神。学校劳动实践教育活动还可以培养少先队员的观察、分析、判断、创造和动手能力，使其成为一名合格的少先队员。

三、在家庭劳动中学劳动

家庭是学生生活的第一场所 ，而农村是劳动的天然基地。随着农业耕作逐步现代化、农村经济快速发展、农村物质生活日渐富裕，部分学生逐渐形成了好逸恶劳、贪图享受的不良习惯。

为树立学生正确的世界观、价值观、劳动观，增强学生生活的能力，促进学生全面发展，培养新时代国家建设人才，学校充分发挥家校合育的纽带和促进作用，使家长们意识到家庭是塑造学生劳动习惯的主阵地，是学生勤劳致富思想萌芽的源头。为此，学校结合农村学校的自然特点，配合一年四季农作物的耕、播、收、储、售等环节，为每一位学生制订了一份劳作成长簿，逐一记录学生劳作的内容、时间、完成情况、劳作反思、监护人评价与建议，并及时在班会、家长会、劳动课等场所适时由学生进行自我展示、分享。学校教师将学生的劳作成长簿装订成册，将有代表性的成长簿存入图书室供学生展阅、交流。同时将农村的传统农耕、生活用具及现代化的农作机械照片进行展播，让学生全面了解当地农耕文化，激发学生改变农村落后面貌、建设新农村的壮志。

学校与家长建立对话机制，鼓励并敦促学生进行劳动，如买菜、做饭、洗衣等，又如春节贴对联、挂灯笼，元宵节制花灯，端午节包粽子，中秋节制作月饼等，让学生们懂得在劳动中体验、感悟生活。

综上所述，学校经过在学科教育中学劳动、劳动实践中学劳动和在家庭劳动中学劳动三个方面的探究和实践，已使得劳育在这里悄悄萌芽了。在教师的精心哺育下，学生接受锻炼、磨炼意志，从而培养了正确的劳动价值观和良好的劳动品质，实现了学校劳动育人的目标。

撰稿人：蒲开明、谢铃、毛光平、邓春华、曹晓芳

编辑手记

学校是劳动教育的实施主体。课堂教学、实践活动、家庭生活，时时、处处都能践行劳动教育。乐至县大佛镇中心小学经过在学科教育中学劳动、劳动实践中学劳动和在家庭劳动中学劳动三个方面的探究和实践，依托实践育人的有效方式，通过动手实践、亲身体验，帮助学生树立正确的世界观、价值观、劳动观，培养了学生良好的劳动品质，促进了学生“五育”并举、和谐发展。

四川省教育融媒体中心　陈敬

做细做实 提高学校研学旅行课程质量

成都金苹果锦城第一中学

一、基本认识

“培养什么人”是教育的首要问题，也是教育的根本问题。落实立德树人根本任务，培养社会主义建设者和接班人，就要努力构建德智体美劳全面发展的“五育”并举教育体系。成都金苹果锦城第一中学围绕全人培养目标，开发研学旅行课程，坚持“研”“旅”结合，确定了5大研学活动主题，在系列化的研学活动中，促进“五育”资源的深度融合，培养学生的综合能力，提升了学生生命整全发展的品质。

二、实施策略

国家对研学目标提出了宏观要求，要发挥实践育人的功能，发展学生核心素养，培养全面发展的人。作为研学活动的具体实施者，学校在设计研学活动时，应结合学校的育人理念、培养目标、课程规划等，做好研学活动的顶层设计。

（一）课程规划

1. 确定主题

在确定研学主题方面，学校结合学生身心特点、接受能力和实际需要，注重系统性、知识性、科学性和趣味性，有针对性地建构了自然类、历史类、地理类等多种类型的研学活动课程，努力实现研学旅行课程资源的主题化、系列化。

2. 确定总项目

学校根据不同学段设计了5个总项目作为研学主题：初一上学期，重走丝绸之路，培养民族认同感；初一下学期，红色旅行，培养国家认同感；初二上学期，高校探秘，树立远大志向；初二下学期，走近大国制造，接触创新科技；初三上学期，职业生涯体验，规划个人发展。

3. 制订方案

学校进行了研学主题班会、确定研学项目、确定选题、拟订开题报告、开题答辩、研学实践、结题答辩、汇报展示等环节，制订研学方案，明确活动目的、活动流程、时间安排，确保研学旅行有序推进。

4. 成果表达

评价学生研学旅行的成效，既要注重过程，又要关注结果。一是纸质材料。详细的开题报告、旅行记录、结题报告等，能真实地反映学生的研学状况。二是电子资料。照片和视频记录等，体现活动的真实性。三是整合展现。学生研学活动的原始材料可制成 PPT、电子相册、视频、展板等，展示生动精彩的活动过程与成果。

（二）课程实施

1. 确定时间

改变每学期安排 1 个学程的传统习惯。每学期分为 4 个学程，由 2 个长学程和 2 个短学程构成。短学程就是研学旅行，一般为 7 天，加上周末最长可达 10 天。

2. 组建团队

每次研学活动，学校打破班级界限，让学生全员按自己的兴趣自主选择研究线路及团队，充分发挥学生的主观能动性。

3. 组织分工

教学管理中心负责开题报告、结题报告和成果展示活动的课时安排。学生管理中心负责活动策划、方案撰写、过程组织、相关协调工作。后勤保障中心负责学生出行和回程后的就餐就寝安排等。教研组长或班主任负责项目规划，每条线路的老师负责 2～3 个小组的研学活动，全程指导学生的开题报告、资料查询、成果汇报等研究活动，全面负责研学旅行中学生的衣食住行。

（三）课程评价

研学旅行课程实施多元评价，包括 4 个方面。

1. 评价对象多维

对学生的评价侧重点是自主发展层次和发展水平；对教师的评价侧重点是组织、管理、指导等能力和实效；对合作机构的评价重点是服务品质、安全性、趣味性、导游的专业性等。

2. 评价主体多元

研学旅行活动的每一个参与者都是评价者，这有利于教师、家长、学生自己更全面了解学生的发展变化。对学生的评价由学生自评、同学互评、教师评价、家长评价4部分组成。

3. 评价内容多样

一是对研学旅行的成果进行评价，包括开题报告、结题报告、研学日志等；二是对研学旅行的过程进行评价，将学生的日常表现记录在册，并纳入学生的学分管理和综合素质评价体系。

4. 评价视角多变

既有对学生研学旅行的综合评价，也有学生研学旅行征文比赛、摄影比赛等单项评价，使学生的研学旅行变得更加丰满。

三、提高质量

（一）从细处抓研学安全

1. 建立研学安全工作领导小组

学校研学安全工作领导小组成员有学校行政管理者、骨干教师等，负责及时处理研学过程中的各种突发事件。

2. 建立安全工作每日汇报制度

每天汇报学生研学旅行途中的偶发事件、生病情况、车况路况、导游工作情况等，防患于未然。

3. 建立校医远程诊断机制

校医远程诊断能及时指导带队老师处理学生在旅行途中出现的健康问题，还能在不方便立即将学生送到医院的情况下避免学生病情加重。

4. 强化学生安全意识

学校利用班会、全校大会、告家长书等方式，通过多种途径对学生进行安全教育。在研学活动前也会邀请旅行社的导游对相关负责人进行安全工作专项培训。

5. 明确安全责任

学校与旅行社签订规范合同，对师生的交通方案、宾馆住宿等都提出具体要求，全程加强监管。

（二）从实处抓研学质量

研学旅行具有极大的开放性：研学旅行的地点多，研究项目多，参与人员多。因此，充分利用资源，聚焦研究项目，是提高研学旅行质量的重要保障。

1. 学校主导，多方参与

应明确学校是研学旅行课程的实施主体，也是研学课程体系构建的核心力量。确定研学主题、研学路线，需要经过学校行政部门、全校家长、全体教师的充分论证。

2. 管理透明，家长参与

研学手册详细地介绍了研学旅行的路线规划、研学重点、课题方向等，让家长们了解情况。研学团队建立家长 QQ 群，领队老师及时发布研学活动各项信息及注意事项，每个学生每天上报 1 份活动简况，做到研学全过程的透明。

3. 落实指导，“研”“旅”结合

（1）学校精心指导。学校编写了校本研学手册，介绍了研究性学习的意义、方法、措施，以及研学项目的相关信息。开办题为“如何开展研究性学习”的专题讲座，以翔实的案例讲解研究性学习的实施策略。

（2）学生为开展研究做好充分的知识储备。学生在选定研学旅行线路后，提交完整的研学计划，包括研学项目、研究方法、预期目标等；在教师的指导下进行修改，完成开题后，获得研学资格。

（3）学生在研学过程中实现“5 学会”。学生在组建小组、确定选题、查找资料、撰写开题报告、实地考察等一系列活动中，自主克服困难，完成研究任务，实现“学会求知、学会做事、学会共处、学会发展、学会改变”的“5 学会”研学旅行培养目标。

四、研学意义

1. 培养具备核心素养要求的关键能力和必备品格的“全人”

在研学旅行中，学生所处的环境是真实的社会生活大环境，自身要做到身心健全、人格完善，才能形成良好的人际关系，能够综合运用多种学科知识，才能解决复杂的学习问题和生活问题。通过研学旅行，学生在文化学习、自主发展、社会参与等方面得到提升，最终成为身心、智识、品格、思想、境界等和谐发展与完整发展的“全人”。

2. 培养走出书本、懂得协作、素养优秀的“全人”

在研学过程中，学生通过观察了解生活领域中的老师和同学，反观自我的发展，能更全面、更立体地认识自己，在发现世界中发展自己，成为具有良好公民素养、能有效参与国家和社会公共生活建设的公民。以初一年级“重走丝绸之路”研学活动为例，学校的每条研学路线都涵盖了该年级 10 个班的学生。每个小队由 6～8 位不同学科的教师带队，还有导游和司机全程陪同。旅行途中需要跟商店老板、景区工作人员、游客等产生交集，学生的交往对象范围大大拓宽。生生评价、师生评价、与陌生人交流评价，构成了一个大视角的发展空间。在这一空间里，学生必须懂得合作。

大自然是一个蕴藏丰富资源的大宝库，社会是一个活生生的大学校。伴随着学校、家长、社会、学生对研学旅行认识的不断提高，各地教育主管部门、中小学、旅游部门等不断完善研学旅行操作规程，研学旅行逐渐成为变革教育方式、培养学生核心素养的一种有力手段。

撰稿人：黄悦

编辑手记

“纸上得来终觉浅，绝知此事要躬行。”学生把知识转化为技能的过程，必须经历自身的实践体验。研学旅行成为教育改革的必然选择，但是也面临着组织管理、内容选择、指导方式、评价机制等常规课堂教育没有遇到的挑战。成都金苹果锦城第一中学为提高学校研学旅行课程质量，在课程规划、课程实施、课程评价方面做细做实，提出了很多创新举措。特别是“从细处抓研学安全，从实处抓研学质量”的成功经验具有很大的推广意义。

成都市郫都区教育局　王朝贤

开发基于立德树人的绿色校园实践课程

成都石室中学（北湖校区）

一、项目确立

2022年，国家新课程标准中提到“义务教育艺术课程以立德树人为根本任务，培育和践行社会主义核心价值观”，强调艺术课程的实践导向，要求加强艺术与其他学科的联系，发挥协同育人的功能。因此，中小学美术学科应立足教材进行二次开发，围绕“真实性学习”情境化主题和学科技能特征进行主题化、项目式模块教学。

主题化、项目式模块教学选题十分重要，直接影响学生的学习兴趣和学习动力。成都石室中学（北湖校区）（以下简称“石室北湖校区”）教师从生本理念出发，与学生一起，共同选择学生感兴趣的内容作为项目主题。石室北湖校区的校园环境和蔬菜基地为学生艺术教育项目课程提供了生动素材。

二、项目实施

（一）做好顶层设计

此次项目课程在初一、初二年级实施。这是一种动态的学习模式，通过问题驱动，引导学生主动探索现实问题。教师采用罗恩菲德的启发式教学法，让学生在不断观察、思考、探索的过程中，形成系统思维模式。

以石室北湖校区绿植项目学习为例，教师是这样引导学生学会“5问”的：

问题1：WHY（为什么）——研究的目的、价值、意义有哪些？

问题2：WHO（谁）——明确学习的主体，是团队还是个人？合作伙伴有哪些？

问题3：WHAT（是什么）——定义石室北湖校区绿色校园概念。

问题4：WHERE、WHEN（在什么地方和什么时间）——明确项目开展的地点和时间的概念。

问题 5：HOW（怎样做）——可以从哪些方面着手进行学习？

（二）明确项目目标

项目目标有：调查石室北湖校区绿植品种、特征及分布情况；设计制作校园植物图鉴；寻找项目成果推广的途径和方法；运用跨学科知识为优化石室北湖校区环境提出可行建议、方案。

（三）细化项目任务

（1）拍摄校园植物照片，完成“石室北湖校区绿植大调查”。

（2）学习书籍排版、设计等知识，利用手绘与平面设计程序，设计制作《我的植物朋友——石室北湖校园植物图鉴》画册。录制《对话植物》微视频，号召大家关注身边的植物，关爱环境。

（3）结合地理知识，依据学校平面规划图绘制《校园植物地图导览》。

（4）开发校园植物艺术品，如植物挂牌、植物拓印、植物标本集，举办艺术展览。

（5）综合分析校园自然环境，结合调查结果，评价校园绿化环境并提出校园绿化优化建议。

（四）完善项目评价

学校制订了项目的教学评价标准和个人评价标准两个体系（见表 1、表 2）。

表 1　校园绿植项目教学评价标准

项目内容	评价标准	评价分数		
		0～5	6～8	9～10
石室北湖校区绿植大调查	1. 能动用感官，从视觉、听觉、触觉、嗅觉等方面进行观测			
	2. 能详细记录绿植名称、品种、校园栽种地点、生长状况等信息			
	3. 能用多种方式高效查阅资料			
	4. 能用照片记录调查过程			
《我的植物朋友——石室北湖校园植物图鉴》	1. 手绘图片线条流畅，绘制准确，图例清晰，具有美感			
	2. 排版优美，图文结合，具有设计感			
	3. 能做到分工合作，积极参与设计讨论			
《对话植物》微视频	1. 解说时仪态大方自信，条理清晰			
	2. 解说内容详细，能结合校园人文特色进行讲解			
	3. 视频拍摄构图合理、画面美观			
	4. 能运用剪映等软件制作微视频			

表1(续)

项目内容	评价标准	评价分数		
		0～5	6～8	9～10
《校园植物地图导览》	将校园平面布局按照所分板块进行绘制，能充分运用美术语言和美术技法绘制地图，保证地图的实用性和美观性			
植物艺术品设计与实践	1. 能制作植物拓印			
	2. 能制作植物标本			
校园绿化优化建议	1. 能查阅园林设计相关资料，重点了解校园植物绿化知识			
	2. 能联系实际，写出一至两条优化校园绿化方案的建议			

表 2　校园绿植项目个人表现评价标准

评价项目	评价标准	评价分数		
		0～5	6～8	9～10
承担责任	1. 明确项目内容和任务，并按时完成			
	2. 积极寻找解决问题的方法并反思总结经验，提升自我			
	3. 利用他人反馈，不断提升学习能力			
团队合作	1. 虚心接受他人的建议并努力改进			
	2. 欣赏他人优点，适时鼓励他人			
	3. 乐于助人，为他人提供有效帮助			
	4. 善于倾听，礼貌待人，学会换位思考，用恰当的语言表达自己的观点			
个人反思（附加分：2 分）				
我的长处，我的短板，我的改进方案：				

（五）具体实施安排

项目式模块教学分为启动、实施、推广、评价 4 个阶段，构成一个系统完整的体系，共包含 19 个课时。

第一阶段：启动阶段，计划 2 课时。

第二阶段：实践阶段包含 3 大单元课程，每个单元课程计划 4 课时，共 12 课时。

第三阶段：推广阶段，计划 3 课时。

第四阶段：评价阶段，约 2 课时。

三、项目效果

项目式模块教学在实施中，形成了内容丰富、形式多样、质量较高的物化成果。如上述提及的《我的植物朋友——石室北湖校园植物图鉴》，以及不同风格的校园植物地图（蔬菜基地、生活区、学习区）、植物拓印作品等。学校官方微信公众号也会不定期发布学生作品。

四、项目反思

在实施过程中，主要有以下 4 个问题：

第一，在“调查石室北湖绿植品种、特征及分布”时，学生在校园里面没有手机，不方便拍照与搜索。学生提出了解决方案：周五家长来接学生时，用家长的手机进行拍摄，获取植物品种及信息；用文字或者绘画方式记录不知名植物的特征，再通过网络进行查询。

第二，在“让学生关注校园生态环境”时，各种活动都需要团队的力量才能完成，所以教师同步开展小组长培训，帮助小组成员的合作学习。

第三，在“进行推广”时，学生提出利用校园微信公众号、抖音、微博等平台。这些都需要多方力量合作，各部门需要全力支持。

第四，在“融合跨学科知识，提出建议”时，生物、地理老师等及时介入，判断学生提出的建议是否可行，引导学生考虑校园人文环境，因地制宜地提出自己的建议。

撰稿人：杨瑶

编辑手记

课程是学校育人的载体，是学生成长的根本路径。在“五育”并举背景下，开发具有学科综合实践特征的校本课程，越来越成为学校立德树人教育的必然趋势。成都石室中学（北湖校区）立足国家教材，二次开发绿色校园实践课程，围绕“真实性学习”情境化主题和学科技能特征进行主题化、项目式模块教学。教师通过引导学生进行提问，做好顶层设计，明确项目目标，细化项目任务，完善项目评价，具体安排实施；通过实时追踪项目推进情况，及时指导解决具体问题，使整个课程项目取得了圆满成功。

成都市郫都区教育局　王朝贤

管理育人篇

管理育人是立德树人的必要途径和重要载体。学校管理的职能是通过落实立德树人根本任务，培养德智体美劳全面发展的社会主义建设者和接班人。因此，管理育人需要管理者通过管理行为对学生的思想道德与行为规范施加积极影响，构建以服务学生成长成才为核心的教育管理服务体系。

在学校教育教学实践中，管理者应明确立德树人与管理育人的关系。一方面，管理育人的目的呼应了立德树人的内涵实质。立德树人是要解决“立何德、如何立德，树什么人、怎样树人”的问题，也就是人才培养问题，其目的是对学生进行社会主义核心价值观教育，立社会主义之德，树社会主义事业的建设者和接班人。另一方面，管理育人的功能与立德树人具有同向性。管理育人的基本目标和价值取向是培养全面发展的人，这是管理育人的逻辑起点。管理育人功能的发挥，要围绕立德树人根本任务的实现，通过发挥学校管理的基本功能，使学生的思想和行为逐步达到预定目标。

本篇包括6个管理育人案例。有关注农村学校小班教学，保护学生自主学习权，满足学生个性化学习需要的教学案例；有关注教师专业发展，致力于“三态三能”教师专业发展探索的校本实践案例；有立足“双减”背景下学校教学常规管理体系建设，建构教学管理新样态的案例；有坚守儿童立场，探索实践“我的游戏我做主”“我的生活我打理”“我的项目我搞定”“我的学习我负责”的幼儿园保教活动的改革与实践案例；有探索生态式“食耕”、体验式“食作”、科学式“食养”、浸润式“食礼”的食育实施路径的案例；还有探索中职学生品德素养自主提升“四维构建”策略的实践研究案例。这6个案例从不同角度诠释了管理育人与立德树人在导向上的一致性。

多元助力 开启职教学子成才路
——中职学生品德素养自主提升的实践研究

宜宾市南溪职业技术学校

宜宾市南溪职业技术学校为落实立德树人根本任务，以自主提升为切入点，结合中职学生品德素养自主提升的实践研究，重构了中职学校德育工作模式，形成了由“三维目标、四维构建”引领的中职学生品德素养自主提升培育体系。

一、解决的主要问题

（一）学生自主提升意识淡薄，缺乏主动性

长期以来，部分中职学生学习目标模糊、纪律松散，进取心不足，缺乏自主学习的意识，入学后违纪次数较多。

（二）学校德育实践活动无序，缺乏规范性

学校已开展部分德育活动，如“小组长负责制”活动、学生社团活动、青年志愿者活动等，但没有构建系统规范的体系，活动往往呈现无序状态。从长期发展的角度来看，无法达到德育的预期效果，不利于学校德育工作实效的提升。

（三）学校德育评价模式传统，缺乏针对性

学校德育评价注重书面测验、考试等常规量化评价，班主任常常是唯一评价主体，未实现评价主体的多元化，缺乏突出中职特色的针对性评价模式。

为此，2015 年，学校启动大德育工程；2016 年，学校出台校园文化建设“十三五”专项规划。在学校建设过程中，逐渐形成中职学生品德素养自主提升培育体系。

二、实践环节

（一）创新培养目标

学校创造性提出“五星学生＋文明公民＋合格准员工”的身份素养德育目标，用目标来激发学生内在动力，引领实践活动。

“五星学生”目标：根据学生在校期间的各种表现，从文明、勤奋、创新、技能、艺体等方面考察学生是否具有爱校爱班、尊师敬老、团结友善、好学进取的优良品质。

“文明公民”目标：综合学生的表现，从爱党爱国、遵纪守法、明礼诚信、乐善好施等方面考核中职学生的道德品质和文明行为是否合格。

“合格准员工”目标：依据学生在企业中工学交替、顶岗实习的实际表现，从社会责任感、团队精神、工匠精神和实践能力等方面考查学生爱岗爱业、勤俭自强、创新奉献、吃苦耐劳等精神品质是否达标。

（二）拓宽育人途径

1. 路径维度

开发“三阶晋级”自主德育促进模式，通过“教师—学生”“普通学生—星级学生—五星学生”的交互影响，构建闭环式科学自主育德内循环系统，打通中职学生自主提升路径的堵点。

“第一阶”以教师为引领，通过党团课、道德大讲堂等平台，德育节等契机，工学交替等方式，帮助学生提高认知能力，树立正确的人生观、价值观，逐渐强化学生对“三维目标”的认知和认同。

“第二阶”以教师作引导，参照“三维目标”，通过校园主题活动、社区志愿者服务活动等，提高学生的专业能力，促使其树立大局观念，强化服务意识。

“第三阶”以学生为主导，通过评选和表彰“五星学生”“文明公民”“合格准员工”，大力宣传优秀学生的事迹，让普通学生受到熏陶。

2. 助力维度

学校结合国家对中职教育的要求和学校实际情况，成立立德班主任工作室、专业部管理团队、班主任团队、科任教师团队、安保宿管团队、学校自治管理委员会、专业部学生会 7 个团队，着手从“学生自我助力、教师加持助力、后勤保障助力”3 个层面、7 个方向协同助力，培养中职学生品德素养自主提升能力。

3. 活动维度

根据中职学生的认知和身心发展规律，采用“三年一贯”的渐进方式，以学期为周期，按学月开展以诚信、习惯、责任、自信、感恩、安全等为主题的特色德育教育实践活动；以学年为周期，开展包括德育节、艺术节、技能节、体育节、书香节和新春文艺晚会的“五节一会”活动，使德育实践活动具有较强的系统性。

立德班主任工作室和班主任每周定期开展不同主题的德育班会；专业部举办“彩石大讲堂”“工匠苗圃”“学为人师”等不同类型的“行知”大讲堂；学校社团开展学生业余兴趣培训班，组织学生每周参与社区志愿者服务；在寝室管理中以楼层为单位，每月开展文明寝室评比，每周定期开展寝室内务整理比赛等，从理论、思想、情感、行为等方面落实德育工作，进一步提升中职学生的软技能。

4. 评价维度

创建多方参与、多元互动的“品德分银行＋”评价管理模式，以“品德分银行＋”为评价载体，以纪律管理、卫生管理、宿舍管理、考勤管理、顶岗实习等方面为评价指标，通过学校、企业、社区 3 方主体共同评价，考察学生的道德规范、核心素养、职业素养，实现德育量化考核与学生成长记录相结合，以“评价”促进中职学生品德素养自主提升。

“品德分银行＋”模拟银行工作模式，由学校成立品德分银行总行，制订品德分银行相关管理制度和监督制度，由优秀学生干部轮流任职总行长；班级成立分行，班级分行长根据评分细则对学生的“道德资金”进行核算，将文明行为记为收入（加分），不文明行为记为支出（减分）；学生自己通过兑换、存储、查询等方式管理自己的“道德存款余额”，作为品德素养评定的重要依据；所有德育管理人员可通过“学生二维信息码”对学生进行全方位评价。

毕业时根据累计储蓄额被评为基本储户和银卡会员的学生，学校准予毕业并负责安排工作。平时被评为负债储户的学生，由班级分行行长当月向家长告知情况；毕业时仍为负债储户的学生，学校不予发放毕业证。这种新颖的多元化评价模式激发了学生自主提升优良道德品质的内在动力。

三、实践成效

（一）学生品德素养自主提升效果显著，育人实效增强

（1）学生德育成绩提升。以 2017 级学生为例，通过连续 3 年（2018—2020 年）的德育改革实践，学生德育成绩及格率由 2018 年的 53.1％增长至 2020 年的 76.18％，增长 23.08％；2018 级学生的德育成绩及格率相对 2017 级明显提升，由进校之初的 60.85％上升至 90.10％，增长 29.25％。

（2）学生综合素养提升。2018年以来，在各级各项技能大赛、文体活动中，获奖学生人数逐年增加，获奖层次逐年提高，共获得国家级奖项5项、省级奖项57项。2021年，学校在全国技能大赛中获得2个团体二等奖，获奖情况居全省第二名。

（3）学生就业情况良好。2016级、2017级、2018级连续3届毕业生就业率在96%以上，优质就业率接近7成，从64.15%升至69.13%。就业稳定率上升至90.73%，用人单位满意率上升至99.13%。

（二）学校德育特色逐渐形成，德育品牌凸显

（1）形成多种物化成果。2016年以来，学校依托实践精编了德育校本读物——《德承孔孟，技效班庖》；形成了校本德育教材，包括《学会感恩》《安全与守法》《健康·生活与学习》《礼仪·职业道德与职业生涯规划》。

（2）学校获奖。2016年以来，学校先后获四川省“五四红旗团委”等省级及以上荣誉6项，获宜宾市“社会主义核心价值观示范校园”等市级荣誉8项，获南溪区“党建示范校”等区级荣誉14项。2020年6月，省教育厅向社会郑重推荐了包括学校在内的全省25所优质中职校。

（3）教师能力提升。2018年以来，教师获个人荣誉35项、团体荣誉39项，其中何祖权获得全国班主任能力大赛三等奖，张丽被授予“四川省教书育人名师”称号，学校德育教师团队获宜宾市教学能力大赛第一名。

（三）社会认可度显著提升，示范效应逐渐扩展

（1）广泛关注。上海市嘉定区政企代表团、广东四川商会、巴中市职教考察团等20多个政企组织，以及宜宾职业技术学院、四川省旅游学校、重庆立信职业教育中心等50多所院校人员来学校考察交流。

（2）领导肯定。省教育厅领导到学校调研，对学校在职业教育改革、德育建设等方面取得的成效表示充分肯定。学校选派25名学生参加“2020年全省抓项目促投资工作会议”礼仪接待服务，获得参会省、市领导高度赞誉。

（3）媒体关注。中国教育电视台《全国教育新闻》、四川电视台科教频道《魅力职教》先后对学校的德育工作、“五星学生”的评选与表扬工作等作了专题报道。《当代职校生》刊登了《四川省宜宾市南溪职业技术学校：爱是互相给予》一文，受到多家刊物收录转载。腾讯网、搜狐网、四川教育新闻网、四川教育在线、川教之声、宜宾电视台、宜宾新闻网对学校德育大讲堂、德育节等活动进行了宣传报道。

撰稿人：刘杰、吴吉平、秦睿

编辑手记

宜宾市南溪职业技术学校的德育实践活动，明确了自主提升的理念，确立了自我提升的“三维目标”，建构了实现自我提升的“四维路径”，理论与实践结合，可谓思路清晰，目标明确，路径方法系统、科学，效果显著，特色鲜明，给同类学校树立了一个好的榜样。

内江师范学院　陈理宣

滋养职业生命 促进专业发展
——“三态三能”教师美育专业发展校本实践

电子科技大学实验中学附属小学

高质量的教育急需高质量的教师队伍，教师作为学校教育的基本要素，是学校高质量发展的前提。电子科技大学实验中学附属小学（以下简称“科大实验附小”）通过探索“三态三能”教师美育专业发展新样态，破解了学校教师美育专业发展的瓶颈，为学校美育特色品牌提质增效打下了基础。

一、教师校本发展的思路与立足点

一是锚定学校发展需要。为实现“为纯美的童年而教育”的办学理想和教师发展的“纯美教育”特征，提升教师美育核心素养和育美专业能力，学校需要培育“仁爱高雅、博学大气”的教师队伍。

二是立足教师队伍实际情况。科大实验附小、科大实验附小西园分校两个校区的教师队伍整体年纪轻、教龄短、德育资历浅、美育能力匮乏，必须强化教师专业化发展。

三是回应国家要求。教育部印发的《小学教师专业标准（试行）》从三大方面对小学教师专业发展提出了具体要求；《中共中央 国务院关于全面深化新时代教师队伍建设改革的意见》强调要“造就党和人民满意的高素质专业化创新型教师队伍”。

结合以上思路，学校用“三态三能”作出回应。

二、教师校本发展的目标与内容

科大实验附小从立校开始就确定了“仁爱高雅、博学大气”的教师发展目标，后又确立了“三态三能”教师美育专业发展的核心内容，以期达成“三态”滋养职业生命、“三能”促进专业发展的目的。

（一）“三态”滋养职业生命

“三态”是基础内容，是教师“入格”的基本要求和外在表现形态。“三态”包含教师的职业心态、职业形态和职业行态，其中职业心态、职业形态是基础，职业行态是结果。

职业心态是指职业理想和职业情意，既符合“四有”教师和学校“仁爱高雅、博学大气”的教师发展目标要求，也包含教师的稳定心理状态。职业形态是指教师职业外在形象，学校基于美育办学特色和育美实践行动归纳出语态、神态、形态的“新三态”并制订相关要求，引导教师通过具体实践活动不断改进，展现出胸有笔墨的整体形象。职业行态是指教师教育教学行为，应时刻体现“儿童第一”“以美育人”的知行合一状态。

（二）“三能”促进专业发展

“三能”是进阶内容和内在能力，是教师从“入格”走向“合格、成熟、精进”的阶梯。“三能”主要包括推动课堂育美的教学能力、实现以美育德的教育能力和培育审美素养的学习能力。

推动课堂育美的教学能力不仅包括教师必备的教学基本专业能力，更重要的是发展学科美育、把握学科美育本质的能力：教师提炼、分析、归纳学科内容之美，让学生实现美感经验积累的能力；进行学科美感视域下教材研究和教学活动设计的能力；形成指向美育目标的教育理论与技术的学习能力。

实现以美育德的教育能力，这里狭义地指德育能力。

培育审美素养的学习能力，包括积累审美经验、发展综合素养，要求教师具备学科整合能力，形成融合育美能力。

三、教师校本发展的实施路径

新时代的社会转型倒逼学校教育生态系统进行全面、深刻的转型和升级，传统的教师专业发展路径必将革新。为实现以“三态三能”为核心内容的教师发展目标，促进教师内生性发展，必须走激发教师专业发展主体自觉、尊重教师专业发展差异、打通教师专业发展进阶和改进教师专业发展评价的实施路径。

（一）激发教师专业发展主体自觉

教师发展主体自觉关系到教师专业发展质量，是教师专业发展的决定性因素。学校深刻认识到价值引领的重要性，结合“纯美教育”特色和管理制度，从制度层面构建起了“纯美”教师专业成长的荣誉体系，明确各类教师的荣誉称号，更新教师专业发展认知观，以此促进教师发展主体自觉。

（二）尊重教师专业发展差异

学校以“三态三能”为核心，为教师制订了“站稳讲台、站好讲台、站远讲台、站美讲台”的四阶发展目标，同时在教师专业发展课程设置等多层面上呼应教师发展差异化需求：教师可以根据自身特长或发展需求自主选择课程内容，全方位提升人文、艺术审美素养，并体会其与所教学科的联系，形成融合育美的能力。

（三）打通教师专业发展进阶

学校将教师职业生涯分为“入格、合格、成熟、精进”四个阶段，并与教师双向约定发展目标，使教师明确其所处阶段和发展任务。

除了自身发展目标，每个阶段的教师又担任了其他阶段教师的共学、互学和引领任务，如“合格”教师与“入格”教师结对，前者负责后者的教学常规、班级管理常规的日常跟踪指导；“成熟”教师担任项目负责人，带领“合格”“入格”教师共同成长；“精进”教师以特色工作坊形式，与其他教师协同发展。

（四）改进教师专业发展评价

学校制订了《师德师风践行能力》《教师教学水平定级制》《德育水平职级制》等多维分层评价制度，基于民主管理需求，采用评价主体多元化方式，强调多主体的共同参与：党支部协同行政办、教职工代表大会评价教师师德师风践行能力；教导处教科室协同学术委员会、教研组评价教师学科教学和科研能力；德育处协同少先队大队部、年级组评价教师综合育人能力。最后，学校基于教师自我诊断发展需求和各类评价结果，形成教师专业成长综合画像，使评价指标分层化、评价结果可视化，有效指导教师思考下一阶段的发展方向。

四、教师校本发展的现实效益

目前科大实验附小的教师群体已经呈现出整体提升和分层分类、个性发展的良好生态。

（一）教师职业幸福感总体水平较高

根据每年问卷调查、谈话访谈获得的数据统计，全校教师对学校提供的发展支持和个人发展效果满意度较高：超过百分之九十五的教师认同学校教师专业发展方案；超过百分之八十五的教师能够在学校体验到职业幸福感，其中约百分之六十的教师经常能体验到职业幸福感，有较高的自我成就感、职业荣誉感、价值感。

（二）教师个人发展呈现多维差异性

自从学校实施“三态三能”教师专业发展实践以来，教师得到分层分类发展。截至 2022 年 1 月底，学校一百六十余名教师中有九十四人受到表彰，其中获省级荣誉称号四人，包括两名省特级教师和两名省级骨干教师；获市级荣誉称号十一人，包括市级学科带头人、市级教学名师、市级优秀班主任等；获区级荣誉称号七十九人，包括学科带头人、优秀青年教师、教坛新秀、优秀教育工作者、优秀班主任、优秀德育工作者等。

名优教师影响力彰显，积极发挥辐射带动作用。如四川省“寇忠泉小学音乐名师鼎兴工作室”辐射全省十多个州、市、县，研究成果“小学民歌教学法”被全国多地推广。寇忠泉、杨琳玲两位教师还是区级小学音乐和小学数学名师工作室领衔人，带领青年教师共同成长。学校另有二十七名学科骨干教师积极加入省、市、区名师工作室，在不同区域、不同学科领域绽放专业精彩。

成熟教师专业不断精进，紧扣学校美育特色，用项目式研修带领青年教师成长。目前学校已经组建起儿童文学教育、儿童教育戏剧、国际理解教育等特色工作坊十一个，青年教师参与率达百分之八十六。

青年教师在项目式共研活动中，不断革新教育理念、磨炼教育教学技艺、总结教育教学成果，催生出涉及美育文化理念、美育课程建设、学科美育方法、教师专业发展的省市区级课题二十项，获奖教育教学改革论文二百二十七篇，获奖课例六十九个。

（三）教师团队发展促进学校特色发展

教师作为学校教育的实施主力，是学校高质量发展的坚实基础。在“三态三能”教师发展实践中，科大实验附小教师专业发展成效为学校美育特色高质量发展筑稳根基。学校先后被评为“四川省美育实践基地”“四川省美育高质量协同实践基地”“成都市艺术特色学校”“成都市教育科研先进单位”等，学校美育品牌逐步彰显，社会满意度、美誉度逐日提升。

自开展“三态三能”教师美育专业发展新实践以来，学校教师专业发展取得了阶段性成效，尤其是回应学校“纯美教育”特色之需的教师审美素养大幅提升，为学校特色发展之路铺下了坚实路基。

要真正实现教师专业发展目标仍需要一个长期过程，今后我们还需与时俱进、不断超越，为学校教师专业化发展搭建更广阔的平台，走出一条具有美育特色的专业发展之路。

撰稿人：杨琳玲

编辑手记

教师是人类灵魂的工程师，是人类文明的传承者，承载着传播知识、传播思想、传播真理，塑造灵魂、塑造生命、塑造新人的时代重任。随着新时代基础教育高质量发展与改革的不断深入，现实教育迫切需要既精通专业知识又能够涵养德行的“四有”教师。电子科技大学实验中学附属小学从美育角度切入，聚焦“三态三能”教师美育专业发展的核心内容，不断向实现教师专业发展目标的征程迈进，具有很强的现实意义。

《全视界·教育》编辑部　李广越

日常质量管理促育人主阵地回归

——“双减”背景下学校教学常规管理体系建设

四川省教育科学研究院附属实验小学

“双减”政策对基础教育改革提出了新要求。学校作为教育主阵地，要准确把握国家政策走向，深化教育教学改革，建设高质量课堂和高质量教师团队，构建全流程作业管理体系，落实“家校社共育”，构筑多元课后服务体系，形成稳定有效的教学新样态。

从“微课有常”到“处变如常”，从学科教学到教育各个方面，四川省教育科学研究院附属实验小学（以下简称“省教科院附小”）始终将学生的日常规范、日常习惯置于学习的中心，以“日常就是最高标准”为理念，建构教学管理新样态。

一、日常管理改革一：微课有常——营造课程生态抓日常

学校以国家课程为纲，整合地方课程、校本课程、活动课程、实践课程，形成了基于核心素养、以“五育”融合为特色的学科课程结构。

在课程设置上，省教科院附小积极探寻“立体＋交融”的课程体系，以构建学科特色课程、学科实践活动为抓手，以融合课程、项目制教学为探究基础，充分整合线上线下学习资源，打破校内校外围墙壁垒，从课堂教学向体验式、项目式学习等新型方式拓展。

学校遵循“增减互补、总量守恒”原则，对基本课时之外的时段进行切割划分，充分利用学生每日在校时间，在常规课程之外，通过微课程关注学生的个性差异和长远发展，以微课程夯实基础、关注差异，形成微课程与常规课程之间有机互补的课程生态。

二、日常管理改革二：研修于常——夯实基础的备课日常

省教科院附小高度重视集体备课，将个人智慧转化为集体优势；重视教学进度的统一，保障教学质量整体提升。集体常规备课实行横纵双线并进，备课覆盖教学全过程。横向备课链条包括备学情、备教材、备育人价值、备学法、备作业、备评价六个环节；纵向备课链条包括备单元要素、备课堂建模、备信息化支撑、备作业、备评价五个环节。

制度化的集体备课解决了备教材、备学情、备资源、备作业等诸多校本教学的标准化、规范化问题，建构了以儿童立场为中心的“三段式”大课堂观基本课堂模式；明确了“预学—合作—巩固—运用”的基本教学流程，以及以学习导航、小组合作为主的基本课堂学习机制。

三、日常管理改革三：真实、真挚、真格的教研日常

学校大力推进校本教研工作，以“儿童发展”为出发点，采取集中研讨教研、行政走班教研、巡教走班教研、“微时微用”教研等多种方式，开展真实、真挚、真格的日常教研工作。

（一）集中研讨教研——沉浸式教研

各学科组在每周固定时间段开展“真融课堂”校本教研活动。活动由集体备课、专家引领、课例展示、量表观察、研课论课和巡课走班六部分组成，形成“确定问题、聚焦主题—专家引领、共同研讨—课例展示、课堂评议—反思重构、助力成长”的操作模式。

（二）行政走班教研——桌边教研、巡视教研

省教科院附小行政部门每月对各班教育教学工作进行视导，每月不定时安排行政干部走进各班级，对教师教育教学工作进行摸底。以行政桌边教研的形式，关注课堂教学、教学常规、学生表现；检查教学进度、教案、听课本、教研本，抽查学生作业批阅情况。桌边教研结束后，行政部门对该班教师的工作亮点及问题形成书面小结并及时反馈。

（三）巡教走班教研——巡教走班，一课一得

巡教走班教学模式能让各学科组教师更好地了解同年级各班情况，了解各学科教师的课堂教学风格、手段及策略，取长补短，及时调整、优化自己的教学。巡课走班也给教师提供了更多打磨精品课例、集众人智慧解决自己教学难题的机会，在反思和

重构中为学生提供更优质的课堂。

（四）“微时微用”教研——真问题，微教研

“微时微用”教研（简称“微教研”）是一种利用碎片化时间解决课堂中的实际问题，用时少、针对性强、及时有效的教研形式。在省教科院附小，语文、数学组每周在固定时间开展微教研，英语、美术、体育、科学组不定时开展微教研。如数学教研组通过微教研打磨当日及次日教学内容、教学重难点、作业设计等，细致深入到每道题的讲法、每个人每一次经验的总结……微教研与微课题紧密相连，最终实现微教研与微课题“双微驱动”；语文教研组则在微教研中关注五项基础性目标达成、五个课堂提档诀窍，细化组内课堂教学标准，引导教师观察学生最细微的日常，探索最高效的教学方式。

四、日常管理改革四：管理重常——“随机＋标准”的日常督促

“日常就是最高标准”，省教科院附小每日、每周、每月、每学期都对教学进行强化了管理。

每日：教师每天教授课程、批改作业、评价作业；教学服务中心每天进行教学常规巡视、课后服务巡视，监测课后辅导质量。

每周：每周一随机抽查教学常规；每周一发放作业统筹单；每周五统筹学科组集体研修的成果，督促教师进行课堂教学、作业设计的反思与优化。

每月：每月组织教学常规专项月考核，主要考核备课、教研、作业、课堂情况等；每月至少开展两次教学视导，采用行政桌边教研方式，专家包班指导；每月开展一次学科组建设问卷调查，进行过程追踪、情况统计、反思改进。教师每月进行作业追踪表、过程性评价表综合分析，与家长及时沟通学生学习情况。

每学期：学科组每学期进行一次评比考核，作业设计与评价占据相当大的比例。一线教师整合作业过程性评价及结果性评价，全面评价学生的综合素养。

五、日常管理改革五：处变如常——以不变应万变的日常准备

“双减”政策实施以来，学校积极回应家长焦虑、社会关切，让教育实现去应试化，回归素质化；去焦虑化，回归理性化；让学生全面发展，健康成长。

（一）“双减”背景下的家校社教育共同体建设

学校充分发挥教育的主阵地作用，广泛融合社会资源，充分利用校园空间，以项目式为主要推动方式，融合线上线下两种渠道，将家庭、学校、社区资源充分整合，

系统科学地助力孩子健康成长。

如“大家谈”活动，由学校邀请多个职业领域的代表走进学校，共议“双减”热点话题，共话高质量育人体系构建；研发周末线上“童萌悦读”课程，向学生传授基本阅读方法，根据学情设计个性研读单；每周一次的“童萌之声”广播站播读节目，“校园星主播”在教师的协助下，将学生的校内状态、知识积累、文明礼仪等内容，通过广播节目呈现。

（二）疫情期云端学校全方位成长

学校快速组建疫情防控工作小组，以精心编排的作息表让学生在居家隔离期间养成良好的生活习惯和学习习惯，为更好地衔接返校后的生活做准备。

每天早上八点五十至九点，语文、数学和英语教师在班级群发放当日学习任务卡、学习资源，保证上午的学习正常开展；每天下午两点五十至三点半是“五育”融合特色课程时间，学生每天学习一门融合课程。

处变不惊，一切如常。在省教科院附小，日常就是最高标准。

撰稿人：雷春、陈瑶、尚恩多

编辑手记

落实立德树人根本任务，管理育人是一个重要环节。提升学校管理育人成效，亟须把育人作为管理工作的出发点和落脚点，将管理育人理念渗透在管理工作的方方面面；坚持以学生为中心，设立行之有效的管理机制。四川省教育科学研究院附属实验小学从尊重学生、理解学生、关爱学生出发，以“管理”彰显教学改革的创新性与有效性，从“微课有常”“研修于常”“教研日常”“管理重常”“处变如常”五个方面入手，把规范管理的严格要求落实为春风化雨、润物无声的日常细节，强化科学管理对文化育人、课程育人、课堂育人的保障功能，切合时代发展所需。

《全视界·教育》编辑部　邹蜜

立德树人视域下的幼儿园“食育”实践

绵阳市机关幼儿园

基于现实困境，在立德树人视域下，绵阳市机关幼儿园（以下简称“幼儿园”）积极探索幼儿园“食育”课程实施路径和教育策略，以人为本，以食养德，以食养体，以食健体，以食知食，以食育美。

一、何谓“食育”

“食育”一词，最早见于《食物养生法》：“体育、智育、才育即是‘食育’。”法国启蒙思想家卢梭曾说：“教育的核心是怎样看待饮食……懂得餐桌上的食物是怎样来的和怎样做的。”我国学者陈景民、郑思思指出：“食育是指以食物为载体或中介的教育形态，它不但关涉儿童的营养健康，还关涉其健全人格的养成和文化的传承，并具有规范个体行为、密切家庭情感、促进经济发展等广泛的社会功能，被视为是智育、体育、德育的基础。”

二、为何要强调“食育”

2001年5月，教育部、卫生部联合颁布文件确定了“中国学生营养日”，让大众逐渐关注到青少年儿童的健康饮食问题。我们在实践中也发现了以下几点现实困境：

一是部分幼儿存在挑食、偏食等不良饮食习惯。从孩子入园时家长填写的健康饮食调查问卷中可以看到，部分孩子不吃苹果、不吃胡萝卜、不吃韭菜等。

二是部分幼儿对食物存在认知偏差。随着城市化进程的加快以及饮食结构的多元化，城市中“四体不勤、五谷不分”的成年人越来越多，孩子们更是缺少与食物的真实接触，不能分辨瓜果蔬菜，不知真正劳作过程中的辛苦。

三是部分幼儿对传统饮食文化存在认同危机。据统计，60%以上3～17岁的孩子每天都在吃零食，97.3%的孩子在吃反式脂肪食品，对中国传统饮食观念、饮食礼仪、饮食文化认知缺位。

四是部分幼儿存在肥胖、体弱等生长危机。我国第4次营养健康调查报告显示，全国6～17岁儿童青少年肥胖率10年间增长了1倍，达5300万人；我园近3年入园时肥胖儿、体弱儿的人数总体呈上升趋势，且存在两极分化。

3～6岁是建立良好饮食习惯与形成健康人格的关键时期，幼儿园开展“食育”已刻不容缓。

三、立德树人视域下的幼儿园“食育”探索

幼儿园深入理解立德树人这一教育根本任务，根植园所“鲜活灵动、生命之绿”的校园文化特色，积极探寻“自然本真、和谐生长”的“食育”策略。

（一）生态式“食耕”教育，以耕健体，以食耕知生长

充分利用幼儿园室内外环境，创设生态阳光棚、微型农科所、班级种植角，打造立体、多元的种植空间；在钢筋水泥筑成的城市之中，为孩子们打开一扇了解食物生长规律的大门。春种秋收让孩子们感受四季变换，将抽象的物候概念在菜地里变成日常的场景，丰富孩子们对食物的认知，让孩子们感受人与自然的和谐共生。

幼儿园追随孩子们的兴趣，引导孩子们亲身探知奥秘。如在活动“瓜瓜成长记”中，孩子们通过长期的学习和亲自照料，主动探知植物生长的奥秘，亲身体验从播种到收获带来的快乐，从而劳其体、健其身，丰富认知、收获体验。

（二）体验式“食作”教育，以作知食，以食作悟生活

将亲手采摘的食物制作成一道道美味佳肴，在端午节学着包粽子，在冬至试着包饺子……孩子们在探索食物制作的过程中，体悟自在生活的意义。孩子们亲手采摘、烹饪，现场售卖，在动手操作中，感知食物的颜色、味道、性状等，与食物建立真实的连接，增强对食物的辨别能力，萌发对食物的兴趣。让“食作”走进幼儿的一日生活，成为游戏的内容，生发真实的问题，成就了有价值的教育。

（三）科学式“食养”教育，以养健体，以食养助健康

幼儿园设立了“食育工作室”和“膳食管理委员会”，制订科学的膳食管理方案，全方位做好幼儿饮食健康管理。

一是合理膳食，制订“幼儿带量食谱”。“幼儿带量食谱”是一份为满足幼儿对能量和各种营养素的需要而编制的每周平衡膳食的科学配方，包括食物种类、数量、用餐时间及烹调方法。平衡膳食的科学配方能供给幼儿生长发育所需要的各种营养成分，

保证幼儿按比例摄入每日营养素，发挥各种食物的营养效能。

二是通过专业的营养分析软件，评估并优化食谱，为幼儿提供“全面、平衡、适量”的膳食配比。

三是精致养育，为特殊体质幼儿提供膳食管理。幼儿园根据世界卫生组织（WHO）儿童生长发育标准，定期测量特殊体质儿童身高、体重，并分析、评价其生长发育情况，提出相应护理措施；由食品安全管理员、保健医生、班级教师、幼儿家长组成的膳食管理小组，有针对性地定制个性化膳食、健康管理方案。

科学的管理、合理的膳食、精致的养育，增强了孩子们的健康意识，如过敏体质的幼儿会自觉拒绝含过敏源食材的餐食，肥胖儿也有了自觉加强锻炼的意愿。

（四）浸润式“食礼”教育，以礼育美，以食礼传承饮食文化

夫礼之初，始诸饮食。中国的传统饮食文化博大精深，幼儿园从懂礼、习礼、守礼、重礼 4 个方面来开展“食礼”教育。

懂礼：以读绘本故事、欣赏音乐、玩角色游戏等形式，营造温馨舒适的就餐环境。进行餐前菜品介绍，让幼儿感恩食物，提高幼儿的进餐兴趣，从而进行传统饮食习俗、饮食礼仪的思想启蒙。

习礼：将餐前洗手、自主分餐、餐后漱口等良好的饮食习惯落实在一日生活中，让幼儿慢慢习得。

守礼：做到家园一体，讨论制订文明进餐公约，如“细嚼慢咽”“安静进餐”“长者先，幼者后”“对饮食，勿择捡”“食适可，勿过择”等，将传统的饮食习惯符号化、仪式化，内化为个人素养。

重礼：植根传统文化，深入挖掘传统节日等的文化饮食内涵，让幼儿知晓清明食青团、端午食粽、中秋食月饼、过年食饺子、元宵食汤圆等习俗，实现传统文化与“食育”的融合。

四、对立德树人视域下幼儿园“食育”实践的反思

“自然本真·和谐生长”的“食育”实践，植根于幼儿园“鲜活灵动·生命之绿”的园所文化，得益于幼儿园“自然、生态、童趣”的游戏环境，生长于幼儿园“创造、探索、生成式”的课程理念。幼儿园多年的不断探索，产生了积极意义：一方面建构了幼儿园“食育”的实践路径，促进了幼儿对“食”的认知和情感，传承和发扬了中华民族传统的饮食文化；另一方面产生了广泛的辐射引领作用，案例在“成渝双城经济圈学前教育联合研讨会暨绵阳市幼教联盟幼儿健康优质案例评选活动”中荣获一等奖，并得以用网络直播的方式向对口帮扶、偏远山区的幼儿园进行主题分享。

幼儿园“自然本真·和谐生长”的“食育”实践，从泥土到食材，从食材到食物，从食物到“食育”，由“食”而达“育”，集德智体美劳于一体，让孩子们于生活中、于游戏里，探究“食”的本源，追寻生命的本真，和谐而灵动地生长。

撰稿人：冯萍、管小芸、安敏、贾朝霞、张碧玉

编辑手记

俗话说：民以食为天。而在“食育”的过程中，让幼儿参与其中，幼儿不仅能在饮食中收获营养，更能从劳作中体会乐趣、体悟生活，从礼仪中学习文化、形成素养。绵阳市机关幼儿园的“食育”实践真可谓是在一日生活环节中把立德树人做到了无微不至。《论语》中说“食不厌精，脍不厌细”，幼儿园不仅把这一原则用在了幼儿餐饮的准备上，也真正贯彻到了教育中，让文化的基因深植于一餐一饭，让立德树人的行动落实于一点一滴。

《教育科学论坛》编辑部　张文龙

坚守儿童立场的保教活动样式改革与实践

成都市第三幼儿园

一、问题的提出

在幼儿园保教活动中，儿童浪漫的主观世界与理性的客观世界、儿童价值与成人价值等之间关系的处理，是困扰指导教师的核心问题。

（一）“两个世界”的冲突

只关注理性的客观世界，容易使儿童的自主性发展——以自我依赖、自我控制、自我主张为典型表现——受到制约；而只关注儿童浪漫的主观世界则容易一味尊重儿童逻辑，又让幼儿园教育活动陷入尴尬的境地。最理想的幼儿园教育活动就是将两个世界进行融合，然而，现实的教育却往往遭遇两个世界的冲突，导致教师无所适从。

（二）活动中自由与秩序博弈的困境

如果教师将游戏、生活、学习等活动的权利还给儿童，让儿童按照自己的需求和方式进行活动，教师就可能面对“一放就乱，一收就僵”的困境。教师会发现：把活动自主权下放给孩子，每天需要“扑火”的情况就更多了。但如果教师选择重新回到统一安排，又会明显感受到儿童回到了“被控制”的死板状态。于是问题产生了，在活动中，教师实施什么样的保教策略给予儿童的才是“帮助”而不是“控制”?

（三）活动目标的确定性与儿童发展的可能性之间的矛盾

儿童有一百种语言、一百种方式、一百种想法，导致了活动中的一百种际遇、一百种节奏、一百种可能。充满“自主性”的儿童活动，有很强的随机性、生成性、个体性。以目标为导向的传统指导策略在这时显得很无力，需要思考和探究出一套更高级的保教策略。

二、对幼儿园保教活动样式的新认识

保教包含保育和教育，即保护和育人两层含义。传统的保教是“保育＋教育”，更多的是形式上的结合。成都市第三幼儿园（以下简称“三幼”）对保教的内涵和价值进行了更深入的拓展，对保教样式进行了重新审视。

保育，不仅是生活护理和安全保护，还包括对儿童心理和精神层面、生命动力萌芽的保护。

教育，通过回应与支持，唤起儿童的内在动机，促进儿童自然生长。

保教，是支持儿童切实感受到“我可以、我能行”的生命能动性存在的活动，支持儿童自由地探索世界，形成对世界初步、整体的感知，支持教师以更高级的主导方式来匹配儿童更高级的活动样式。

三、幼儿园一日保教活动中的四种主要形态及策略

幼儿园主要是通过一日生活与游戏活动来实现育人的。三幼把幼儿园一日生活与游戏活动分为“我的游戏我做主”“我的生活我打理”“我的项目我搞定”“我的学习我负责”四种主要形态，并探索出了实践中相应的教育策略。

（一）自发游戏活动保教策略——“我的游戏我做主”

教师要自觉地守护幼儿在游戏活动中的自主自发权利，让幼儿在游戏中感受到精神的自由和自己掌控局势的能力，感受到自己生命能量的存在；为幼儿提供安全、丰富的环境；尊重幼儿的“自我依赖、自我主张、自我控制”。总之，幼儿的游戏活动不受限于教师的教育设定，教师只需服务于幼儿自己的游戏情境。

（二）生活事项活动中的教师指导策略——“我的生活我打理”

生活事项活动包含了幼儿在园期间照料自己生活的所有事项，是教师开展教育的重要资源。幼儿是生活的主人，生活事项是幼儿学习的资源，是幼儿应答环境的对象，生活事项活动具有整体性和连续性。教师要通过“我的生活我打理”培养幼儿的自立意识和能力。

（三）项目伙伴活动保教策略——“我的项目我搞定”

活动的内容由教师和幼儿共同讨论发起，幼儿根据自己的兴趣、需要自主选择项目活动。过程中，幼儿围绕自己感兴趣的内容一起制订项目任务，并根据任务进行讨论、探索，最终完成项目。

（四）集体教育活动中的教师指导策略——“我的学习我负责”

集体教育活动与其他三类活动相互配合，共同构成幼儿园一日生活。三幼通过开展集教活动来解决班级幼儿在一日生活或游戏中存在的共性问题，从克服教师“过度教”的状况入手，衍化出幼儿自主与教师主导间的双向互动的集体教育活动样式。

四、结语

通过探索实践，教师对儿童生命的尊重已经被深深唤起，儿童自主性发展的价值和意义已经得到教师群体的广泛认可，幼儿自主活动在三幼不断生长、扩展、迭代。幼儿园保教活动不再是约束幼儿奔跑的跑道，而是成为跑的过程自身；活动不再只是教育情境之外的知识文本，而是师幼在教育情境中生成和共同建构的一系列事件；学习不再只是记忆，更是理解和创造的过程；师幼关系不再只是“授”与“受”的关系，而是交互主体关系；教师不再只是活动的实施者，而是生成者、创造者和建构者；幼儿不再是活动的受体，而是活动的主体。

编辑手记

成都市第三幼儿园开展的坚守儿童立场的保教活动改革实践，探讨了教师如何把保教活动转化为儿童喜欢、接受的“我的游戏我做主”“我的生活我打理”“我的项目我搞定”“我的学习我负责”的实施形态，做到了润物细无声地立德树人，充分显示了幼儿教师的教育科研水平，值得同行借鉴和学习。

内江师范学院　陈理宣

“小小班”照亮孩子舒展个性的学习空间

广元市利州区范家小学

一、“教师中心”论抑制了孩子健康人格养成

当下，小学教学还一直没有完全摆脱“教师中心”论的束缚，学生的学习往往严格遵照教师对学习进度、学习任务、学习方式的安排进行。这种被动参与的学习方式，使学生很难感受到思想的自由、学习的成就和学习的快乐。这对于那些性格机灵活泼、好奇好胜、乐于自己做主的学生来说，无疑是一种煎熬和束缚。这种传统的教学方式，致使学生过于依赖教师，压抑着学生的个性，影响着学生创新性、创造力的发挥和人生发展，也严重影响着学生健康性格的形成。

小学生内心细腻而敏感，教师对待学生的不平等，可能会使学生认为社会或生活不平等，因而无法获得内心的平衡，影响其对学习的正确认识。因此，小学教师除了对学生一视同仁，还要采用巧妙的方法对学生进行及时提醒和警示，通过委婉的、中肯的、不带有个人情绪的话语，对学生进行耐心开导和帮助，让学生的学习更快乐。遇到学生犯错，教师要能够做到在不伤害学生自尊的同时，对学生进行正确的指导，不让学生因为教师的话语不当而受到打击，而是让学生在挫折中正向思考，获得克服困难的自信。当教师在教学中能始终让学生感受到来自教师的关注，学生的性格就会在愉悦中更健康、更自信，从而增强学习动力。

二、开展“小小班”教学，满足学生个性化学习需要

作为一所渐渐引起国内同行关注的农村小学，广元市利州区范家小学（以下简称“范家小学”）在农村学校危机四伏的背景下，尝试深挖“小小班”教学模式的潜力，从理解儿童学习特性和心理特征入手，在教学中时时处处注重培养学生良好的品格。

“小小班”并不因为人少而陷入死气沉沉的状态，相反却是一个更加有潜力的学习

整体。由于人数少（十人左右），教师与学生的空间距离在两米左右，教师可关注到每一个学生的学习状态。

“小小班”课堂气氛异常活跃，每堂课上每一个学生都有充分发表自己观点的机会，有效提高了学生的思考、表达能力。教师也真正做到了根据每一个学生的个性、爱好和性格特征展开教学，大大提高了教学的针对性、实效性，使因材施教落到了实处。比如，在教学一个单元的时候，教师总会带着学生先一起浏览本单元的学习内容，再根据他们自己的学习需求制订学习计划；教师会根据学生个人制订的学习计划和进度提供所需的资料、咨询和指导；先学完的学生，在通过能力水平测试后，可以自由玩耍、阅读或画画；对学得慢的学生或学习有困难的学生，教师会抽出充足的时间和精力给予指导——在“小小班”上，每一个学生都会体验到完成独立学习任务后的快乐，从而为孩子们健康自信的良好品格成长打下基础。

三、保护学生的学习自主权，让学生舒展个性

“小小班”把学习的自主权还给学生，并明确了每一个学生都有自由选择学习方式的权利。比如，学生有向任何人提问的权利，有跟教师、同学交流、讨论、争辩的权利；学生有自主安排学习进度与学习任务的权利；学生有适当休息和玩耍的权利；学生在学习权利遭遇侵犯的时候，有向教师、学校分管领导和校长申诉的权利；教学中，学生有在课后、课外学习的权利，也有在课前学习的权利；学生有在任意时间咨询教师或在教师引导下独立思考的权利，也有在教师提供学习资料的前提下自由选择空间独立学习的权利。

“小小班”把学习的自主权还给学生，使每一位学生感觉到学习是快乐的、有趣的，更在日积月累中，让孩子们的个性得到尊重，在舒展的环境中获得积极的、健康的、主动的发展。

四、“好玩的课堂”，让成绩提升、成长愉快

根据儿童的学习特性，“小小班”确立了“好玩的课堂”这个教学理念，保护了学生学习的原动力。

在教学中，教师通过对“做、学、讲”三种教学方式的运用，让学生获得多种学习体验，探索教材蕴含的魅力，让学生真正成为学习的主人。比如，让学生根据教师设计的学习过程展开自主学习，学完之后讲一讲自己是怎么学会的，学习过程中有什么新的发现。教师有时候也组织学生把自己所学的知识运用于生活实践。如在五年级学习立方单位计算的时候，教师安排学生计算学校二十个花台需要多少石材、多少泥

土，让学生体会到知识与生活之间的联系，使学生学习动力更强，更有兴趣，更舒心愉悦。

同时，乡村学校有广阔的空间，村庄和大自然也是孩子获取知识的广阔天地，也是“小小班”里最宽阔的课堂。学校教学计划中规定：每周三下午，所有年级开设两节乡土课，教师和学生一起走进社区，调查搜集快要失传的童谣和村庄遗迹，了解村委会是如何为村民服务的、家乡的野果有多少种类、家乡的水电站是如何发电的，等等。在这个教学过程中，学生需要自己去调查、探寻，跟村里的爷爷奶奶、叔叔阿姨去交流。遇到难题时，学生自己联系村里的“土专家”获取指导。每节课，教师都会指导学生对收集到的资料进行核查整理，让学生在班级中向大家展示出来，接受大家的提问。这不仅让学生读懂了“有文字的书”，更让学生读懂了“没有文字的书”——生活，还提升了学生的沟通协调能力，分析问题和解决问题的能力，团队领导能力，自我认知与定位的能力等，有效提升了学生的综合素养。

通过“小小班”教学，学校体会到：“小小班”教学的过程就是教师和学生共同学习、探索进步的过程。在这一过程中，教师既是学生的良师，又是学生的益友，通过带领学生学习各种生活知识，开阔学生的眼界，让他们懂得积极生活、积极学习的意义，更养成了他们无惧困难、勇于探索、积极交流、充分表达的品格。而这种品格的养成，才是教育中最宝贵的收获。

撰稿人：张平原、苏莉

编辑手记

教育在本质上是对学生的主体意识进行培养的过程，只有能够激发学生进行自我教育、自我成长的教育，才是真正优质的教育，才能把填鸭式的“要我学”教学变成求知若渴的“我要学”教学。广元市利州区范家小学的“小小班”教学，将班级人数控制在十人左右，拉近师生距离，精细化开展自主教学活动，满足了学生的个性学习需求，拓展了学生的自我教育空间。值得一提的是，该校将广阔的乡村空间作为大课堂，利用了乡村学校的天然优势和独特资源，使得学生亲近自然、熟悉大地、热爱家乡。广元市利州区范家小学作为一所渐渐引起国内同行关注的农村小学，打出了一张漂亮的优秀乡村教育示范牌。

四川教育出版社　李萌芽

协同育人篇

《中共中央关于制定国民经济和社会发展第十四个五年规划和二〇三五年远景目标的建议》提出，“健全学校家庭社会协同育人机制”，在完善立德树人体制机制上积极探索更好方式，在学校、家庭、社区和社会各方面汇集更大合力。推进“五育”并举，培养德智体美劳全面发展的社会主义接班人，仅仅依靠学校这座“孤岛”是不可能完成的。培养学生综合素养，需要让学生在课堂上感知，在实践中锻炼，在文化中浸润，在生活中感悟，在潜移默化中成长。因此，整合多种教育资源，建立协同育人机制，落实立德树人根本任务，成为深化教育改革的时代需要。

本篇摘选的10个协同育人典型案例中，与心理健康教育相关的有3个，讲述通过整合心理健康行政管理、教师专业队伍以及德育工作、学科教师、家庭教育等各方面的教育要素，形成心理健康协同育人机制。与家庭教育相关的有3个，讲述通过建立区域层面家庭教育指导机制，加强学校教育与家庭教育的互动，提高家庭教育指导水平，实现家庭教育与学校教育协同育人。以诗歌赏析、劳动教育、财经素养等特殊课程为载体的有3个，讲述从大教育观出发，把不同学段、不同学科、不同场域的社会教育资源引入课程，构建综合沉浸式协同育人机制。以学区建设整体推进的有1个，讲述通过区域教育规划顶层设计，实现学区教育资源共建共享，整体提升区域教育水平，推进基础教育优质均衡发展，实现区域教育协同育人。

区域协同推进的新时代劳动教育的纳溪实践

泸州市纳溪区教育和体育局　泸州市纳溪区教育科学研究中心
泸州市纳溪区区域协同推进新时代劳动教育成果组

泸州市纳溪区从2010年4月开始，聚焦立德树人根本任务，针对劳动教育“时代特色不明显、实施路径单一、育人价值不突出”等问题，区域协同推进“时代特色鲜明、育人价值突出、推进路径多样、推进方式灵活、推进主体多元”的新时代劳动教育。2021年5月，纳溪区成功申报为全国中小学劳动教育实验区。

一、主要举措

纳溪区整合党政、学校、家庭、社会等多方面力量，整合传统劳育、研学劳育、科创劳育和课堂劳育等多个实施路径，初步形成了“一核一体两翼”的区域协同推进的新时代劳动教育实践体系。

（一）一核：区域协同推进的新时代劳动教育的育人目标

区域协同推进的新时代劳动教育的根本目标在于育人，这是出发点和归宿。一是要充分发挥劳动教育在提升学生综合素质、培养学生核心素养方面的特殊价值；二是要充分发挥劳动教育在培养学生正确劳动价值取向方面的重要作用，引导学生树立正确的劳动观，崇尚劳动、尊重劳动，增强对劳动人民的感情；三是充分发挥劳动教育在培养学生劳动技能、生产生活本领方面的重要作用，培养能够适应未来生产生活的社会主义建设者和接班人。

（二）一体：区域协同推进的新时代劳动教育的路径与要素

1. 四路径

四条路径包括传统劳育、研学劳育、科创劳育和课堂劳育。它们各有侧重，协同推进，既包含生活劳动、生产劳动教育，又包含服务性劳动、研究性劳动、创造性劳动教育，还包含劳动价值观、劳动精神的教育。

2. 五要素

（1）开发纲要指南

根据国家相关政策文件、国家课程标准、学生综合素质发展需要以及区域实际，纳溪区先后编制了《纳溪区劳动教育指导纲要》《纳溪区研学旅行实施指南》《纳溪区“育本”课堂实施指南》等相关文件，为区域协同推进的新时代劳动教育提供了基本参考和依据。

（2）完善基地网络

一是构建传统劳动教育基地网络。成功打造了国家级示范性综合实践基地——太山实践基地，作为劳动教育核心基地；区教体局印发《关于切实加强学校劳动实践基地建设的实施意见》，明确要求每所学校建立一个劳动教育基地。

二是打造研学劳动教育基地网络。成功打造红色、绿色、特色“三色”品牌线路四条。2020 年，纳溪区百年护国城研学基地、纳溪区太山研学基地、四川瀚源有机茶业研学实践基地、龙洄庄园、梦里水乡五个基地获批四川省“首批试点研学旅行基地”。

三是打造科创劳动教育基地网络。打造科技创新体验中心、学习中心和创客中心等科创劳育教育基地，并结合各地乡村少年宫，常态化开展科创劳动教育活动。

（3）建构课程体系

一是完善传统劳育课程体系。区教体局组织专家和一线优秀教师开发区域传统劳动教育校本课程——“四育”之旅；各学校结合本校教师特长、周边基地条件和学校地域特色，开发劳动教育校本课程；各基地开发富有地域特色和产业特点，涵盖基本生活劳动和生产劳动的传统劳育课程。

二是构建研学劳育课程体系。各研学劳动基地充分挖掘基地资源，构建绿色、红色、特色“三色”研学劳育课程体系。

三是开发科创劳育课程体系。纳溪区科技创新线路以科技体验中心为龙头，开发了前沿科技、科学探奥、基础科学、低碳环保、虚拟世界、DIY 手工六类近五十门课程。

四是在学科课程中挖掘融合劳育课程。2019 年以来，在学习重庆北碚区“五育并举、全息育人”等教学改革成果的基础上，纳溪区区域推进“育本课堂”教育改革，明确将“五育”融合作为学科教学的基本要求，在学科课程中挖掘融合劳动价值、劳动理念、劳动实践等劳动教育元素。

（4）建立活动体系

一是区域劳动教育活动常态开展。由区教体局统筹规划全区中小学区级劳动教育实践活动，做到时间、地点、人员、主题“四落实”。2020年秋期，全区有三十二所学校的一万名学生参加研学劳动八十七次。

二是校本劳动教育活动定期开展。由区教体局负责推进劳动教育进课堂，明确中小学每周劳动教育不得少于一课时，纳入学校课程常态化开展，并定期开展督查。

三是特色劳动教育活动适时开展。结合植树节、劳动节、丰收节、重阳节等节日，要求学生在家长的指导下，适时开展劳动教育活动。同时，纳溪区将研学、信息技术、科创等元素融入劳动教育活动之中，实现其与劳动教育在活动层面的协同推进。

（5）完善评价体系

一是用好区级评价。区教体局制订了《泸州市纳溪区中小学教育教学质量监测及评估方案》《纳溪区中小学生综合素质“10A＋”评价制度》，将劳动教育纳入学校和学生评价指标。二是用好校地评价。建立学校和基地互评制度，学校对基地的场地建设、课程设置、过程管理、活动效果等进行满意度测评；基地对学校师生的活动准备、活动配合、活动表现等进行评价。三是用好年终考评。年底，区教体局邀请各机构和学校、家长代表对基地进行年度考核。四是用好过程评价。采用学生自评、小组互评、教师总评等多元评价方式评价学生参与劳动教育活动的情况，并将结果列入个人成长档案。

（三）两翼：区域协同推进的新时代劳动教育的策略和保障

1. 推进四策略

一是“行政线＋业务线”双线推进。区教体局负责从行政上统筹规划全区中小学各项劳动教育实践活动，确保劳动教育的落地；区教科中心负责从业务上指导各项劳动教育实践，打磨精品劳动教育课程，确保劳动教育的品质。二是党政、学校、家庭、社会多元协同。如在政策支撑上，由区委办、区府办出台相关文件；在经费开支上，采取合理引导家长分担车费、生活费的办法；在安全保障上，采取家长志愿者协助的办法。三是借智借力。纳溪区先后邀请了四川省教育科学研究院、四川师范大学、成都师范学院、深圳创新教育等单位、部门和团队的二十多位各级领导和专家，为区域推进新时代劳动教育问诊把脉。四是研训引领。以“一个国家级课题、两个省级课题、一个市社科联课题、一个四川省政府普教一等奖成果”等为引领，以全区各学校申报的二十余个市区级相关子课题为补充，促进劳动教育科学化发展。

2. 推进四保障

一是组织保障。成立由区委、区府主要领导任指挥长的领导小组，区委办、区府办出台文件，积极推进新时代劳动教育的开展。二是经费保障。区财政每年安排近百万元，确保区内学生劳动教育活动顺利开展；每年安排十至三十万元，对优秀基地进行奖补；与市电大合作，争取活动资金近三百五十万元；同时引导家长合理分担孩子参加劳动教育的车费、生活费等。三是安全保障。建立部门联防联控机制，文旅、公安、交通、市场监督、应急部门等部门积极履职，为活动的交通、场地、食品等提供保障。四是师资保障。着力构建以劳动教育专职骨干教师为主力军，兼职教师、社会能人为生力军的师资队伍。目前，全区劳动教育专职骨干教师已达三百零五名，兼职教师千余人，匠人团队五十多个。

二、主要成效

十年坚守，给区域协同推进的新时代劳动教育带来了良好成效。

一是育人效果明显。十年来，参与纳溪区劳动教育的师生家长达四十万余人次（其中接待区外师生近五万人次）。

二是影响不断扩大。纳溪区先后受邀在“第十届全国中小学名校校长高端研修班”等国家级、省级平台交流十余次；《人民日报》《中国教育报》等百余家教育媒体对纳溪区劳动教育进行了宣传报道。2020 年 12 月 25 日，纳溪区教体局主要领导在四川省基础教育现场会上，作了题为“坚守劳动教育，静待‘五育’花开”的交流发言。2020 年 9 月，纳溪区太山综合实践基地实践成果《稻田里的“第一课”》在《人民日报》、四川卫视、《四川农业日报》、视觉四川等媒体上相继发布。

下一步，纳溪区将以推进“全国中小学劳动教育实验区”建设为契机，进一步做好新时代劳动教育这篇大文章，充分发挥新时代劳动教育在引领“五育”并举、培养学生全面发展综合素质方面的重要作用，努力拓展新时代劳动教育的广度、深度和高度，为全面加强新时代中小学劳动教育贡献更多的纳溪智慧。

撰稿人：罗太林、李淑玲、曹昌平

编辑手记

区域协同推进的新时代劳动教育是“问题驱动、持续探索”的结果。泸州市纳溪区聚焦立德树人根本任务，针对劳动教育“时代特色不明显、实施路径单一、育人价值不突出”等问题，整合党政、学校、家庭、社会等多方面力量，尝试传统劳育、研学劳育、科创劳育和课堂劳育等多个实施路径，总结出区域协同推进新时代劳动教育的实践路径，并取得了良好的育人效果。

四川省教育融媒体中心　陈敬

以美启德 铸魂育人

成都市教育科学研究院　成都七中八一学校　成都市树德中学

小学、初中、高中、大学阶段的语文教学在培育审美素养、落实立德树人根本任务方面，应该如何前后贯通，形成合力？基于此，成都市教育科学研究院联合杜甫草堂博物馆、四川大学、成都七中实验学校等单位，成立了诗歌教学联盟，整合专家、家长、学校和社会资源，将课堂搬进杜甫草堂，小学、初中、高中和大学教师同教杜甫的《登高》（以下简称“杜诗《登高》”），探索融通教研和协同育人的实现路径，丰富了立德树人的学科实施路径。

一、立德树人：大中小学诗歌审美教育的共同指向

（一）大中小学教学杜诗《登高》的缘起

《义务教育语文课程标准（2022 年版）》以及《普通高中语文课程标准（2017 年版 2020 年修订）》都提出要“培养自觉的审美意识和高尚的审美情趣，培养审美感知和创造表现的能力”。反观当下的语文教学实践，对学生的审美素养培育尚存在明显问题。不少学生对审美价值的认知肤浅或者存在偏差，审美感受力弱，审美鉴赏和创造能力不足；部分教师对在语文教学活动中培育审美素养的重要性认识不够，对在美育中落实立德树人的路径认识不清。

诗歌集智育、德育、美育价值于一体，尤其是杜甫的诗歌，融深厚的家国情怀、坚定的人民立场以及朴质良善的心性于炉火纯青的诗歌技艺之中，是落实立德树人任务的优秀载体。诗歌教学联盟举行“在杜甫草堂讲杜诗”活动，小学、初中、高中、大学均开展杜诗《登高》教学，把提升学生审美素养、落实立德树人根本任务作为教学目标，产生了强烈的反响。

（二）大中小学教学杜诗《登高》的概况

成都七中实验学校小学教师梁愿在教学时，先教学生们认识字词，然后确定诗句节奏，引导学生反复诵读，读出诗歌的节奏。梁老师还引导学生由读者身份转换为作者身份，设身处地去体会诗人的爱国忧国心境，尝试进入审美境界，进而感受杜甫崇高的道德境界。

西川实验中学初中教师向峰用“登高之旨，盖睹物兴情”开启审美之旅。他引导学生从视角的变化探究杜甫在诗中如何描写景物，着重分析“落木”与“落叶”的审美区别，通过诗句品析、背景材料分享，引导学生体会彼时彼地诗人的复杂心境和深厚情感，体悟“以我观物”的审美路径。

成都七中实验学校高中教师马振伟紧扣探究“梁启超赞杜甫为‘写情圣手’，这一评价合理吗”这一问题的中心任务，通过从“写情”之“情”到“圣手”之“圣”的分析，引领学生从印证式思维走向审辨式思维；分析诗中丰富意象，领悟诗歌蕴含的爱国情怀，引领学生走向深度审美和理性品鉴；从“专家评杜甫”到“我（们）评杜甫”，引领学生勇于给出“我”的审美评价，激活了审美主体的创造力。

四川大学王红教授以“对于经典诗词越熟悉却越找不到审美感觉”这一困惑激发学生的思考，随后用四个问题串联整堂课，以富含思想启迪价值的话语升华审美体验：“我们自己的一生也应该留下或大或小的‘刻痕’——我来过，我活过，我努力奋斗过。文学艺术与生命的价值就是要在历史长河中留下这样不灭的精神印记。”

二、以学定教：大中小学诗歌审美教育的素养进阶逻辑

审美素养培育应立足不同学段学生特点，顺应从感性向理性发展、从低阶思维向高级思维发展、从语感体察向语理把握发展的成长规律，做到以生为本、因材施教、循序渐进。前述四位教师在杜诗《登高》教学中，就体现了小学重视诵读，初中偏重感性，高中将感性与理性结合，大学偏重理性的特点。

（一）小学，以读为主

小学生接触的杜诗较少，且多为闲适愉悦之作。梁老师重视理解文意对于审美想象和审美发现的基础性作用，按照“读通诗歌—读出节奏—读懂诗意”的逻辑推进，通过感知性朗读和具身性想象引导学生进入审美世界，感受阅读的乐趣。

（二）初中，以感性为主

初中生具备一定的杜诗学习经验。向老师将《望岳》和《登高》进行比读，通过青年的凌云壮志反观暮年的失意潦倒，比较刚劲锐气和雄浑悲壮两种审美风格，引导

学生关注诗中景物的审美特质，然后以“何种处境”为支架还原情境，通过“生出何情”将个人悲苦与家国情怀关联，借助名家评价将已有的审美认知导向更深境界。

（三）高中，感性与理性结合

高中生学过多首杜甫晚年的诗作，对于意象、意境的概念与内涵已有一定认知。马老师注重对语言的咀嚼品鉴，引导学生通过对“写情圣手”的审辨分析，细读文本，把握“沉郁顿挫”的艺术美，体会心忧天下、胸怀社稷的人格美；启发学生表达自己独特的审美见解，阐发自己对中华优秀传统文化的体悟。

（四）大学，以理性为主

王红教授采用大学授课方式对高中生进行文学审美的学术引领，带领高中生基于对文学语言的细腻感受体会《登高》的独特魅力，探析本诗情感表达的特殊之处；强调美的敏感度对于审美主体的重要性，以及打破标准答案束缚对于审美素养的必要性；教学注重审美的个性化，引领学生在争论中学习做学问。

三、以美启德：大中小学语文课程贯通的审美教育策略

大中小学语文教学自有其课程体系、教学方法和评价标准，但学生在素养提升和人格成长上应具有贯通性，各学段要围绕立德树人根本任务，协同推进，前后连贯，形成合力。要想解决不同学段的衔接问题，应以人发展的连续性、知识的渐进性和环境的统一性为出发点，积极探索教育衔接的模式，扩大衔接空间，创新衔接途径，提升衔接效能。

（一）审美感知和体验策略

1. 文本细读和知人论世结合策略

学生经由语言文字进入审美，在文本细读中充分感知和体验语言文字所承载的思想内容之美，咂摸语言文字运用之妙。准确理解文本，是审美感知和体验的有力保障。按照文本细读理论，文本解读应该立足于文本自足的世界，追求内证圆融和逻辑自洽；而知人论世强调作品和时代、作品和作者之间的联系以及意义融通。文本细读和知人论世二者相辅相成。

2. 融入情感的诵读和想象策略

审美感受包括了感知、想象、理解、情感多种因素的交错融合。诗歌审美，诵读是基础。基于对文本的理解，以声传情，其实也是一个不断调整心灵频率，和诗人达成生命共鸣的过程。想象贯穿整个审美鉴赏过程，不仅需要还原性想象，将文本空白处、跳跃处、变形处进行还原；还需要创造性想象，加入自己的独特思考对文本进行

填充、着色。

3. “字理—语理—文理”进阶策略

审美感知体验，不能停留于随机、混沌的状态，而应有据可查，有路可循，走进文本深处。通过对字理、语理、文理的分析，发现文本潜藏的内涵，探察诗人的创作心理及其所处的社会文化。在听说读写的基础上，进入字理探析，培养对语言的敏感度。基于语感进入语理，在语法分析、语义关联的基础上知其所以然，领会语言文字的内在机理和深层意蕴。在内容感知、意脉梳理、多维分析之上纵横联系，融会贯通，探究文本的独特价值。

（二）审美鉴赏和评价策略

1. 基于意象构建意境的生成策略

中国古典诗歌多用意象抒情，对意象、意境的把握是深入鉴赏的基础。教师应引导学生在具体的语言情景中，品味“象”蕴含的“意味”，探求“言外之意”，继而形成整体性的审美感受。

2. 立足同理心的情感共鸣策略

审美体验的关键在于同理心。情对情的触动，人对人的感染，是审美的一个重点。对于学生来说，诗歌审美鉴赏的困难，不仅在于方法、能力的不足，更在于情感的隔膜让文字无法鲜活起来。因此强调审美鉴赏中的共鸣，既是达成深度审美的必要条件，又有利于学生心灵的滋养。

3. 感性和理性相结合的认知策略

审美鉴赏要从感性走向理性，最终达到感性和理性、形象思维和逻辑思维的融汇互促。学生需要储备鉴赏评价知识，如杜诗“沉郁顿挫、深刻悲壮、磅礴气势却严格规范在工整的音律对仗之中”，若无音韵学等相关知识或经验，就不能深入体会杜诗之美。拥有必要的文学史、文化史知识，有助于学生在历史时空坐标中体认诗歌的价值。更重要的是，要激活和强化学生的主体意识、理性意识，培养其思辨力和创造力。

（三）审美创造和表现策略

审美创造和表现具有个性化、多元化等特点。在美育活动中尊重与发展个体的审美个性，不只是一种教学策略，而且是一个教育教学的目标；不只是一种权宜之计，而且是促进个体审美发展的重要方法论原则。教师应尊重学生的差异，营造平等对话的氛围，鼓励学生树立信心，引导学生激活原初感受，从自发的审美体验走向自觉的审美创造，通过朗诵、吟诵、言说、表演、绘制、展示等多种方式表现个人的审美感受和见解。

本次“在杜甫草堂讲杜诗”大中小贯通教学实践活动的直播观看人数达两万余人，

活动被多家媒体报道、转载，产生了持续而深远的影响。正如成都七中副校长、成都冠城实验学校校长毛道生对本次活动的点评："阅杜诗，读人生，铸国魂，育新人。"共同的育人目标、共通的育人脉络、共生的育人结构是贯通式教学实践得以生长的根基，而走向生命共同体成长的教育则是我们努力的方向。在协同育人、立德树人的道路上，大中小贯通教学实践当有所作为，而且大有可为。

撰稿人：袁文、寇凯华、王华美

编辑手记

每一个生命个体在精神成长中，都要重复祖先经历的过程，这个重复的过程，可以通过阅读来实现。一个人的精神发育史就是他的阅读史。阅读贯穿一个人成长的每一个阶段，但并不是每一个人都知道怎样阅读。本案例整合专家资源、家长资源、学校资源和社会资源，将课堂搬进杜甫草堂。四位教师分别从小学、初中、高中不同学段的阅读要求出发，引导学生阅读杜甫的诗歌《登高》，实现引用立德树人的共同价值取向、以学定教的素养进阶逻辑、以美启德的教育策略的协同育人。探索融通教研和协同育人的实现路径，丰富了立德树人的学科实施路径。

成都市郫都区教育局　王朝贤

德心融合 全域共享 构建社会心理服务体系

成都市教育科学研究院　成都市双流区教育科学研究院

自2012年以来，成都市教育科学研究院在成都市教育局的指导下，以落实立德树人根本任务为导向，围绕“全国中小学心理健康教育示范区”建设，秉承“以人为本、育人健心”的理念，为推动成都市全市心理健康教育高位优质发展，整合全市心理教育资源，通过开展中高考考前心理辅导送教活动，送培结合，有效地促进了全市心理健康教育的均衡化发展。

一、基本情况分析

（一）成都市中高考考生情况

成都市每年近二十万考生及其家长在面对中高考时，常出现考试焦虑、紧张等心理现象。为此，成都市教育局作为教育行政部门有责任提供必要的指导和服务。

（二）成都市心理健康教育工作情况

近年来成都市在落实立德树人根本任务，全面深化“全国中小学心理健康教育示范区”建设中，通过四类课程建设、ABC三级心理辅导员培养、三级心理维护立体网络建设、三级预防机制建立、心理健康教育特色学校的创建等多项举措，加强师生心理健康服务，健全心理健康教育服务体系。成都市各区市县对心理健康教育的重视程度逐年提高。

当前，成都市还面临着以下问题：一是中心城区和郊区学校在心理健康教育理念、师资配备等方面差异较大，发展不均衡；二是心理健康教育专职教师队伍不够稳定，各区（市）县专职教师的人数存在较大差异；三是“家庭、学校、社会”协作机制尚未完全形成合力；四是在学校心理健康教育工作中，多样化需求未得到满足。

二、目标定位

（一）帮助学生顺利应考

通过开展考前心理辅导活动，指导学校有效备考，引导家长科学伴考，在学校、家庭中营造良好的教育氛围，给广大考生提供科学的指导和积极的心理支持。

（二）促进全市心育工作均衡发展

整合全市资源，采取“特色区县＋薄弱区县”“中心城区＋农村学校”“特色活动＋定制需求”等方式推动考前心理送教活动。加强成都市心理健康教育资源整合、业务指导、区域推进等功能建设，促进全市心育工作均衡发展。

（三）构建全市社会心理服务体系

构建教师心理健康关护机制，提升教师职业幸福感；优化家校社协同发展机制，形成全社会关心支持心理健康教育的合力，构建全市社会心理服务体系。

三、典型经验

十年来，成都市通过“行政主导＋专业助阵”的策略，通过“标准配餐＋个性点餐”的措施，按照“送培结合＋研训一体”的思路，开发了“角色＋特点＋类型”的考前心理送教课程菜单，开展了以考前心理送教为特色的系列活动，有效地整合了全市心育资源，帮助学生及家长顺利备考，促进全市心育工作均衡发展，构建起全市社会心理服务体系。

（一）“行政主导＋专业助阵”

1. 建立机制，设立专项经费

成都市教育局划拨专项工作经费，专门用于每年的中高考考前送教以及“5・25”心理健康教育宣传日活动，并形成了在市域范围内开展心理健康教育的长效工作机制，促进工作长效开展。

2. 项目制实施，常规化开展

成都市教育局以专项项目的形式启动了中高考考前心理送教活动。如今，活动已成为成都市心理健康教育的常规化重要工作内容之一。

3. 调研供需，整合市域教育专业资源

成都市教育科学研究院、成都市中小学心理健康教育指导委员会每年在全市范围内发放“中高考考前心理送教调研表”，一方面征集需求，另一方面征集有送教能力的区县和成员组成送教团队，让真正有能力和意愿的送教队伍把课程送到真正有需求的地方去。

（二）“标准配餐＋个性点餐”

1. 分角色定制标准餐

十年来，成都市考前心理送教从重点针对学生逐步拓展到教师、家长等，并针对不同对象订制了送教活动的标准化课程菜单。

标准化课程菜单的开发和设计较好地保证了送教活动的广泛性和心理健康教育工作的普适性。

2. 依特点设计个性餐

十年来，成都市考前心理送教团队不断加深对初三、高三学生的认识，不断分析中高考学生的心理问题，不断认识到不同学校不同学生的心理需求，细分学校特点、不同群体学生的心理特点，先后开发设计了送教活动的个性化课程菜单。

在实施个性化菜单的过程中，成都市考前心理送教活动充分了解和尊重“薄弱区县、农村学校、特定群体”的个性化需求，开发设计与之相适应的个性化菜单，提高送教活动的针对性和有效性。

3. 分类型丰富总菜单

成都市中高考考前心理送教活动，在常规的专题讲座、现场咨询等形式之上，通过课程菜单的丰富、课程类型的多元化，不断加深心理技术和手段的运用，极大地丰富了课程内容和形式。

（三）“送培结合＋研训一体”

1. 以送代培，丰富教研形式

十年来，送教活动与教研培训活动有机地结合起来，通过以送代培的形式实现特色区县对薄弱区县、中心城区对农村学校、成熟团队对新手团队的帮扶。近年来，全市各区县基本形成了送教机制，建立了自己的送教队伍。

2. 研训一体，增强实操能力

十年来，为不断满足送教活动的个性化需求，全市不断发掘培养专业教师队伍，不断精细化各类活动的设计方案，通过积极探索课程体系、开发课程内容、更新课程等形式，推动研究、训练、送培一体化进程，增强跨区域的交流互动和实践创新。

四、成效体现

（一）服务考生，助力家庭，给梦想“心支点”

十年来，成都市教育局共开展中高考送教活动五十余场，惠及全成都市二十三个区县的四十八所学校。累计投入经费近三十万元，帮助三万余名学生和其家庭顺利度过中高考。

（二）市域抱团，三级联动，促进教师专业发展

近年来各区县学校纷纷开展各类校级心理团体辅导活动，通过区县考前送教和“5·25”心理健康教育宣传日活动以及市级主题活动等，形成了三级联动发展机制，在全市范围内创设了很好的心理教育氛围，并以活动为契机较好地促进了教师的专业化发展。

（三）更新观念，理性应考，促进教育“心发展”

十年来，学校和学生也不断认识到中高考的备考工作中科学备考、理性应考、积极调适心理的意义和价值。成都市通过考前送教活动等多种方式的宣传引导，准确把握各社会群体的心理诉求，稳定人民群众的心理预期，增强民众的获得感、幸福感、安全感，从而促进了教育的“心发展”。

（四）积极引导，服务社会，构建社会心理服务体系

成都市通过考前心理送教活动，加强对学生、学校、教师及家长的引导，促使学生正确对待自己和他人、群体和社会，正确对待困难、挫折、得失和荣辱，把个人价值取向与社会发展需要有机结合起来；充分发挥成都市学校 ABC 心理辅导员三级队伍力量，发挥“预防、预警、危机干预”的“三预”机制特点，构建了具有成都特色的三级心理维护体系和社会心理服务体系。

“正心为治国之道，积极乃发展之源。”成都市十年来开展的和全域共享的心理服务系列活动先后被《四川教育导报》、四川省教育频道、《成都教育》等多家媒体报道，为广大备考学生及家庭做出了积极的专业指导，为营造友好互信、积极进取的社会氛围，培育自尊自信、理性平和、积极向上的社会心态，做出了有益的探索和尝试。

撰稿人：曹璇、陈丽

编辑手记

成都市教育局、成都市教育科学研究院基于成都市全市中高考学生心理健康教育现状，有效整合全市心理健康教育资源，分角色、依特点、按类别订制心理健康教育课程菜单，通过开展中高考考前心理辅导送教活动，送培结合、研训一体，有效地促进了全市心理健康教育的均衡化发展，构建了全市社会心理服务体系。

四川教育出版社　高玲

以学校引领家规家风建设 用家规家风反哺学校教育

剑阁县教研室　剑阁县龙江小学校

一、实践背景

习近平总书记指出："广大家庭都要重言传、重身教，教知识、育品德，身体力行、耳濡目染，帮助孩子扣好人生的第一粒扣子，迈好人生的第一个台阶。"

家是最小国，国是千万家，家庭的前途命运与国家和民族的前途命运紧密相连。只有正视家庭教育中存在的问题，建立新型的家庭、学校、社会传统文明教育体系，才能保证教育影响的一致性。未成年人思想道德建设的关键在于家规家风和校园文化的定位，在于教师的育人理念，在于发挥家校协作的积极性、主动性、创造性。

二、具体举措

（一）创建教育基地

2014 年，为落实"环境育人、文化育人"要求，剑阁县龙江小学校（以下简称"龙江小学"）创建了传统文明教育基地——李榕家风纪念馆。纪念馆突出了李榕少年励志成才，青年为官清廉，罢官回乡传道讲学、友爱乡邻、家风敦厚等主题。

2016 年，广元市纪委将李榕家风纪念馆作为家规家风教育基地、剑阁县法纪教育基地，把传统文明教育引入学校教育，再通过学校教育引领学生家庭优良家风的培育，探索家校协作创新模式，推动社会文明新风的形成。

（二）构建传统文明教育校本课程

龙江小学构建的校本课程具体落实了以下传统文明教育指导意见：

1. 明确校本课程目标

龙江小学校本课程弥补了国家课程在区域内教育生态的不足，有利于形成区域办学特色，满足个性化的学校发展，还有利于教师专业水平的提高和学生主体性的发展，真正满足学生生存与发展的需要。

2. 构建校本课程内容

扎实推进系列课程进课表、进活动、进评价。如把传统文明教育与国家课程融合渗透，坚持经典诵读与校本课程的研习与应用，营造良好的校园文化氛围。完善家规家风教育基地建设，通过带领学生与家长参观、访问家规家风教育基地，举办培训、召开家长会等，让学生和家长感悟李榕的优良家风。开展“我的家风”征文活动以及“溯源我的家谱”“写一封家书”等活动，营造良好的现代家风文明育人环境。

3. 用好校本课程资源

学校历史、县城搬迁、乡贤文化、剑门关蜀道三国文化是学校的宝贵资源。基于丰富的资源，学校编写了校本教材《小学生礼仪实践课程》《我们的学校》《李榕故事》《李榕诗词楹联选粹》《李榕碑帖》等。

4. 推进传统文明教育系列主题活动

学校开展了传统文明教育系列主题活动，如“参观家规家风教育基地”“说家风、话家训”“写家书、谈家教”“识家谱、明家史”以及学校文明礼仪活动，社会主义精神文明创建活动，省市县妇联组织的优良家风宣讲活动等，以小手牵大手的形式落实家规家风教育，实现立德树人教育目标。

（三）探索总结传统文明教育实施策略

1. 学校文化引领，形成以礼育人的办学理念

学校确立了立德树人的办学目标，以礼育人的办学理念，“让每个孩子都幸福”的育人目标，“小龙人礼达天下”的校训，“与孩子的脉搏一起律动”的教风，“好习惯伴我健康成长”的学风，“书声琅琅、墨韵飘香、知行礼让、活力飞扬”的校风。

2. 将传统文明教育纳入学校育人方案，纳入学校教学计划

龙江小学形成了国家课程、地方课程、校本课程相结合的课程体系，确定了由课题负责人牵头，分管德育、教学副校长主抓，各科室协调，班主任具体实践的育人方案。

3. 整合教育资源，和国家课程有机融合

龙江小学根据发展需要，从与道德与法治融合、与语文课程融合、与综合实践课程融合、与艺体课程融合、与科学课程融合、与国家教育扶贫政策融合、与劳动实践教育相结合、与红色党史传承教育相结合等多个角度，把传统文明教育融入了学科课程教学之中。

4. 构建传承文明教育的机制

龙江小学教职员工坚持党的教育方针，重视教师专业技能发展，重视学生核心素养的培养，注重对师生良好品格修养的形成性评价，把学校传统文明教育放在社会系统中评价。

5. 把传统文明教育与家庭教育、社会教育协调统一

龙江小学用传统文明教育课程、传统文明教育活动、传统文明教育环境去影响学生，以促进社会主义核心价值观在学校、家庭、社会的教育中落地生根。学校开展的各类传统文明教育主题活动、提倡的亲子阅读、进行的“共读共写共生活”语文实践、寻找“最美家庭”活动、撰写家风故事活动等，都结合了社会主义精神文明的时代要求。

三、实施成效和推广意义

龙江小学的创新之处就在于依托家规家风教育基地，立足立德树人教育宗旨，通过构建校本课程、开展系列综合实践活动、与国家课程有机融合，形成了完整的育人体系。

龙江小学创建的家规家风教育基地不但对教师、学生、家长开放，还免费对政府工作人员、新闻媒体、社会团体开放。

学校积极配合县文明办、妇联在全县各家长学校、儿童之家组织开展“弘扬优良家风”“把爱带回家”等活动。讲述“爱心妈妈驿站”助力脱贫攻坚的故事，讲述现代传统文明教育对未成年人的思想道德建设的价值和意义等活动，受到社会各界好评。

撰稿人：李炜、伏大庆、何朝霞、贾德军、郭明庭

编辑手记

习近平总书记强调，“家庭是人生的第一个课堂，父母是孩子的第一任老师”，“有什么样的家教，就有什么样的人”。家庭教育和学校教育是相辅相成的，对落实立德树人根本任务同样重要。剑阁县龙江小学校利用历史文化名人的精神遗产，通过在校内建设家规家风教育基地，建构校本课程体系，不仅推动了学校德育工作，更加强了家校联系，实现了对社会的辐射，积极推动了家庭建设、社区建设，以一个支点撬动了家校社的协同育人。

《教育科学论坛》编辑部　张文龙

智慧育人　德行关怀
——“百名教师访千家”活动推进德育工作提升实践

四川省安岳实验中学

家访是家校联系的重要途径，不仅有利于构建和谐的家校关系、融洽的师生关系，而且对提高教育教学质量、促进学生健康成长具有重要的意义。为此，四川省安岳实验中学高度重视，精心组织、开展“百名教师访千家”活动，通过提高认知、完善制度，丰富内涵、创新形式，真诚沟通、讲究艺术，注重反馈、巩固效果，借鉴经验、推动发展等多方面的措施，力求取得实效。

一、项目背景与目标

2020 年 10 月，中共中央、国务院印发的《深化新时代教育评价改革总体方案》，要求各级各类学校“落实中小学教师家访制度，将家校联系情况纳入教师考核”。在此背景下，四川省安岳实验中学开展“百名教师访千家”活动，“走出校门、踏进家门、敞开心门”，密切家校联系，加强家校合作，让德育工作者走进学生真实生活，以实际行动助推学校德育工作迈上新台阶。

二、项目过程与方法

“百名教师访千家”活动是学校落实立德树人的德育工作目标的具体实践。为了取得实效，学校高度重视、精心组织，采取了以下措施：

（一）提高认知，完善制度

学校专门制订了《四川省安岳实验中学关于深入开展“百名教师访千家”家访活动的实施方案》，形成推进家访活动的一系列工作制度。

1. 集体“备课”制度

学校要求家访前班级全体任课教师开展集体“备课”，提前进行充分准备，认真研究学生的优点与不足，分析可能存在的原因，初步形成解决的办法，从而确保家访能让学生得到针对性的指导和帮助。

2. “九类重点生必访”制度

学校特别制定了针对特殊学生群体的“九类重点生必访”制度，九类重点生即脱贫家庭学生、特困救助学生、城乡低保学生、孤儿学生、残疾学生、残疾子女学生、脱贫不稳定家庭学生、边缘易致贫家庭学生、突发严重困难家庭学生。这几类学生的家访情况必须体现在教师家访工作情况总结中。

3. “及时记录”制度

家访时，要求教师须填写家访记录表，对家访对象、时间、内容等进行及时记录。为了保证家访内容的质量，家访教师既分工明确，又协调配合，比如在家访时有的教师负责沟通，有的教师负责记录。

4. “追踪访”制度

对于一些存在特殊困难，一次家访很难取得明显效果的学生，学校要求教师进行“追踪访”。针对这类学生，需要建立家访档案，教师的家访要以解决学生和家长实际困难为出发点，采取有效措施给学生、家长送去有温度的关怀。

学校通过党政干部会议、党员大会、教职工大会等对“百名教师访千家”活动进行宣传和动员，提高了全体教职员工对家访工作的认识，让全体教师积极主动参加“百名教师访千家”活动。同时，学校还通过家长会、学校微信公众号、家校联系群等渠道向家长、社会进行宣传，使家长、社会与学校达成高度共识，从而确保“百名教师访千家”活动顺利开展。

（二）丰富内涵，创新形式

1. 丰富家访内容，让学校德育富有活力

提到家访，学生和家长普遍认为就是谈问题、报成绩，这是让学生抵触、让家长尴尬的重要原因。学校要求教师把家访的重点放在提升学生的综合素质上，力求家访内容多元化。家访内容主要包括以下五个方面：一是宣传学校办学宗旨、理念和思路；二是解释学校落实上级各项政策的做法；三是向家长汇报学生在校情况；四是了解学生在家表现及家庭基本情况；五是向家长征求提升教师教学、促进学校管理等方面的意见和建议。家访中教师与家长、学生在宽松环境中闲聊家常，进一步拉近了教师与家长、学生之间的距离，这样能更容易深入学生真实的内心世界，从而实现因材施教。

2. 采取“多对一”模式，让全体教师积极行动

提到家访，人们往往会有一种观念：家访只是班主任的事。实践过程中，如果班主任“单枪匹马”地开展家访工作，往往会“力不从心”，而且很难开展跨学科的有效指导。因此，学校采取“多对一”模式，即一名班主任与多名任课教师共同访问一个学生家庭。家访前，班主任对每一位学生的基本状况进行梳理，明确学生的优点与不足，组织相关学科教师参与对该生的家访，从而提升了家访的针对性和有效性。这种“多对一”模式的家访，充分调动了每一位任课教师的积极性。

（三）真诚沟通，讲究艺术

为了使家访顺利高效地进行，学校德育处对全体家访教师进行了针对性的培训，主要包括家访前、家访中、家访后这三个方面，尤其对家访过程中的沟通进行了强调：教师在沟通过程中要注意选择适当的谈话方式，要用亲和力感染学生，以艺术性的语言、真诚的态度、委婉的语气、平和的心态与家长交流。

（四）注重反馈，巩固效果

学校要求教师在家访后对家访过程中发现的问题，特别是学生、家长对教师教学、学校管理提出的意见和建议进行逐条梳理，由各级干部汇总整理后及时反馈至学校德育处，德育处再上报学校党委会，由党委会讨论解决办法。家访后，教师对学生的在校表现要细致观察，及时进行追踪，以达到正面激励的效果。

（五）借鉴经验，推动发展

家访工作不应只是关注形式的创新，还要关注工作的实效。学校十分注重“百名教师访千家”资源挖掘工作。在活动结束后，学校要求教师，尤其是班主任，梳理家访工作中好的做法和存在的不足；各级部德育组组织教师进行交流，搭建一个相互借鉴学习的平台。学校每年都会举办德育论坛，至今已举办六届，在德育论坛活动中，教师会分享他们在德育工作中的成功经验和失败教训，其中很多的成功经验都来源于上门家访后对学生的深入了解。

三、项目成效

（一）家访让学生成长充满阳光

通过对家访反馈信息的梳理，学校采取积极措施，强化教育教学管理。针对“学习压力较大，孩子心理负担重”这一问题，学校德育处组织心理咨询室的全体心理健康教师，采取团队辅导和个别辅导两种形式，分批次对学生进行心理疏导，帮助学生充分释放压力。针对“学生作业负担较重”这一问题，学校研究制定了《四川省安岳实验中学“分层作业”实施方案》，分年级、分学科细化作业布置要求，切实减轻学生作业负担。而针对在家访过程中发现的一些学习特别困难、家庭情况特殊的学生，学校积极采取行动开展帮困助学工作。学校通过帮助学生解决问题，让学生的校园生活更加精彩、学习生活更加轻松、家庭生活更加和谐，从而实现让健康快乐、阳光成长的育人目标。

（二）家访让教师专业化水平不断提升

在面对面的交流中，大多数教师发现：在对家长及学生有了更深入、真实的了解后，就能更融洽地与家长进行沟通，能更加客观地对学生进行评价，还能及时获知家长和学生对自己教育教学工作的建议。他们不断调整教学思路，改进教学手段，在“反思—改进—再反思—再改进”这个持续不断的过程中，促进自身专业化水平不断提升。

（三）家访让学校德育工作迈上新台阶

自“百名教师访千家”活动开展以来，家校之间的合作明显增强，学校的社会满意度大幅度提高。2021 年 10 月，学校成功创建安岳县教体系统首批家长学校。2022 年 3 月，学校被评为安岳县德育工作先进集体。

撰稿人：孙未、黄家伟

编辑手记

为有效落实立德树人根本任务，营造协同育人环境成为学校的重要使命。家校共育，关键在“共”，目标在“育”。家长与教师有效配合，形成家校共育的整合优势，有助于为学生营造和谐的家庭环境和校园环境。四川省安岳实验中学高度重视、完善制度，丰富内容、创新形式，用心交流、真诚沟通，及时反馈、扬长避短，创造性地开展“百名教师访千家”活动，让德育工作者走进学生真实生活，密切家校联系，加强家校合作，以实际行动让学生成长充满阳光，使教师专业化水平不断提升，助推学校德育工作迈上新台阶。

四川教育出版社　高玲

以心育心 为学生终身发展奠基

四川省泸县第二中学

良好的心理素质是人的综合素质的重要组成部分。落实立德树人根本任务，培养德智体美劳全面发展的社会主义建设者和接班人，必然要求学生具备过硬的心理素质。四川省泸县第二中学（以下简称“泸县二中”）结合“成人、成才、成杰”“创造、创业”的办学思想，构建了“预防为主，预警、干预为辅”的心理健康教育“三预”金字塔模型，以心育心，为学生的终身发展奠基。

一、预防为主

“预防”位于心理健康教育“三预”金字塔底端，是最重要、最基础的部分。结合国家相关政策及校情，泸县二中开展了以预防为主的以心育心行动。

（一）学科渗透，润心无声

《中小学心理健康教育指导纲要（2012年修订）》中明确指出：“学校应将心理健康教育始终贯穿于教育教学全过程。全体教师都应自觉地在各学科教学中遵循心理健康教育的规律，将适合学生特点的心理健康教育内容有机渗透到日常教育教学活动中。”

泸县二中通过举办心理学研修班、分期分批派教师到清华大学等知名高校培训等方式，加强对各学科教师的心育技能培训，指导各学科教师在日常教育教学活动中渗透心理健康教育。同时，学校通过举办德育节、语言节、运动节、科技节、学科节、文艺晚会、心理趣味运动会、“5·25”心理健康节等丰富多彩的活动，将心理健康教育渗透其中，促进“五育”与心育的融合。

（二）沟通交流，合力育心

班主任是开展班级心理辅导活动的核心力量。为提升班主任及各科教师的心理教育水平，学校定期或不定期举办心育培训会、班主任心育沟通会、班主任心理沙龙等活动。

泸县二中的班主任心育沟通会为浸润式、滴灌式的心育技能“微培训”，每个年级每月或每两个月举行一次，由心理教师主讲，时间不超过20分钟，主题包括共情的技巧、非暴力沟通的方法、学生常见心理问题的识别与应对、自我心理调适技巧、觉察情绪、心理团辅技能等。

（三）家校合作，共同塑心

每个成年人都是自己心理健康的第一责任人，对于未成年的孩子来说，家长则是他们心理健康的第一责任人。在对2000多名高中生进行心理普查时，学校发现影响高中生心理健康的关键词排在前4位的分别是父母、去世、家庭、经济。这4个关键词均与家庭有关，且排在第一位的是父母。因此，重视对家长的教育和引导，减少家源性心理问题，就是进行“源头治理”式的预防。

学校用心办好家长学校，促进家校合作。家长学校有校训、校歌，并采用线上+线下的形式，利用归宿假当天对各年级家长进行分期分批培训，培训内容包括原生家庭对孩子的影响、亲子关系、共情、非暴力沟通、生涯规划等，受到了家长的欢迎和好评。

二、重视预警

若高中生在原生家庭及过去经历中遭遇过心理创伤或心理韧性不够好，在遇到应激事件时，很容易出现心理问题。因此，学校在做好预防为主工作的同时，也非常重视心理预警。

（一）“阳光天使”，播撒阳光

“阳光天使”是心理科代表和心理委员的合称，每班有男、女生各1名，其主要职责为善意关注班级心理动态，协助开展各类心育活动。学生发展指导中心对各年级选出的“阳光天使”多次进行集中培训。经培训，“阳光天使”成为教师的得力助手、同学的知心伙伴。借助“阳光天使”填写的班级心理动态记录，班主任和心理教师对值得关注的同学采取必要措施，帮助他们度过心理危机。

（二）基于模型，精准预警

泸县二中基于“心理健康双因素模型”（DFM）的双维视角，从积极心理和消极心理两个角度开展心理普查。通过对心理普查原始数据的统计分析，筛查出完全心理健康者、易感者、有症状但自我满足者、疾患者等不同心理健康状况的学生，并采取针对性的教育措施。

（三）“2＋1＋1”，陪伴式关爱

为指导中小学教师做好特殊学生的心理辅导工作，泸州市教育局将特殊学生分为5类，包括家庭近期发生变故学生、心理困扰学生、学习困难学生、行为异常学生、特异体质学生。泸县二中高度重视对5类特殊学生的关爱，形成了“2＋1＋1”的有效工作模式。

“2”是指2名学生帮扶者，即1位学习小组同学，1名（住校生）室友或（走读生）同一路线的同伴。2名同学随时关注其心理动态，与其多交流，如有情况立即告诉班主任。

“1”是指1名科任教师帮扶者。教师教学时随时关注学生的心理状态，由单纯的学习上的指导者进一步成为对学生生活、情感、心理、烦恼等方面都给予关注和疏导的知心朋友。

“1”是指1名生活教师。教师“跟踪”学生，建立所管楼层的台账，实行每日“零报告”制度，关心和关注学生生活动态，做学生生活上的朋友。

“2＋1＋1”关爱模式的优势在于通过陪伴式心理关爱，对特殊学生起到了很好的帮扶作用。

三、做好干预

在心理健康教育“三预”金字塔顶端，是极少部分需要进行专业干预的心理疾病患者。对于症状轻微的学生，由学校专职心理教师提供心理咨询服务；对于学校心理咨询服务范围外的学生，则会将他们转介到专业机构。

（一）心理咨询，助人自助

泸县二中组建了“4＋1＋2＋8”的心育师资队伍，包括4名专职心理教师、1名兼职心理咨询师、2名专家顾问、8名客座教师。兼职心理咨询师皆为国家二级心理咨询师，在2名专家顾问的指导下，坚持为全校学生提供个性化的专业心理咨询服务。

对学校心理咨询范围内的求助者，学生发展指导中心的心理咨询师本着“保密、尊重、热情、真诚、共情、积极关注”等原则，帮助来询学生解除烦恼，开发潜能，助其自助。

同时，为帮助学生拓宽求助渠道，学校坚持反复播放泸州市未成年人心理成长中心的宣传视频，宣传12355热线，告知学生市内外专业靠谱的心理求助渠道，向外借力，使学生在必要时能寻求到专业帮助。

（二）及时转介，对生负责

学校心理咨询师的主要工作对象为存在一般心理问题、严重心理问题或部分神经症性心理问题的心理正常者，对于部分神经症性心理问题来访者以及患抑郁症、双相情感障碍、精神分裂症等不属于学校心理咨询服务范围的心理异常者，则以安全负责任的方式将他们转介到专业机构。

衣带渐宽终不悔，通过多年的努力，泸县二中的心育工作取得了可喜成绩。学校先后被评为“四川省心理健康教育示范学校”“全国首批心理健康教育特色学校”。2019 年，“教育部中小学名师领航工程唐远琼名师工作室”正式授牌成立，使学校的心育工作又迈上了一个新台阶。同时，学校将心育工作和常规管理深度融合，形成了固有的文化特色。学校受邀在“四川省中小学心理健康教育工作经验交流会”上作经验交流，受到各级领导和各兄弟学校的高度肯定。

撰稿人：张连奇、唐远琼

编辑手记

拥有良好的心理素质是学生全面发展的重要内容，是落实立德树人根本任务、培养德智体美劳全面发展的社会主义建设者和接班人的重要一环。四川省泸县第二中学结合“成人、成才、成杰”“创造、创业”的办学思想，构建了“预防为主，预警、干预为辅”的心理健康教育“三预”金字塔模型。学校将心理健康教育渗透到学科教学中，着力提高全体教师的心理健康素养，积极促进家校合作，在做好预防为主工作的同时，重视心理预警，及时干预，将心育工作和常规管理深度融合，形成了具有自身特色的心育体系。

四川省教育融媒体中心　唐虹

以德养心 以心育德
——德育与心育协同发展实践活动案例

凉山州德昌中学

一、案例背景

习近平总书记在全国教育大会上明确指出，教育要培养德智体美劳全面发展的社会主义建设者和接班人，努力构建德智体美劳全面培养的教育体系。学校教育必须促进心育（即心理健康教育）与德育相互结合、协调发展，推进“五育”并举，助力学生身心健康成长、全面发展。多年来，凉山州德昌中学坚持以学生为本，正确把握育人导向，不断创新德育工作载体，积极推动德育与心育协同发展，已初步形成了学校、家庭、医院、社会多层次的心理健康教育服务体系和较为完善的德育体系及心育与德育并重的共进机制。

二、案例实施方法

（一）活动思路与意义

学校通过心理健康教育实践活动帮助学生调整心态，缓解焦虑，加强师生间、家校间的互动沟通，传递正能量，助力学生拥有健康的心灵与美好的人生。

（二）活动形式

通过网上讲悄悄话、开通专业心理咨询师 QQ 账号、走访调研、心理干预与疏导、团体辅导等形式开展活动。

（三）活动创新点

第一，线上、线下相结合，渠道多样，形式新颖，提高了学生主动参与的积极性。

第二，心理干预与疏导的措施、方法具有很强的针对性、科学性、实践性。

第三，建成学校、家庭、医院、社会多层次的心理健康服务体系和心育与德育并重的共进机制。

（四）活动效果

对全校学生心理健康状况有了更为全面的了解，建立了心理健康异常学生的档案，大多数学生的矫正效果明显。学校心理危机干预机制与育人机制得到进一步完善。

三、案例实施过程

（一）多种渠道收集来访者基本资料

1. 来访者概况

星星（化名），女，十六岁，住校生，现就读高二年级，高中入校时学习成绩较好。家庭条件较差，父亲在外打工，母亲操持家务并照顾家中两位生病的老人。星星总是因为犯无关紧要的小错被打骂，她上高中以来不适应环境，且在参加学校集体活动时遭遇挫折，学习成绩下滑，经常情绪失控，曾用刀片在自己手上划了一百多刀，有强烈的自杀念头。

2. 线下面谈

星星的内心冲突导致自我厌恶，自残行为严重并有强烈的自杀倾向；经常情绪失控，整体状态消沉。

心理咨询师观察发现，该生衣服干净整洁；手臂上有伤口；交流过程中与人目光接触较少，在述说过程中不断哭泣，但在说到不愉快的事情时会不停地安慰自己；语速较快，语言表达能力很强。

3. 家庭访查

心理咨询师深入星星家庭，坦诚与星星母亲交流。咨询师发现，因为一些小事，母亲总会训斥星星；初中时当众责骂过星星，让星星一直记恨到现在。

4. 学校查访

在班主任、科任教师、部分同班同学看来，星星在班上并没有什么明显的异常行为，但心思没有完全放在学习上。星星自己也和班主任说过与家长之间的矛盾，班主任也和家长联系过，但班主任也没有特别有效的办法帮助学生走出来。星星曾经参加学校的国旗班选拔被淘汰，在选拔过程中感觉被排挤，无法与他人和睦相处，挫折感明显。

（二）来访者主要问题分析、评估与诊断

分析星星的情况可知：她处于青春期，自尊心强，比较敏感；家庭物质条件较差，

在成长过程中，父母的教育方式比较简单粗暴，缺少陪伴；经历过刺激强度较大的负性生活事件，伴随着持久的负性情绪记忆；不能正确认识学习成绩的变化。

通过分析可知，该生知情意协调，有自知力，能主动求助，无逻辑思维混乱，人格稳定，排除精神病性障碍。不良情绪持续超过三个月，可排除一般心理问题。判断该生存在中度甚至重度抑郁倾向，为严重心理问题，需长期关注。

（三）干预策略

根据星星的实际情况，采用支持疗法。星星的心理危机根源在原生家庭中，必须帮助家长创造信任与支持的家庭氛围。心理咨询师在整个过程中对来访者采用了保持无条件的积极关注与共情的咨询策略。在认知上，让星星了解自己行为与感受的原因，确定改变方向，提高自我控制的意识。同时，以家庭为单位，积极和家长探讨如何改善教育方式，强调家庭成员互相关爱、尊重与鼓励的重要性。

（四）干预过程

整个干预过程包括了心理咨询、团体辅导、家庭系统治疗、德育助推、医学治疗。

心理咨询过程包括了线上咨询三次、线下面谈八次，目前依旧在进行电话追踪访谈。通过前面六次面谈，星星逐步做到了控制自己的自杀冲动，心理健康状况在慢慢好转。

心理咨询师在星星所在的班级、年级开展了题为“life is a journey”的团辅活动，与同学们共同探讨如何关爱生命、关爱自己的话题，星星全程参与。

家庭系统治疗让星星的家长认识到过去的简单粗暴是导致星星心理危机的主要原因。家长开始尝试改变教育方式，改善家庭氛围，让孩子重建自信与安全感。

通过学校的心理健康教育机制和德育机制，学校领导及时掌握了星星的情况并积极采取措施帮助其早日康复。

在第七次面谈时，星星表示前一晚曾尝试去教学楼顶楼跳楼，犹豫后又返回教室。学校迅速要求星星家长必须带她去医院做诊断治疗。目前，星星的情况有了明显好转。

（五）干预效果评估

星星的情绪得到了很好的控制，亲子关系有所改善，与同学关系更加和谐，学习积极主动。

（六）干预经验总结

面对因原生家庭产生心理危机的学生，学校必须让家长高度重视，并转变教育理念与方式，改善家庭教育氛围。在此过程中，也要注意家长的情绪并鼓励家长。

四、困难与反思

学校积极探索改革育人方法与模式，重视心理健康教育，开设心理咨询室，完善心理危机干预机制，通过心理咨询、团体辅导、家庭系统治疗、德育助推、医学治疗相结合的方式，帮助学生走出困境。在学校探索心育与德育并重共进、协调发展模式过程中，遇到了以下困难：

（一）确诊抑郁症的学生是否要继续留在学校学习

学校没有能力做到对学生进行二十四小时监管和保护。如果该生在学校发生意外，还可能会对其他学生产生持续性的影响。但同时，学校是一个锻炼学生各方面能力的好场所，留在学校继续学习生活有助于学生成长。

（二）学校心育与德育发展不协调

学校德育机制较为完善，德育师资队伍较为壮大，但心理健康教育机制还需进一步完善。心理健康教育师资队伍人员数量不足，专业素质不高，学习提升渠道单一、机会少，面对新形势下学生存在的心理问题，教师需要学习更多的危机干预知识，增强危机干预能力。

（三）学校目前转介至医院的多层次心理健康服务体系不完善

在转介学生的过程，很多医院不能给出明确的诊断，或者不能达成治疗效果，甚至出现医院拒绝收治的情况。

撰稿人：陈丹、蒲永强、付加健

编辑手记

学校教育要注重心育与德育的相互结合、协调发展。多年来，凉山州德昌中学以学生为本，不断创新德育工作载体，积极推动德育与心育协同发展。学校积极探索改革育人方法与模式，重视心理健康教育，开设心理咨询室，完善心理危机干预机制，通过心理咨询、团体辅导、家庭系统治疗、德育助推、医学治疗相结合的方式，帮助学生走出困境，促进学生健康成长、全面发展，形成了学校、家庭、医院、社会多层次的心理健康教育服务体系。

四川省教育融媒体中心　唐虹

学区协同整体推进区域立德树人

宜宾市教育科学研究所　高县第一实验小学校

落实立德树人根本任务，促进学生德智体美劳全面发展，推进义务教育优质均衡发展，是时代要求。宜宾市高县罗场小学学区（以下简称“罗场学区”）在立德树人实践过程中，以优质学校为龙头，协同学区乡村学校，促进学区办学质量整体提升，为我们提供了可供借鉴的农村小学学区以“1＋N”模式整体推进乡村学校立德树人教育的典型案例。

一、研究背景

宜宾市高县自2015年开始推进义务教育学区建设，将全县义务教育学校划分为5个学区，发挥县城5个优质义务教育学校的示范辐射作用，1个优质学校与若干个乡村薄弱学校组成1个学区，形成“1（优质学校）＋N（薄弱学校）”学区协同发展模式。其中，罗场学区就是学区建设中的典型代表。

罗场学区建立于2015年，龙头学校高县第一实验小学校（以下简称“实验一小”）是川南知名的义务教育优质学校，是文化底蕴深厚的百年名校；成员学校由高县罗场镇、蕉村镇、羊田乡等宜宾南部紧邻云南，发展相对滞后的乡镇中心校、村完小组成，含3个乡镇中心校、12个村完小3个层次。整个学区共有学校16所、教师440人、学生8348人。

学区建立之初面临面宽量大、发展极不均衡等诸多具体问题。一是学校校园文化建设滞后，办学目标不明确，办学思想不成熟；二是学校对国家课程执行不到位，校本课程建设缺失，校本研修开展困难；三是学校教师队伍建设滞后，教师配置不足，特别是“音美英劳”教师严重缺乏；四是学校教学质量不高，办学特色不鲜明，评价机制不健全，学校办学活力难以激发，社会、家长不满意。总之，学区面宽量大、发展不均衡制约了学区整体教育质量的提升。

二、策略举措

龙头学校有促进学区学校发展的责任和自身的领先优势。实验一小团结带领本校管理团队、学区校长构建了学区运行发展的机制，确定了以文化立根、以课程强基、以信息化助力、以评价撬动的工作策略。

（一）文化立根，协同破解乡村学校校园文化培育难题

针对乡村学校普遍存在的校园文化建设滞后、校长素养不高、办学思想不成熟等突出问题，龙头学校多次带领学区校长到省内外考察观摩、培训学习，多次聘请各级专家深入学区每所学校调研，指导校长梳理提炼办学思想，指导学校系统推进“境美、师美、课美、生美”的建设。学区学校逐步形成了“各美其美”、各具浓郁地域特色的校园文化，办学思想逐步成熟，办学目标逐步清晰，引领着学校沿着正确的办学方向、清晰的办学目标向前迈进。

（二）课程强基，协同补齐乡村学校校本课程建设短板

一是学区学校全面推进校本课程建设，促进学生全面发展。罗场学区确立了“全面执行国家课程，构建各具特色的校本课程”的课程建设思路。龙头学校聘请省市县教学专家，组织专题培训，深入学区各校点，挖掘学校课程资源，指导构建校本课程。

二是学区学校实施“互联网+”课堂改革，实现课堂转型提质。罗场学区深耕课堂教学改革，在省市专家指导下，提炼锻造出“5 步 2 环”课堂教学模式，即“学—测—评—导—展”5 步教学法及“课前、课中”2 个环节。课堂改革与信息技术融合，增加课前预习时间，减少课外作业时间；增加学生课内自主学习时间，减少教师讲课时间；提高学生的自学能力，从而实现“两增两减一提高”的教学结构改革目标。

三是学区学校协同加强教学常规管理，促进教学质量提升。罗场学区协同加强教学常规管理，制订教学常规管理规程、教学“6 认真”管理制度。学区建立两项制度，一是建立教学走察制度，组织专家定时到学区各校巡查、听课，指导课堂教学，督查常规管理；二是建立学区内教学视导制度，实现学年学区校点全覆盖、视导内容全方位，引导学校改进常规管理，改进课堂教学，提升教学质量。

（三）信息化助力，创新破解学区协同发展系列难题

一是教师信息化能力培训全覆盖，破解乡村学校信息化建设“无人用”难题。罗场学区建立教师发展学校，组建 10 个学科骨干教师工作室，对教师发展工作做到有计划、有实施、有反馈、有考核。针对乡村学校教师信息化应用能力普遍较差的现状，

学区构建了“角色＋模块”培训模型，实现了信息技术基础培训全覆盖、学科教师教学培训全覆盖、青年教师微课技能培训全覆盖，全面提升了教师的信息化应用能力，提高了信息化设备应用率。

二是学区学校校本资源库建设全覆盖，破解乡村学校优质资源匮乏问题。学区实施“2库1平台”校本资源库建设，由各学科名师工作室统一规划，系统构建。到2018年，撰写全年段各科电子教案3000余篇，制作电子课件1800余个，全覆盖建立了课件库、教案库、习题库、微课资源库。实验一小研发团队还承担了宜宾市高年级语文、数学、英语3个学科资源库建设的工作。优质资源通过云平台实现学区全域共享。

三是学区学校线上线下协同教研，破解乡村教师业务能力培养提升难题。乡村学校面临教师培训机会少、教学能力提升难等问题。实验一小依托学区教师发展学校，利用信息化手段，采用线上教研与线下研修结合、学科培训与信息化培训结合的方式，实现学区教研创新转型；利用在线课堂教研平台，教师同伴互助，专家名师同步指导，有效开展网络备课与网络教研、学科教材培训、专题研修培训等。“一校带多点、一校带多校”教学和教研模式真正落地。

四是学区学校“5大课堂”协同推进，破解乡村学校专业教师匮乏难题。罗场学区全面实施专递课堂，探索“互动课堂、录播课堂、名师课堂、教研课堂、督导课堂”的“5大课堂”教学模式，实施“教师培训同步、教学进度同步、作息时间同步、学生互动同步、薄弱学科同步”，以及“教学设计共享、课堂教学共享”的“5同2共享”策略，有效解决了乡村学校“音美英劳”教师不足难题，让乡村学校的孩子都能享受公平而有质量的教育。

（四）评价撬动，破解学区学校协同发展教育评价难题

罗场学区成立之初就开始对教育评价进行实践与探索，构建了以学生发展为经、教师发展为纬，教与学相互促进、交织发展的评价体系，推动学区教育优质均衡发展。

一是改革教师评价，切实践行教书育人使命。学区坚持把师德表现作为教师考核首要要求，健全教师荣誉制度，建立师德失范行为通报警示制度，探索建立教师教学述评制度，突出教育教学实绩，完善教师指导学生社会实践、社团活动、竞赛展演考核办法，引导教师发挥典型示范作用。

二是改革学生评价，促进德智体美劳全面发展。学区构建学生综合素质评价体系。建立学生体育课、体质监测和专项运动技能测试相结合的评价办法；建立学生参与美育、书法及艺术活动的评价办法；建立劳动清单制度，将劳动课程学习和劳动实践纳入学生评价。通过信息化手段，让学生、家长、教师、社区等参与评价；对学生进行形成性、阶段性及综合性评价，促进学生“五育”并举、全面发展。

三是改革学校管理评价，促进学校树立全面质量观。学区构建学校管理综合评价体系，内容涵盖教学质量考核、教育教学成果考核、奖励性绩效评价、班级管理考核、少年宫活动师生评价、学生综合素质评价等。应用增值性评价原理开展教学质量评价，全程追踪考察学校、教师、学生的进步情况。评价促进了学生全面发展，促进了学校管理水平提升，推动了学区教学质量整体提升。

三、成效启示

罗场学区协同整体推进立德树人、“五育”并举，着力机制创新，成效显著，案例典型，影响广泛，具有示范推广价值。

一是培育了一批优秀校长，促进了教师整体发展。在学区龙头学校的带领下，学区学校校长得到培养，4 位中心校校长中有 3 位被提拔调任县城学校校长。同时，学区教师师德素养、专业素质、课堂教学能力得到整体提升，多名教师参加全国、省市县各级各类教师技能比赛、教学展评取得优异成绩。

二是培养了学生的综合素质，促进了学生全面发展。学区学生学业成绩有了整体提升；学生积极参加诗词大会、书法比赛、演讲比赛、科技创新大赛、创想未来绘画比赛、体育竞赛等活动，获各级各类奖项 732 人次，个性特长得到培养，促进了学生德智体美劳全面发展。

三是提升了教育教学质量，促进了学校整体发展。学区教学质量同比有了显著提升，各学校分别获县教学质量考核一等奖；近几年，学区学校有在研和结题课题共 15 项。

罗场学区整体推进教育教学改革，切实落实立德树人根本任务的案例给我们深刻启示：学区协同提升，以优质学校带动薄弱学校，促进各校优质均衡发展，整体推进区域立德树人根本任务落地是可行的、有效的，也是可供借鉴的。在学区建设过程中，校长素质提升是突破口，龙头学校校长的教育情怀、责任感及学区学校校长培养是学区工作推进的关键；学校国家课程建设、校本课程构建、课堂教学改革是学区整体发展的基础；信息化手段助力优质资源全域共享，线上线下结合促进校本研修、教师业务能力提升，构建符合学区发展的评价体系等，激发了学区协同发展活力，推动了学区教育优质均衡发展。

撰稿人：何夕忠、杜小琴、邹勤、单雪梅、肖月秀

编辑手记

如何落实立德树人根本任务，推动义务教育优质均衡发展和质量提升，是学校教育发展过程中必须直面的问题。宜宾市高县罗场小学学区在建设和发展过程中，以优质学校为龙头校，协同带动学区乡村学校，通过建立“1＋N”区域协同育人模式，实现资源共享，提高教育教学管理质量，促进了区域内人才培养质量的提升，并为其他义务教育学区的建设提供了可资借鉴的宝贵经验，值得广泛推广。

《教育科学论坛》编辑部　沈媛元

新时代家庭教育县域推进的“1+3”模式

富顺县教育和体育局

一、发展契机，县域面临新挑战

富顺县现有各级各类法人级学校（单位）257 所（个），中小学、幼儿园学生 139700 人。在农村地区，留守学生占学生总数的 52%。父母无法照顾孩子，便把孩子的教育问题全盘交给学校。当家庭和家庭教育均缺位，正值人生观、价值观塑造期的中小学生容易陷入迷茫、空虚、困惑中，出现心理脆弱、思想困惑、行为失控等问题，严重者甚至产生抑郁、自残等现象。

2022 年 1 月 1 日，《中华人民共和国家庭教育促进法》（以下简称《家庭教育促进法》）正式施行，标志着家庭教育进入“有法可依”的新时代，为亲子教育的有效开展提供了新的契机。如何用好《家庭教育促进法》，探索出具有县域特色的家庭教育推进策略，成为富顺县面临的新挑战。

二、调研分析，找准问题核心

富顺县坚持每年开展全县中小学生心理筛查。2021 年，全县共有 61399 名学生参与心理测评，占全县中小学生人数的 54.7%，占小学 5 年级及以上年级学生人数的 73%。根据筛查结果，我们就家庭教育对学生心理和行为的影响进行了分析。

数据反映，家庭是影响学生心理健康的重要因素，父母自身言行和教养方式对孩子心理健康影响较大。在对学生积极心理、情绪行为产生影响的因子中，排名前 4 位的分别是隔代教育、留守儿童、父母抽烟、父母酗酒。

调研人员在心理测评之外，还通过平时访谈和年终督导，总结出富顺县中小学生家庭教育中普遍存在的 3 个问题。

第一，监护人责任不到位。父母在孩子成长的重要日子里缺席，无法履行照顾和教育的职责。承担起照顾之责的祖父母往往以溺爱为主，隔代教育让孩子养成骄纵的习性。

第二，亲情沟通严重缺失。父母大多忙于工作，在家陪伴孩子的时间少，亲子关系越发陌生。父母缺乏对孩子全方位的了解，成为家长开展家庭教育的障碍。

第三，教育方法应用不当。家长忙于工作，把教育责任全盘推给学校。还有少数文化水平较低的家长将金钱作为生活的重要目标，不了解教育的重要性，甚至安排孩子在初中阶段辍学外出打工。

三、全面推进，建立家庭教育“1+3”模式

（一）建立健全保障体制

1. 形成“一纵两面三维”一体化组织领导体系

富顺县教育和体育局（以下简称“县教体局”）成立了家庭教育领导小组，制订了《富顺县家庭教育工作实施意见》《富顺县家长学校工作实施方案》等多项制度方案，统筹协调全县家庭教育工作。下设“家庭教育指导中心”，由教育股、教研室相关人员和 74 名家庭教育指导讲师担任办公室成员，专项负责全县家庭教育建设的组织管理、培训、教学科研指导和评价考核等工作，逐步形成“一纵两面三维”一体化组织领导体系。

一纵：从县教体局领导小组到指导中心再到学区教育工作督导室，继而到学校再到学生和教师，最后到家长，形成纵向指导和影响机制。

两面：教育股重点从学生面切入，教研室重点从教师面切入，并分别分层对接学区教育工作督导室、学校和个人。

三维：学校作为家庭教育重要枢纽，连接学生、教师和家长，促使学生、教师、家长之间相互影响、相互联系，并共同促进家庭教育。

2. 形成“逐年追加、定向投射”的经费投入机制

自 2018 年起，富顺县将家庭教育列为重点工作之一，每年投入基础经费。从 2018 年的 300000 元到 2021 年的 500000 元。《富顺县“家长学校”工程建设家庭教育实施方案》中明确指出，每年经费中必须涉及课程开发、教师培训、家长学校建设和家长指导 4 大项目。

（二）重点瞄准三个发力点

1. 建好家庭教育专业队伍

（1）聘请家庭教育专家。县教体局先后与中科院心理研究所、成都大学师范学院等多家高校、科研机构合作，特聘 20 名专家组成富顺县家庭教育定向指导队伍。

（2）培育家庭教育种子教师。县教体局坚持实施“家庭教育种子教师（指导师）”培养工程，每年举办两期家庭教育种子教师（指导师）培训班。

（3）引进家长培训网络师资。县教体局建立起28所“家校社共育与家长成长教育”示范基地校，引入家长教育网络师资，坚持“低起点、小坡度、分阶段、分层次”4大原则，抓好“言传与身教、教育与训练、养成与矫正”3个结合，让家长成为家庭教育的师资。

2. 搭好家校共育网络平台

（1）搭好“365家校共育平台”。县教体局出资搭建“365家校共育平台”，汇集省内外家庭教育专家的理念及实际操作经验，让全县师生及家长免费在线学习。平台围绕0～18岁孩子家长关注的教育热点、难点问题，分“学龄前”“小学段”“初中段”“高中段”4个板块设置家庭教育课程，5～8分钟的课程内容涉及家庭教育的责任与理念、亲子关系、婚姻家庭、儿童成长、家庭性健康教育、高效学习方法、心理健康、升学指导、生涯发展规划、家校沟通与融合、家庭关系、婚姻情感、智力与能力、学业备考、新型家长素养等。

（2）搭好其他网络平台。县教体局由上至下，从学校到班级，均可通过相应微信群、QQ群、钉钉群、微信公众号、美篇、抖音、视频号、专栏网站、校园广播站、校园电视台等网络平台，分享家庭教育工作点滴。

3. 办好家庭教育系列活动

（1）开展“智慧父母”公益巡讲。县教体局每年举办1次“智慧父母”大讲堂公益巡讲活动，并为7个学区教育工作督导室和直属学校分设8个专场，面对面向学生家长代表传递家庭教育理念和方法。

（2）督促学校开展家长沙龙。各学校通过遴选优秀家长，组建本校家庭教育家长队伍，平均每月举办1次家长沙龙，分享家长的教育经验，并与孩子现场互动。县教体局定期督导，将各学校沙龙开展情况纳入德育考核，强化督导问责。

（3）面向全国开设“空中讲堂”。县教体局在自贡衡川实验学校开设家庭教育“空中讲堂”，每月举办1次讲堂活动。

（4）组建心理护航志愿团队。县教体局发动全县教师志愿加入心理护航志愿队，定期到社区、村组“儿童之家”开展留守儿童、贫困儿童辅导和结对帮扶活动，根据家长需求上门指导学生学习，走进部分家庭宣讲儿童心理健康知识。

四、成效扎实，家校社共育共进

1. 学生性格更阳光

家庭教育让更多学生发出心声，感受到家庭温暖、和谐的变化和亲情的温馨，享受生活的快乐，学习更有动力，面对生活更有勇气。

2. 家长育人更科学

“1＋3”模式帮助家长重新建立对家庭教育的认知，不断更新家教观念与方法，转变家教方式，改善亲子关系，富顺县家长的教育能力得到整体提升。

3. 家校关系更密切

家庭教育拉近了学校与家长间的距离，家校沟通更顺畅，学校工作开展更顺利，家庭教育更有时效性、针对性，家校协同、立德树人的目标更加一致。

4. 社会氛围更和谐

“1＋3”模式积极引导大众关注家庭教育、致力家庭教育，逐步形成良好的家庭文化和积极的社会影响，为富顺县创建省级、国家级文明城市做出积极贡献。

撰稿人：陈明月、范世君、李洪

编辑手记

当前，家庭、学校、政府和社会的协同育人机制建设已成为我国基础教育改革的重要议题。事实上，家校社共育早已跳出纯粹由学校主导、家长与社会协同的“点—线”型操作模式，而是从区域统领出发，点线面结合，最终形成立体协同育人模式。在这一模式下，富顺县坚持立足社情、校情，通过翔实的动态调研，在原有规划与实施的基础上，发挥《中华人民共和国家庭教育法》的指导作用，让家校社共育有重点、有特色、有成效。富顺县构建的“1＋3”家庭教育模式实现了多方协同的“大教育”格局，真正为学生创设出立体健康的成长空间。

《全视界·教育》编辑部　邹蜜

聚焦价值观育人的小学生财经素养教育

成都高新区益州小学

全面落实立德树人根本任务，促进学生德智体美劳全面发展，是学校德育工作的重点。成都高新区益州小学（以下简称“益州小学”）紧紧围绕财经素养教育，深挖其蕴含的育人内涵，结合学校育人目标，积极构建价值观引导的课程体系和实践模式，开发财经素养特色课程，取得了一系列成果。

一、课程设置

（一）育人目标

学校依托财经素养教育，着重培育学生 3 大价值观，即劳动观、义利观与奉献观。劳动观包括认识劳动、热爱劳动、尊重劳动；义利观包括辨别义利、理性选择；奉献观包括自我价值、服务社会。

（二）课程模式

劳动观、义利观与奉献观 3 大价值观既是财经素养教育的目标，又是财经素养教育的内容。基于此，学校探索出以价值观为核心的“价值观—大主题—主问题—子问题—活动串”5 环节课程开发模式，体现从价值理念到课程落实的 5 个步骤。为更好地理解 5 环节课程开发模式，下面以劳动观教育为示例进行说明：

示例一：以劳动观为导向的财经素养教育课程开发

环节一：价值观——劳动观

根据低学段学生的认知水平和实践能力，确定劳动观作为这一阶段价值观育人的主要目标，引导学生认识劳动、热爱劳动、尊重劳动。

环节二：大主题——“小蜜蜂”会劳动

根据劳动观的具体育人目标，结合学校实际情况，确立以“小蜜蜂”会劳动为大主题。

环节三：主问题——财富从哪里来?

根据“小蜜蜂”会劳动这一大主题，设计主问题：财富从哪里来?

环节四：子问题——如何获得财富？你会劳动吗？你会管理财富吗?

基于主问题“财富从哪里来”，将其分解为以下3个子问题：如何获得财富？（指向认识劳动）你会劳动吗？（指向热爱劳动）你会管理财富吗？（指向尊重劳动）

环节五：活动串——树上掉不下钱来、劳动＋智慧＝财富。

针对子问题一：如何获得财富?

设计活动串一：树上掉不下钱来、劳动＋智慧＝财富、我的第一桶金、勤劳的双手。

针对子问题二：你会劳动吗?

设计活动串二：生活DIY、小小种植园、我是家庭小主人。

针对子问题三：你会管理财富吗?

设计活动串三：美景也是财富、财富万花筒、为爸爸妈妈的工作点赞。

二、课程实施

学校在财经素养课程中坚持内生外引，丰富课程内容，强化体验学习，主要实施了4大课程。

（一）主题实践

经过多年的探索，学校共开发出“小蜜蜂”“小管家”和“小富翁”3大特色课程群。“小蜜蜂”课程群有“知劳动、会劳动、勤劳动、善劳动、爱劳动”5个特色课程。“小管家”课程群有“会发现、会辨别、会选择、会合作、会行动”5个特色课程。“小富翁”课程群有“创财富、乐助人、有责任、能担当、爱奉献”5个特色课程。

（二）学科融合

财经素养教育与每个学科都可以进行有机融合。如在语文课中阅读各种商品的使用说明；在数学课中认识人民币，学习各种计算方法；在美术课上设计自己的销售海报等。在“忙碌的招聘季”课例中，语文老师与美术老师同时上课，既教给孩子们撰写招聘海报文案的语文综合知识，又引导学生学习招聘海报的设计，使财经素养教育与学科教学完美融合。

学校从4年级开始开设JA财经素养课，间周1次。在JA财经素养课中，将财经素养知识的学习、理财技能的训练与运用等纳入学校的常规课程中，关注学生所处的社会环境、所承担的社会角色以及参与市场经济所需的技能。

（三）家校社共育

财经素养教育课程的建设离不开家长的支持，离不开我们所处的社会环境。学校开展了财经知识家长讲坛，邀请具有财经专业素养的家长走进学校为其他家长普及财经知识。还开展了各种亲子财经素养课程，如“爸爸妈妈的一天”“今天我当家”“《小富翁·大财智——小学生财商教育读本》亲子共读”等。同时还与社区积极配合，与学校周围商家一起共同开展各种有趣的财经素养实践活动。

（四）校本课程

学校编写财经素养教育校本教材《小富翁·大财智——小学生财商教育读本》，根据学校财经素养课程年段目标，分为低、中、高 3 段，每段分别包含“小富翁牵手财富”“小富翁创造财富”“小富翁管理财富”“小富翁珍惜财富”4 个单元共计 16 个主题，主要利用每周班会课等方式开展该读本的学习。

三、课程评价

（一）过程性评价

构建以益州小学银杏币（以下简称“益小币”）为评价载体的“小富翁银行”评价体系。

一是设置益小币。益小币重在鼓励学生知情意行的自我建构，是孩子学业成绩、行为习惯等内在品质的物化表现。它是校园内的流通货币，具有买卖、兑换、评优等功能。

二是设置“多多益善”小银行。“多多益善”小银行是存取益小币的场所。每个孩子既可以在小富翁理财手册（存折）中查看，也可以登录班牌上的电子银行查看。家长可以在自己的手机 APP 上查看。

三是设置“多多益善”加油站。“多多益善”加油站每周定时开放，由志愿者们担任加油站售货员。孩子们可以用等额的益小币换取各种小礼物以及心愿卡片。

四是设置“小富翁·大财智”显示屏。显示屏每天为孩子们展示学校小富翁财富榜、经济新闻、股市动态图、财商活动回放等，给学生更为直接的观察与体验，激励每位学生都争做“具有大财智的小富翁”。

（二）终结性评价

(1) 与学校德育课程评价“达人成长记”相结合，将财经素养实践活动纳入评比中。

（2）每年 12 月开展年度“十佳理财小能手”评选活动。

四、课程效益

（一）教育效益

（1）学生的劳动观、义利观与奉献观显著提升。学校通过开展聚焦价值观育人的财经素养教育实践活动，提升了学生对劳动、义利、奉献的认识。学生能够明晰劳动的内涵，积极参与劳动；明辨义利，能面对生活中的义利冲突并做出正确的判断；懂得奉献，服务他人，向奉献者致敬，有责任有担当。

（2）教师专业素养明显提升。教师进一步明确了财经素养教育的价值，增强了价值观育人的意识，提升了专业素养。教师团体开发了财经素养教育校本课程，出版了系列教育读本 3 种，参与编写了国家财经素养教育读本 6 册、教材 1 套，开发了评价手册 3 册，撰写了系列成果集 3 本。

（3）学校办学美誉度持续提升。建校多年来，学校获评全国文明校园，四川省、成都市文明校园，成都市首批社会主义核心价值观校园文化建设示范校，成都市新优质学校，成都市“未来学校”等。学校被中国教科院授予“中国财经素养教育协同创新中心实验基地”，被中国教育学会命名为“中国教育学会财商教育实验基地学校”，成为成都市首批“财经素养教育实践基地学校”。

（二）社会影响

学校“聚焦价值观育人的财经素养教育实践”先后在“中国学生财经素养教育论坛”“全国财经素养高峰论坛”“‘巴蜀儿童文学教育联盟’活动”等平台向全国介绍。《中国德育》《教育导报》等国家、省、市新闻媒体对学校进行了 20 余次报道。重庆、南京、武汉、郑州、北海等地相关人员来校学习交流 50 余次。学校出版的《小富翁·大财智——小学生财商教育读本》推广运用到北京、上海、广州、南京、苏州、南宁、成都等地多所学校。

我们相信，让孩子们从小拥有正确的劳动观、义利观与奉献观，学会生存、学会做人，德智体美劳全面发展，从而拥有自主幸福的人生，是我们所有教育人共同的梦想。财经素养教育，我们一直在路上！

撰稿人：李玲、罗维、朱琴音

编辑手记

为学生的明天而教，为学生的终身发展奠基，就要培养学生明天迫切需要的综合素养。金钱观是社会考验他人的一道关口，而现有学校教育却普遍缺失。成都高新区益州小学结合学校育人目标，开展财经素养教育，培育学生树立正确的三观，即劳动观、义利观与奉献观；探索“价值观—大主题—主问题—子问题—活动串”5 环节课程开发模式，体现从价值理念到课程落实的 5 个步骤，形成系列财经素养特色课程。学校在课程构建、课程实施、课程评价的系统课程体系实践创新中取得显著的教育成果，产生了广泛的社会影响。

成都市郫都区教育局　王朝贤

整体育人篇

整体育人以马克思主义关于人的全面发展思想为理论指导，广泛吸收系统管理的基本观点，遵循中小学教育和学生成长规律，全面整合学校所拥有的直接和间接、内部和外部相关资源与要素，产生直接和间接的、隐性和显性的教育影响，促进育人系统的整体联动，耦合运行，切实提升育人效能。整体育人思想早已有之，在实践中也表现出了不同角度的认知，如从全人教育的角度阐释整体育人，主要侧重素质全面发展的人；从整体过程角度阐释整体育人，则主要侧重教育内容、方法、途径的整体育人，侧重实践认知的教育方法。新时代的教育以促进每一个学生在德智体美劳等方面的全面发展与完善，造就全面发展的人才为己任，整体育人有赖于“五育”并举与“五育”融合。正如苏霍姆林斯基所说，学生因为在某一领域取得的成绩而产生自尊、自信和自豪与成绩具有头等重要的意义，能推动一个人在别的领域取得理想的成绩，从而促进人的全面发展。四川省部分学校在落实立德树人根本任务工作中，遵循“整体育人理念＋多样探索”的原则，将育人视野从学校自身投向宽广的社会环境和丰富多彩的社会生活；将育人空间投向现实与虚拟相结合的世界；将育人资源从注重学生外部世界转向与学生自身的整合，从育人主体、客体、内容、环境等视角，不断完善学校整体育人的路径措施，系统梳理并形成了典型德育经验，呈现出生动活泼、和而不同的整体育人格局，最终实现学校、学生、教师发展的相得益彰。本篇收集了8个单位的典型案例，它们从不同的角度，通过不同的内容、不同的角度、不同的路径探讨整体育人的理论与实践，成效显著，各具特色，值得宣传和推广、学习和借鉴。

区校协同构建“一核两翼六特”课程体系

成都高新区教育发展中心

一、区域推进基础教育课程建设的背景

（一）各学校自主实践课程教学，区域教育基本均衡全面实现

2001年，《基础教育课程改革纲要（试行）》颁布，我国基础教育课程改革全面启动。在课程建设方面，成都高新区各学校以落实国家课程标准为主要任务，区域教育基本均衡全面实现。

（二）区域整体推动课程教学提升，追求区域教育优质均衡

为贯彻落实《教育部关于全面深化课程改革落实立德树人根本任务的意见》，2015年9月，成都高新区正式开启了区域推动课程建设的探究与实践。

（三）区域推进课程建设的新问题

1. 学校对国家基础课程的定位不准

在国家课程校本化实施过程中，一些学校存在不良倾向：一是“弱”，随意合并、增删国家课程，弱化国家课程的刚性化实施要求；二是“盲”，盲目开发校本课程，导致国家课程、地方课程、校本课程的比例失衡；三是“偏”，过度强化学校特色课程，忽视国家课程的根本地位。为此，区域整体指导纠偏势在必行。

2. 学科课程综合育人质量不高

高新区地域广、学校多，在学科建设、教师队伍建设、课程建设、科研建设、教学改革等一系列工作上，区域层面的系统引导、指导措施仍显贫乏，思路不清，导致学科课程综合育人质量不高。

3. 区校基础教育课程特色不鲜明

随着课程建设的不断深入推进以及成都市城市格局的变化，成都高新区逐步成为

中心城区，区内教育规模急剧扩张，管理难度增大，很多时候仍停留在常规管理，缺乏创新精神，造成区域课程建设缺乏鲜明特色。

二、问题解决的基本理念和实践框架

（一）基本理念

以立德树人、“五育”融合为导向，搭建完整的育人体系，强化区域“五育”融合顶层设计，搭建“五育”融合行动框架，指导学校统筹构建“五育”融合的学校课程规划，探索适合“五育”融合的教学模式。

以区校协同、整体推进为路径，明确主体责任——区域做好顶层设计、建立考核机制、落实经费保障，确保各项工作有序推进；加强统筹协作——整合高校、科研院所、社区、企业等社会资源，集教研、科研、培训于一体，满足课程建设多层次、多角度需求。

（二）实践框架

1. “一核两翼六特”课程框架

“一核”是指国家基础课程，强化国家基础课程的根本地位。“两翼”是指融合课程，是以国家基础课程为核心生长出来，由区校共建的拓展课程及跨学科综合课程。“六特”是指区域整体构建的六个课程群，即德育课程、艺术审美课程、阅读课程、综合实践课程、国际理解课程、科技创新课程。“六特”课程丰富了区域课程体系，彰显了区校特色。

2. 区校协同推进框架

成都高新区以“一核两翼六特”综合育人课程体系为核心，通过政策护航、顶层规划确保课程改革的整体性，通过任务驱动、统筹推进保证课程改革的一致性，通过区校协同、分层推进体现课程改革的阶段性，通过创新机制、品质提升彰显课程改革的创新性。

三、区校协同构建“一核两翼六特”课程体系的实施策略及成效

（一）政策护航、顶层规划

中共成都高新区工委办公室、成都高新区管委会办公室联合印发“五个行动计划”，将教育发展与区域政治、经济、文化等各项事业紧密联系，争取了最大限度人力、物力、财力的保障，打破了部门之间、学校之间的壁垒，保障了教育资源的开放与共享的实现，确保课程改革整体性推进。

成都高新区教文卫健局发布《成都高新区中小学幼儿园课程建设三年行动计划》

等系列文件，并由成都高新区教育发展中心负责具体解读与指导。

（二）任务驱动、统筹推进

为保障系列文件的有效落地，成都高新区构建了“区域推进课程建设核心任务框架”，明晰了八大任务。以任务驱动、统筹推进的方式，保证了课程改革的一致性。

1. 升华课程理念

区域以“高位均衡、联动创新”为课程实践取向，推进区域课程文化建设和课程文化品牌形成。学校形成能反映新时代师生精神风貌、优良品格、价值追求的课程理念及校本表达，为深入推进学校课程改革奠定文化基础。

2. 优化课程结构

区域推进“一核两翼六特”课程体系建设，着力引导学校以课程理念和育人目标为切入点，关注纵向贯通优化课程目标，关注横向关联丰富课程内容，形成与学校课程理念一脉相承的课程结构。

3. 强化德育地位

区域加强不同学段育人目标的衔接和整合，构建中小幼一体化德育体系。学校以学生品德养成为核心，上好德育课，做实德育学科渗透，强化“五个”育人，开发德育实践课程，传承高新精神，弘扬天府文化，厚植爱国情怀。

4. 夯实学科课程综合化实施

区域制订学科课程综合化实施指导意见，组织、指导学校开展学科课程综合化实施。学校以“学科基础课程—学科拓展课程—跨学科综合课程”为主要线索推进学科课程综合化实施。

5. 推进特色课程开发与实施

区域统筹开发具有高新特色的“六特”课程群。学校发挥传统优势、属地优势、师资优势，紧扣办学目标，积极创建年级、班级特色课程，跨学段、跨学校共享课程等，彰显学校办学特色。

6. 推动课程资源共建共享

区域推进远程教学互动、课程资源共享、学业质量监测等平台建设，完善课程资源的共建共享机制。学校建立家、校、社、企四维联动的课程资源建设机制，开发、利用、共享校内外资源，大力筛选、整合、开发网络课程资源。

7. 提升干部教师课程领导力

区域加强与高校、研培机构合作，逐年推进学校干部、教研员、骨干教师领导力培训。学校引导教师做好课程执行者、实施者、开发者和领导者，针对课程建设的重难点进行系统培训与实践。

8. 完善课程组织管理评价体系

区域加强对学校课程建设的引领、指导与服务，总结、提炼和推广学校优秀课程管理理念、模式和策略。学校完善课程管理体系，确保课程设计的专业性、课程实施的科学性、课程评价的导向性。

（三）区校协同、分层推进

成都高新区采用区校协同的方式，按“国家基础课程—两翼融合课程—区域六特课程”分层推进课程改革。

1. 课程标准区域转化，筑牢学科基础课程

以“开展学科课程标准的校本化解读”“开展基于教材的大单元教学设计”“实施问题导向的课堂深度学习”为抓手，强化国家课程的根本地位以及课堂的主阵地作用。首先，各学科教研员牵头，组建核心团队，研发国家课程标准转化为课堂教学的区域性工具与支架体系；其次，各校教研团队立足实际，形成校本化的学科课程纲要，形成“教学评”一致的教学。

2. 学科课程综合实施，增强“两翼”融合课程

区校协同，以“推进全科阅读行动”“优化学科专题课程群”“做实学科实践探究活动”为抓手，通过学科拓展课程提升学生认知水平；以“探索主题性课程设计与实施”“强化‘学科＋’课程建设”“推动项目式学习探究与实践”为路径，开发跨学科综合课程，提升学生的综合素养，实现“两翼”课程的高品质建设。

3. “五育”融合共创共享，彰显区域课程特色

以“五育”融合共创共享为理念，经前期课程建设工作反思，充分结合成都高新区“创世界一流高科技园区”的区情，以及调研反馈出的“百花齐放、各具特色”的校情、“随意阅读缺乏实践”的学情综合研判，确定六大课程群主题。由区域教研员领衔，组建项目团队，集全区之优势整体构建德育课程、艺术审美课程、阅读课程、综合实践课程、国际理解课程及科技创新课程，面向全区进行共享。

（四）创新机制、品质提升

区域采取全域发动、机制引动、课题带动、项目驱动、活动促动、专家推动、典型鼓动、整体联动、评估拉动、他域借鉴等策略，实现区域内校际课程建设质量最大化、差异最小化。

1. 品质联盟，引领式发展

2020年，成都高新区评选首批“品质课程实验学校”，十所实验学校面向全区进行“品质领航”系列展示活动，每场展示活动邀请一名全国知名课程建设专家进行解剖与分析。联盟定期开展课程研究活动，有效弥补了区域课程教研针对性和指导性不足的问题。

2. 基地联盟，自主式发展

目前全区拥有学科教师发展基地联盟七十九个，其中高中二十个，初中三十个，小学二十九个。联盟以基地教研组为“龙头”，开展“课程—教学—评价”一体化研究，在“教研文化新沉淀与新诠释”“课程建设新特点与新成就”“课堂改革新张力与新范式”“教学评价新视点与新谋略”“教师专业发展新实践与新突破”等多个维度取得较大突破。

3. 项目联盟，突破式发展

目前全区有课程建设领域的项目式联合研究共同体共计十二个，由区域教研员或名优骨干教师牵头组织，重点解决区域课程建设中一些具有普遍性的重要问题，涉及全科阅读、生命教育、学段衔接、家校社企协同育人等多个领域。形成深受学生喜爱的课外读物二十余种，均已正式出版；形成优质的学段衔接课程资源二百零四份，面向全区共享；打通家校社企协同育人渠道，形成与属地资源相匹配的特色课程三十余门。

四、结语

经过第二轮课程改革实践，成都高新区区校协同构建的“一核两翼六特”综合育人课程体系基本形成，各校课程基本实现优质均衡发展，区域课程特色彰显；区域各层级教师课程领导力得到大幅提升；近年来在国家、省市各级学业检测中，高新区各项指标均名列成都市前列。据不完全统计，区域及学校代表在全国、省市进行课程建设交流或获奖一百一十余次，其中含 2021 年四川省教学成果一、二等奖多项。2022 年 4 月，成都高新区被教育部确定为义务教育优质均衡先行创建区。

撰稿人：李建萍、刘继红、曾亮

编辑手记

成都高新区工委、管委会和高新区教育发展中心根据各自的职能在教育改革上有所作为，既做到了区域优质教育资源均衡使用，保障和促进教育均衡发展，又能激发各个学校的办学活力，使得各个学校的教育改革富有特色。本案例给人的启示是：教育三主体充分发挥主观能动性，协调各方教育资源，可实现区域内教育均衡、协调、特色发展，最大化地促进立德树人根本任务的实现。该案例值得肯定，有较大推广价值。

内江师范学院　陈理宣

构建“双色”德育 成就精彩生命

成都市七中育才学校

一、学校办学理念

学校文化是学校高品质发展的灵魂，是学校一切工作内涵发展、创新发展、可持续发展的内在驱动力。成都市七中育才学校经过二十多年的探索和积淀，逐渐明晰了学校精神文化系统，并以此指导学校德育工作的开展。

二、德育工作目标

学校在“重德育才、面向未来、最优发展”的办学理念指引下，确定了“让生命精彩”的德育理念。基于此，学校确定了德育培养目标：培养“卓尔不群、大器天下”的新时代好少年。具体来说，“让生命精彩”理念下的德育工作目标包含一个总体目标、两大角色意识、三种核心素养、九大关键要点。

一个总体目标：培养“卓尔不群、大器天下”的新时代好少年。

两大角色意识：①具有卓越才华的最优秀独特的自己；②具有责任担当意识的社会主义建设者和接班人。

三种核心素养：健康生活、实践创新、责任担当。

三、德育工作内容

学校秉承“让生命精彩”的德育理念，紧扣德育工作目标，结合《中小学德育工作指南》的五大德育内容，以“着匀底色，让人生基础厚重”“增添亮色，让人生精彩纷呈”为路径，构建起了“双色”德育内容体系。

（一）“底色培养”系列

1. 习惯与规则

习近平总书记说：“人生的扣子从一开始就要扣好。”“习惯与规则”主题德育就是在帮助学生扣好人生的第一颗扣子。在沉浸式、互动式的规则教育中引导学生敬畏规则、遵守规则、运用规则、创造规则；在序列化、主题式的习惯教育中引导学生感受习惯的力量，习得培养习惯的方法，最终养成受益终身的好习惯。

2. 生命与生活

学校通过全覆盖的安全教育、全景式的健康教育和实践性的劳动教育保障学生生命安全，让学生获得更有质量的生活。

以健康板块中的心理健康教育为例，学校构建起了“三型”心育课程体系和“五一”心育培养模式，通过扎实的师生日常心理关护、丰富的学校心育活动、具有特色的心育队伍建设呵护学生心理健康，为学生终身发展赋能。劳动板块则以课程为载体，构建起了具有温度、力度与高度的“三力”劳动教育课程体系，分别指向学生生活力、生产力、服务力的培养。

3. 信念与价值

学校在爱国、爱家、爱校的系列活动中践行理想信念教育和社会主义核心价值观教育。

以爱家板块中的家文化主题教育活动为例，学校着力挖掘家庭文史资源，拓展教育场域，传承、弘扬家族文化，融合并创新家校共育方式，创生出了涵盖活动时间、传统文化、育人目标、主题内容、参与对象的家文化活动序列。

（二）“亮色培养”系列

1. 个性与担当

个性指向学生能力与特长的培养。以担当板块中生态文明教育为例，学校通过项目式探究，引导学生尊重自然、顺应自然、保护自然，体现社会公民的责任感。如在“永续成都生态之美，再造墨池生境之秀”“母亲河的第三次转型”“最美上学路”等德育探究项目中，学生融合学科知识，在教师的指导下开展深度探究，提出问题解决的具体方案，在德育探究中为他人服务、为社区服务、为社会服务，生命的意义与价值在服务中得以增长。

2. 视野与格局

以视野板块中国际模联为例，学校开设“模拟联合国”学生社团，聘请专业教师对学生进行培训。学生围绕国际热点问题，扮演不同国家或政治实体外交代表，为了国家利益辩论、磋商、游说，化解冲突，解决问题，真切地感受世界的整体性、一体化，感受自身在未来世界中可以发挥的作用与价值。

3. 传承与创新

文化在传承中得以延续，时代在创新中实现发展。学校立足中华优秀传统文化，通过文史探究、传统节日、花朝节、汉服节等德育活动，引导学生了解中华优秀传统文化的历史渊源、发展脉络、精神内涵，增强文化自觉和文化自信。同时，放眼未来，把准时代脉搏，在科技板块与社会紧密连接，既“走出去、请进来”，开阔学生眼界，也“动起来、做出来”，让学生在实践中提升创新创造的能力。

四、实施途径

（一）课程育人

1. 德育课程内容：从零散走向整合

整合的德育课程，是一种以主题为载体的整合课程。学校通过内容整合、结构整合和文化整合三种主题整合策略，形成了内容、结构、文化的三维整合机制，以此整体构建主题体验式的德育课程体系。

2. 德育课程资源：从封闭走向开放

德育不是单独进行的封闭活动，而是融合智育、体育、美育以及劳动教育的开放式育人体系，因此，在开发德育课程资源时，应从封闭走向开放，有意识地融合学科、家长、社会等各类资源，丰富课程内容，满足学生全面发展的成长需求。

3. 德育课程评价：从单一走向多元

学校在德育课程推进过程中通过过程记录性评价、成果展示性评价、结果评比性评价等方式，实现德育课程全面、全程的多元评价。

在记录性评价上，目前学校已经编制完“新生入学”“科技活动月”“书香阅读”“四学会”“文史探究”“梦想课程”等德育课程使用手册，以过程记录的方式督促每个学生完成对应课程，然后根据完成情况做出相应评价。

在展示性评价上，学生通过对主题德育课程的学习探究，形成一定的感悟总结、研究报告、阶段成果，然后将这些成果物化张贴在教室内外墙或学校展板，供大家相互借鉴学习。

在评比性评价上，每学期学校都有相应的评价课程，如“出彩育才人”“育才卓越学子”评选等，学生通过推荐、自荐等方式参与评选。以“出彩育才人”评选为例，学生可在学校提供的聚焦习惯养成的三十余个项目中进行自主申报，也可以根据自己的优势与特长，自选项目进行申报。学校希望学生能够理解每个生命都值得期待，每段人生都可以绽放光彩。

（二）活动育人

1. 传统节日活动育家国情怀

学校利用春节、清明、端午、中秋、重阳等中华传统节日，弘扬中华民族传统文化。如“重阳亲子共读一本书”“春节亲子共做年夜饭”“中秋亲子共赏一轮月”等活动，增强传统节日的体验感和文化味。

2. 主题教育活动彰显育人品质

无论是入学仪式、散学典礼、毕业典礼、离队仪式等重要生涯节点，还是“九一八事变”纪念日、国家公祭日等重要纪念日，或是劳动节、儿童节、教师节、国庆节等重大节庆日，学校都会开展形式多样的主题教育活动。

3. 团队建设让学生成为主角

学校积极开展团、队活动，发出学生自己的声音。加强学校团委对学生会组织、学生社团的指导管理，完善学生社团工作管理制度，建立体育、艺术、心理、志愿服务、学生电视台等各类学生社团，充分利用课后时间组织学生开展丰富多彩的科技、文娱、体育等社团活动，创新学生课后服务途径。

（三）实践育人

1. 博物馆实践课程加大学习深度

基于博物馆资源的德育新实践希望将学生带进丰富多彩、充满活力的博物馆世界，使他们有机会走进中国的悠久的历史、丰厚的文化，实现人对自然、对生活、对社会的伦理精神、审美体验和求真意识的统一。充分挖掘和利用博物馆资源的教育因素，促进学生在知识、情感、价值观等方面的全面发展。综合来说，博物馆课程的核心目标是培育有深厚底蕴的文化创新者。

在课程实施上，通过“大场馆＋小藏品”的方式组织课程资源，通过“主题体验式”“课题研究式”“项目创作式”等学习方式促进学生跨学科、超学科的深度学习。

2. 学校实践课程积累学习厚度

科技活动月，带学生走进科技类馆室、科研机构、高新技术企业、军事博物馆、国防单位等开展科普教育和国防教育。

“四学会”是利用研学实践基地，有针对性地开展自然类、历史类、地理类、科技类、人文类、体验类等多种类型的研学旅行活动。

劳动服务课程利用能源展览馆、污水处理企业等开展生态文明教育。

3. 暑期社会实践拓展学习宽度

利用暑期开展社会实践活动，成为育才学子学习生活的重要组成部分。初一年级的“当家课程”、初二年级的“职业初体验”、初三年级的“我与名校有约”，能够厚植学生爱党、爱国的情感，增强学生服务社会的责任担当。

学校“双色”德育工作方案被评为教育部第二批“一校一案”落实《中小学德育工作指南》典型案例，产生了广泛的影响；多次在省、市、区各级各类活动中分享学校新时代“五育”融合视野下的德育工作经验；《人民日报》《新浪教育》《四川教育》等多家媒体多次报道学校紧跟时代育人要求的德育创新路径做法，辐射面广、引领性强，受到广泛好评。

在学校与学生这场生命的相遇中，如何让学生真正成为主体，如何使“人”发现自身原本就有的力量，让学生更好地成长，育才人一直在探索。我们希望，在“双色”德育的浸润下，每一个学生都能成为具体的、独特的、丰富的人，让教育真正通过生命的提振，实现教育立德树人的最高追求！

编辑手记

德育工作是学校教育工作的重要部分，是素质教育的灵魂。成都七中育才学校以培养“卓尔不群、大器天下”的新时代好少年为总目标，开创“底色培养”和“亮色培养”相结合的德育模式，前者注重习惯与规则、生命与生活、信念与价值，后者注重个性与担当、视野与格局、传承与创新，通过“双色”德育的浸润，培养合格的社会主义事业建设者和接班人。在“双色”德育中，“底色培养”与“亮色培养”具有互为补充、辩证统一的关系。“着匀底色，让人生基础厚重”，讲求的是学生所应具备的基础素质与品格，是进入社会的“基础线”，不能有短板。“增添亮色，让人生精彩纷呈”，讲求的是每个学生在共性之上应具有的独特个性和特长，是飞扬生命、舞动青春的“目标线”，要发挥长处。两者相结合，补齐短板、夯实基础、发挥长处，才能使得每个学生都能实现自我价值和人生意义。

四川教育出版社　李萌芽

构建整体推进综合实践活动的区域实践体系

成都高新区教育发展中心

成都高新区作为全国教育优质均衡先行创建区，在综合育人实践中，构建了实施“三个维度政策引领、三个策略课程实践、三个主体赋能创新”的“三三”机制的区域实践体系，促进了区域教育高质量发展。

一、聚焦核心问题，整体推进

聚焦核心问题，把区域统筹、顶层设计、整体推进的“自上而下”，和学校自主、教师探索、经验推广的“自下而上”相结合，整体推进区域综合育人实践。

二、建立“三三”机制，协同发展

（一）“三个维度政策引领”

针对成都高新区部分中小学综合实践活动方向不明、任务不清、资源分散等突出问题，区教育行政主管与业务指导部门联合研制相关政策，从三个维度实现政策引领。

1. 方向引领，提高站位

2019年，成都高新区印发《成都高新区关于推动教育高质量发展的实施意见》（以下简称《实施意见》），提出“建设一流的教育生态系统、一流的教师人才队伍、一流的教育治理能力、一流的资源保障体系，逐步形成有利于人的全面发展、有利于全社会对高新区的情感认同和实践支持、有利于产业功能区建设、有利于经济社会高质量发展的教育格局，努力将高新区建设成为与国家高质量发展示范区和世界一流高科技园区相适应的教育现代化先行区”的发展目标。

2. 路径引领，明确任务

将“推进泛在可选、普惠多元终身教育建设”作为工作要点，提出了“打造特色研学旅行路线五条，创建学生社会实践基地十个，打造终身学习品牌项目三至五个”的目标任务。《实施意见》还明确了“落实立德树人根本任务，促进学生全面发展”的实施路径：利用节日、法治、仪式等活动，开发主题化、生活化、序列化的实践课程，建立家、校、社、企“四维联动”共建共育机制，开发“研学高新”“绿道品学”“空港学堂”等特色项目，开展万名师生进园区、进高校、进社区、进企业“四进”活动。

3. 模式引领，统整协同

发布《“学区治理 集团办学”成都高新区基础教育优质均衡发展行动计划》，制订“加大区域教育资源统筹力度，优化教育行政管理架构，促进基础教育治理体系和治理能力现代化”“统筹学区资源供给，建立学区资源共享平台，对接需求与供给，提高功能场馆、名优师资等教育资源的利用效率和效益”等一系列措施。

（二）“三个策略课程实践”

针对部分学校综合实践活动课程开发意识淡薄、开发能力不足、课程路径窄化、活动方式单一等主要问题，探索形成了中小学综合实践活动课程实践创新路径及策略。

1. 拓展实施路径

高新区综合实践活动课程经历了学科基础课程、学科实践课程、跨学科实践课程三个阶段的课程拓展。

《成都高新区中小学学科课程综合化实施指导意见》指明了学科课程综合化实施的基本思路，提出“学校应以‘学科基础课程—学科拓展课程—跨学科综合课程’为主要线索推进实施学科课程综合化”，要求“师生共建超学科课程，初步构建包括综合实践活动在内的‘一核两翼六特’区域课程结构”。《成都高新区中小学幼儿园课程建设三年行动计划》提出“区域统筹开发包括综合实践在内的具有高新特色的四大课程群和实践基地”。

2. 优化课程建设

结合大运会等社会热点、学生现实生活或校园学习生活问题，开发丰富多元的综合实践主题活动，确立了三个高新综合实践课程群方向。一是结合“双减”“疫情”等时代热点话题，培养学生关注时代、解决问题的能力。二是强调学生从真实生活和发展需要出发，发现社区、社会存在的问题，培养学生的社会责任感及服务能力。三是在实践活动中加强党史教育学习，强化学生的国家认同、文化自信。

在组织学生进行考察探究、社会服务、设计制作、职业体验等基础上，强化以项目式学习的方式开展综合实践活动，以任务为导向，打破学科壁垒，按项目确立、项目设计、项目探究、作品制作、成果交流、评价反思为主线开展活动，师生共同开发实施综合实践活动。

3. 立足区本校本优势

针对部分学校优势资源开发运用不够、综合实践课程特色不足的现状，高新区以“两个引导”助力学校综合实践特色发展。

一是引导立足区域优势开发课程资源。成都高新区是全国首批国家级高新区，是四川省全面创新改革试验区和中国（四川）自由贸易核心试验区。结合高新产业样态，高新区积极引导学校立足区本优势，开发实践教育资源，开设家政、手工、园艺、创客、智造等实践课程，把自主服务、家庭服务、学校服务、社区服务相互贯通。

二是引导立足校本优势开发课程资源。要求各学校根据“一校一特色”“一校一品牌”的实际情况，立足校本优势开发综合实践课程。锦城小学立足学校美术特色，开发了“博物馆探秘之古蜀青铜文化之旅”课程；高新实验小学利用大科创教育优势，开发了“空中农场环创探究”课程；中和小学发掘教师资源优势，开发了“探索皮影艺术 锥刻西游新语”课程。

（三）“三个主体赋能创新”

1. 搭建“三个平台”，增强教师主体综合育人能力

为赋能教师主体提升综合素养，高新区搭建三个多元化研修平台。一是搭建校内研讨平台。鼓励学校选拔骨干教师组成综合实践教研组，选拔综合实践教研组长，定期开展综合实践研讨活动。二是打造校际交流平台。在区域内选拔一批优秀的综合实践教师，创建一个综合实践中心组、一所教师发展基地、一个特色工作室、一个联合研究项目。三是创建区外交流平台。针对综合实践的关键、热点问题，与兄弟区县定期开展区际联动教研。

2. 拓宽“两个渠道”，提升学校主体综合育人品质

为赋能学校主体增强综合实践活动整体规划和实操建构能力，高新区采取两项措施：一是拓展各级各类学校交流渠道，倒逼学校对综合育人进行整体思考和系统建构；二是分阶段向全区中小学征集作品，引导学校从对单节综合实践活动课的关注，走向对综合实践活动系列课程的关注。

3. 创建“一个品牌”，提升学生主体综合活动创新能力

为赋能学生主体增强综合实践活动创新动力，高新区全力打造全区中小学学生综合实践成果展品牌，以品牌展评提升学生积极参与的热情。每年 10 月组织全区中小学学生综合实践成果展，学生在参与中创新认识性成果、操作性成果和物化成果。采取自评和组内互评、组间互评，激发学生主动参与综合实践活动的热情。

三、多元主体发展，成效明显

（一）中小学生综合素养大幅提升

1. 学生价值体认水平提高

学生通过走访模范人物、参加职业体验，提高了国家认同感与文化自信。如高新实验中学学生在“促进高中生主动完成青年大学习”项目中，通过实地走访、数据分析，自主设计、拍摄视频，优化青年学生学党史方案，转变了青年大学习观念，主动参与到党史学习中。

2. 学生责任担当意识提高

学生参与综合实践活动的积极性明显提升，主动服务他人的意识渐渐形成，良好社会品格逐步养成，服务能力得以增强。如西藏中学学生聚焦学校所在肖家河社区养老问题，深入肖家河社区和街道，开展问卷调查、座谈走访，撰写了《肖家河社区老人幸福感调查报告》。

3. 学生问题解决能力提高

学生通过参与解决热点问题优秀案例征集活动，提高了解决问题的能力。芳草小学学生发现“双减”背景下学生时间管理是一个难点问题，通过对教师、家长、学生群体开展问卷调查，进行成因分析，提出合理化的建议。

4. 学生创意物化能力提高

据不完全统计，高新区学生每年参加各级各类成果展评、案例征集、调查研究，形成的优秀物化作品达五百余项。2019—2021 年高新区报送六项成果参加市综合实践活动优秀成果展评，有五项成果获市级特等奖。

（二）教师综合育人能力明显增强

教师在综合实践活动中转变了综合育人观念，提高了综合育人能力。2019 年，在全国“落实《中小学综合实践活动课程指导纲要》，推进课堂高质量实施”学术年会上，高新区教师代表四川省展示了“魅力阆中·趣探古城”研学实践活动课，教育部专家充分肯定了高新教师的综合育人能力。在各级各类活动中，高新区教师成果显著。在 2021 年成都市综合实践活动优秀案例评选中，高新区获评优秀案例十一项，占全市优秀案例的三分之一。

（三）学校综合实践社会影响力提高

高新区多所学校在国培项目和省市教研活动中作专题发言和展示交流。在 2022 年 3 月四川省综合实践活动网络教研活动中，蒙彼利埃小学作题为“迈向 3.0 的蒙融综合实践活动课程”的经验分享，成都市泡桐树小学（天府校区）作题为“‘融·创’综合实践活动课程的校本开发与实施”的专题发言。

（四）区域综合实践辐射引领作用增强

高新区多次承办省市综合实践活动教学研讨会；作为全市综合实践活动研讨片组牵头区，负责第一片组六个区县的教研活动。高新区综合实践课教研员多次在省市综合实践活动教研会上作题为“从问出发，区域整体推进综合实践活动”“走向深度学习的设计制作综合实践活动”等的交流报告，提供了综合实践活动整体推进的高新方案和高新模式。

综合实践历久弥新，研究探索永无止境。高新区将继续优化“自上而下”和“自下而上”相结合的整体推进实践体系，以高品质的综合实践活动，做好综合育人，促进区域教育高质量发展。

撰稿人：周旋律、李宇青

编辑手记

综合实践活动是实施“五育”并举的必然选择，是从整体育人的教育视角，实现教育内容、教育方法、教育路径的整体协调，共同构建学生发展的教育空间。成都高新区教育发展中心聚焦核心问题，将“自上而下”与“自下而上”相结合，构建整体推进综合实践活动的区域实践体系，建立行之有效的“三三”机制，实现学生、教师、学校多元主体发展，并将成功经验推广到省市其他地区。

成都市郫都区教育局　王朝贤

区域美育教研的“1+7”路径探索

资阳市教育科学研究所

立德树人、“五育”并举是新时代教育的根本任务。必须树立课程融合理念，加强艺术与其他学科教育相融合，充分挖掘和运用各学科蕴含的中华美育精神与民族审美文化资源，有机整合相关艺术课程内容，推进课程教学、社会实践和校园文化建设深度融合，大力开展以艺术教学为主题的跨学科教育教学和课外校外实践活动。

资阳市开展区域美育教研的“1+7”路径探索，力求“深入课改、持续发展”。凸显课改新要求，着力推动“理论与实践交叉进行”教研教学深入课堂。

一、教研“1”条线，教师有为有位

所谓“1”条线，是指教师主要通过理论学习、课堂设计、实践探索、总结提炼实现教研“1”条线目标：教师每学期读1本理论或专业教学方法的书；每学期参加1次网上教研活动；每学期集中参加1次教育教学现场培训学习，每年进行1次全市赛课、微课或展示活动，课堂设计采用“同课异构”“一课多磨”“对话式”的形式；名师一带多或结对子引领示范；教研员在1个县（区）努力培养1个学校做1个市级大课题。教研“1”条线，提高了美育教师自身专业素养，实现了先有为再有位。

二、“7”个方向，推动美育发展

1. 以国家政策推动美育发展

一是配齐配强专职专业师资。美育专职师资一定要按照义务教育均衡发展的要求配齐配强。二是开齐开足美育课程。三是配足专用教室设施设备。

2. 以校园社团推动美育发展

一是打造校园文化。积极改造校园文化，发动美育教师为艺术教育工作想办法、出主意。收集师生、家长的绘画、摄影、书法等作品进行陈列，美化校园。二是建设美育社团，推广工作坊。如刻字社、毛线挂件社、旧布贴画社、合唱社、小乐器社、树枝画工作坊、漆画社等。

3. 以面向人人推动美育发展

美育要面向人人，让每个学生掌握一两项艺术特长。校长、班主任、教师共同努力，专业教师要成为主力，各班班主任、其他科任教师和学生家长中有条件、有兴趣爱好、有基础的也应积极参加。学校要为特别优秀的学生搭建平台，让他们在县（区）、市、省乃至全国有展演的空间。另外，美育要做到普及学生，也要带动家长。

4. 以学科融合推动美育发展

立德树人作为教育的根本任务，落实“五育”并举，提升美育育人功能是重要的途径。要促进多育融合，比如美育与德育结合。学校首先要扎实推进美育的“德育课程”，主动将社会主义核心价值观融入办学理念、传统文化和人才培养全过程。其次，教师要深度挖掘每门美育课的思政元素，让所有的美育都上出“德育味”，让所有美育教师都挑起“德育担”。

5. 以传统文化推动美育发展

学校特色不能千篇一律、千校一面，要结合当地优秀文化，打造学校的地方特色。美育教师要多对地方优秀传统文化典型案例进行分析、借用，将根据学校教师专业和当地传统文化特色重点打造的具有地方传统文化特色的舞蹈、歌曲等引入课堂，让孩子们坚持正确的历史观、文化观，增强孩子们的民族底气、归属感、荣誉感。

6. 以协同推动美育发展

教育主管部门应与学校、教研机构 3 方协同，建立由教育主管部门指导、学校具体实施、学生广泛参与的美育发展体系，确保美育作为素质教育重要内容、重点发展的战略落细落实。以美育教师为中心，搭建联动桥梁，推动美育发展，在组织管理、教研活动、课堂实践方面强化 3 方协同，共同推动美育发展。

7. 以五位一体推动美育发展

五位一体，协同助力美育发展。倡导家校社企高校五位协同。除了学校美育教师的专业教学，还可以发动有积极性、有兴趣爱好、有专长的班主任、科任教师参加艺术社团的指导和培训。学校要积极掌握学生的美育成果，对幼升小、小升初、初升高的学生进行兴趣摸底，对家长爱好进行摸底，做到有的放矢，有针对性地培养学生。

当美育使者，推动美育发展，践行育人初心，这不仅是正在研讨的一个方向，更是“一种持续发展的教育理念”，这种理念不仅对学生、教师、学校有重要意义，对美育的持续发展更有重要的促进作用。美育的未来，向上、向善、向好发展，需要探索，需要学生、教师、家庭、社会共同努力。

撰稿人：李荣衡、吴方玉

编辑手记

美育是人类文化发展的重要载体，它以独特的艺术魅力和社会功能伴随人类社会不断发展，满足人类社会精神文化需要。美育就是以培养审美的能力、美的情操和对艺术的兴趣为主要任务的教育。资阳市教育科学研究所针对艺术教学中重知识与技能、轻审美感知和文化理解的现状，立足美育对立德树人的内涵和意义，变革美育课程体系，改变教学方法，探索区域美育教研的“1+7”实践路径，取得积极成效。

四川省教育融媒体中心　陈敬

中学劳动教育“点、线、面、体”体系构建的探索与实践

四川省内江市第二中学

习近平总书记曾在多个场合多次对劳动、劳动精神、劳动教育作出深刻的阐述，他强调：“要在学生中弘扬劳动精神，教育引导学生崇尚劳动、尊重劳动，懂得劳动最光荣、劳动最崇高、劳动最伟大、劳动最美丽的道理，长大后能够辛勤劳动、诚实劳动、创造性劳动。”劳动不仅是物质财富的来源，更是人类精神财富的体现，实施好劳动教育即是对人类文明最好的传承。

四川省内江市第二中学（以下简称“内江二中”）在传承“教会学生基本劳动技能、树立学生正确劳动观念、培养学生养成劳动习惯”传统劳动教育的基础上，通过全面、科学地构建“点、线、面、体”中学劳动教育体系，不断推进以劳动教育促“五育”并举的实施，积极传播现代劳动教育理念和技能，帮助学生形成崇尚劳动、劳动光荣的正确价值观念，全面提高学生的综合实践能力，植深培厚学生的社会责任感和劳动认同感，以适应新时代对中学生全面成长成才的更高要求。

一、健全制度，扎牢学生成长的“落脚点”

内江二中大力推进劳动教育体系的建设和实施，旨在坚持以劳树德、以劳增智、以劳健体、以劳育美，始终将培养全面发展的社会主义建设者和接班人作为一切工作的落脚点。作为四川省德育工作先进单位，学校将劳动教育作为德育工作的重要抓手之一，不断深化劳动教育内涵，创新劳动教育形式，提高劳动教育质量。

为切实保障劳动教育发挥实效，学校成立了内江二中劳动教育改革工作小组，树立了系统化劳动教育改革的工作目标，并研究制订了《内江二中新时代劳动教育实施方案》，通过树立目标、细化分工、明确责任、制订内容，不断推进劳动教育系统化发

展。学校根据劳动教育实施的实际情况，定期开展专题研讨，对《劳动周值班制度》《校园文明岗制度》《志愿服务活动管理制度》《劳动教育考核及评价管理办法》等劳动教育、劳动管理的相关制度进行修订、更新、整合，不断给这些“生硬”的制度注入新的活力，赋予新的时代内涵，让制度不再成为行动的枷锁，而是成为新时代劳动教育的行动指南。

在健全各项管理制度的同时，学校注重将各个制度进行整合，通过不断的实践探索，将《劳动教育考核及评价管理办法》作为其他劳动教育相关制度的中心轴，通过将各项劳动教育相关制度与《劳动教育考核及评价管理办法》进行有效衔接、有机整合，以考核推动各项制度的实施，以评价促进劳动教育的落实，极大地提高了制度的整体性、协调性，让各个环节的劳动教育能始终保持步调一致，对全面有效实施劳动教育起到了根本保障作用。

二、统筹规划，握紧学生发展的“成长线”

内江二中结合德育大纲，将劳动教育课程、劳动教育活动纳入日常教育教学工作中，结合教育部《大中小学劳动教育指导纲要（试行）》精神，紧紧抓住学生科学发展的“成长线”，明确了在中学生成长过程中各阶段的劳动教育目的，制订了适合各年级学生年龄特点、符合学校实际情况、弘扬本土特色文化的劳动教育学年计划，将劳动教育系统地贯穿学生整个初高中学习生涯的始终。各年级的劳动教育学年计划中主要包括了劳动教育课程、劳动制度落实、劳动实践活动的内容。

（一）劳动教育课程方面

选定适应学生年龄、适应社会发展要求的劳动教育教材；切实把劳动技术课列入教学计划，开齐上好课程，重视培养学生的劳动价值观；加强劳动技术课的教学研究，创造性地将劳动教育与其他学科教学进行相互渗透、融合；开设劳动技能培训课程，课程内容涵盖了日常生活劳务、制作修理、种植养殖、社会服务等，让学生切实掌握具体的劳动实践技能；充分挖掘本土特色，结合内江二中学校文化实际情况，有针对性地开展各色各样的富有教育意义的劳动课程。

（二）劳动制度落实方面

为帮助学生树立劳动使命感、责任感，同时为落实好“劳动周”“文明岗”“清洁校园”等劳动制度，学校在各年级的劳动学年计划中，将各班级全年的劳动岗位设置、劳动时间安排均加以明确，让各班提前做好筹划。学校还通过提高评价考核成绩等方式，积极鼓励各班大力开展班级特色劳动周文化，创新校园文明岗活动，极大地提高了全体学生对劳动的热情，激发了青少年学生对劳动技能、劳动工具的创造力，取得了较大的成效。

（三）劳动实践活动方面

学校结合五一劳动节、农民丰收节、植树节、世界环境日、学雷锋活动月等节日类活动契机，加大劳动教育宣传，大力开展劳动教育专题活动，普及劳动知识，营造浓厚的热爱劳动、劳动光荣的氛围；开具一份劳动清单，让学生利用寒暑假、周末尽量完成，使每名学生每学年都能参与到劳动活动中去；组织学生积极参加义务劳动、志愿服务等活动，厚植学生主动服务他人、服务社会的情怀。

三、内外联动，拓宽劳动教育的“覆盖面”

学校结合全方位育人的教育理念，积极探索家校共育、融入社会的劳动教育方式，将以学校为主体的教育阵地延伸至家庭和社会，极大地拓宽了学生学习和实践的场域。

（一）对内家校协同

学校加强与学生家长联系，如通过学生家长会、家委会、各班家长微信群、学校微信公众号、家长学校等方式或途径，向学生家长强调家庭劳动教育的重要性，分享劳动教育、劳动技能的课程资料，发动家长共同参与到学生的劳动教育中来。鼓励家长充分利用学生课后时间、周末时间，适量安排家庭劳动，给学生提供日常劳动实践的条件。通过持续开展家庭日常生活劳动，帮助学生增强生活自理的能力，提高坚持劳动的毅力，培养良好劳动习惯。

（二）对外整合资源

学校积极开展对外联系，注重对社会劳动教育资源的开发利用，充分利用学生寒暑假时间，适当安排社会实践活动，让学生融入社会去感受劳动的精神和魅力，还利用周边各类实训基地和公共场地，开展形式多样的劳动特色教育，不断开发适合学生劳动体验的活动项目，使实践课程与课堂学习相互补充、相互促进。

（1）志愿服务活动。组织学生在确保安全的前提下开展系列志愿服务活动。鼓励学生以“赤子心向党 • 爱传千万家”为主题开展志愿服务活动，例如走进图书馆、博物馆等公共场所，深入福利院、敬老院等公益机构，开展形式多样的志愿服务活动，送去温暖与真情，从而锻炼能力、锤炼品格。

（2）岗位体验活动。支持、鼓励学生在确保安全的前提下参与工作岗位体验，通过开展“跟着爸妈去上班”“我的社区岗位”等主题实践活动，让学生增强岗位、职业的体验、尝试，增长见识，开阔眼界。在保证安全的前提下，零距离接触各种社会职业流程，了解职业特点，让学生从真实的岗位工作经历中获得真切的职业体验，增强职业认同感和劳动自豪感。

四、系统构建，形成多维度评价“综合体”

学校按照《劳动教育考核及评价管理办法》每学年对学生单独进行劳动教育考核评价，考核评价内容与劳动教育学年计划相对应，明确5大考评项目及评价要求，包括学生劳动技术理论课程学习情况、劳动技能掌握情况、校内劳动参与情况、家庭劳动参与情况、社会活动参与情况5大部分，考评采用百分制，评分中劳动技能教师占40%、班主任占40%、家庭占10%、学校有关部门占10%，对学生每学年的劳动情况进行全面评价。

学校将学生劳动教育评价作为学生综合素质评价的重要尺度之一，也作为学生评优评先的主要参考条件之一，使其成为激励劳动教育的重要支撑。同时学校大力实施奖励制度，将优秀学生情况或实践案例通过各种形式在全校范围内大力宣传，树立典范；积极开展学生劳动成果展示、劳动技能比拼等特色活动，激发学生内生动力，给学生一个展示自我的平台，进一步提高学生崇尚劳动、热爱劳动的积极性。

内江二中以健全的制度体系为保障，以规范的课程体系为基础，以科学的实践体系为支撑，以完善的评价体系为重点，构建起了符合学生全面发展需求的“制度+课程+实践+评价”的新时代中学劳动教育体系，充分体现了劳动教育在促进学生德智体美劳全面发展中不可或缺的重要作用。学校也将继续围绕立德树人的根本任务，充分发挥劳动教育推动“五育”并举深度发展的实效。

撰稿人：曹丽娜

编辑手记

“劳力劳心，亦知亦行。”劳动，是生命的底色，并在树德、增智、强体、育美等方面有着独特的育人价值，是教育不可或缺的一个重要方面。内江市第二中学在传承“教会学生基本劳动技能、树立学生正确劳动观念、培养学生养成劳动习惯”的传统劳动教育的基础上，深挖劳动教育的内涵与外延，从制度、课程、实践、评价几个维度出发，构建了“点、线、面、体”中学劳动教育体系，避免了劳动教育走向形式化、单一化，让劳动教育真正落到了实处。

《全视界·教育》编辑部　黄欢

“五育”融合理念下学校教育质量内控机制建设的路径与方法

成都市双流区实验小学

自2013年印发《教育部关于推进中小学教育质量综合评价改革的意见》以来，我国相继出台多个文件推进教育评价改革，积极开展学生综合素质评价改革。成都市双流区实验小学（以下简称“双流实小”）积极贯彻落实国家文件和相关要求，从2017年起，在已有的学生“成长记录袋”评价方式的基础上，深入研究学生成长评价体系，从学校教育质量内控机制的内涵认识出发，取得了良好的建设成果。

一、学校教育质量内控机制的内涵

双流实小的学校教育质量内控机制就是在科学教育质量观指导下，把立德树人作为首要任务，坚持“五育”融合，追求将儿童培养为“具有阳光风貌、果敢精神、自主能力、合作态度，具备家国情怀和国际视野的幸福儿童”。其重点在于建立完善的学生综合素质评价体系，包括基于学生实际的标准制订、评价实施和结果应用。

在建立学校教育质量内控机制的过程中坚持“五育”融合，既因为其具有重要性，更在于只有做到“五育”融合，才能真正回答“培养什么人”的问题，才能真正培养德智体美劳全面发展的社会主义建设者和接班人。因此，“五育”融合理念下的学校教育质量内控机制是学校全面发展素质教育的重要引领和激励、监控力量。

二、学校教育质量内控机制的实施现状

（一）积极探索，从1.0到3.0的评价改革实践

1. 评价1.0：“成长记录袋”的探索与应用

为改变学校教师在各级评价指挥棒下过于强化“智育”的状态，自2004年起，学

校以“成长记录袋”的形式对学生进行评价，树立全面育人的理念。

2. 评价 2.0：成长护照的探索与实践

2014 年，学校站在“育人”高度，以培养出“具有阳光风貌、果敢精神、自主能力、合作态度，具备家国情怀和国际视野的幸福儿童”为目标，全面启动双流实小“学生成长护照”建设，采用自我评价、相互评价等多种评价方式，对学生从“自我发展”“与人交往”“实践体验”3 个维度 18 个方面进行阶梯状指导和评价。家长、社区工作人员、教师、学生等评价主体共同参与，对学生在行为品格、身心发展、学科素养等方面开展评价，做到评价主体全面开放、学生评价多元化。

3. 评价 3.0：学生学业质量评价改革

2015 年，学校进一步改革学生学业质量评价，实施“‘快乐嘉年华，幸福闯关游’1～4 年级学生学科非纸笔测试”评价。从学科核心素养出发，巧妙融入学科渗透的关键知识和能力，用闯关的形式进行综合评价，以发展的眼光充分尊重孩子的差异性，彻底摒弃过去“评价形式单一、评价时间单一、评价内容单一”的评价方式，让评价真正为培养人、发展人服务。

（二）深刻反思，重新起航

在十余年的改革探索中，学校发现已有的评价存在 4 个问题：一是评价内容体系化不足，二是监测指标的科学性、全面性有待完善，三是评价方式仍较传统，四是评价结果处于闲置状态。基于以上认识，学校在 2017 年 2 月明确提出坚持改革主线，以学生综合素质评价改革为突破口，建设学校教育质量内控机制。

三、“五育”融合理念下学校教育质量内控机制的路径选择

学校以改革为抓手，在“五育”融合理念指导下，树立科学育人观，着力建设学校育人质量内控机制，构建起“幸福学生成长评价”体系，助力学生全面、融合发展。

（一）坚持文化引领，建设有根基的幸福学生成长评价体系

学校在“一个都不能少”办学理念引领下，树立全员教育观、全程教育观、全面育人观、差异发展观、和谐发展观，并据此确定学校育人目标。

（1）总体目标：参考“中国学生发展核心素养”，以“一个都不能少”办学理念为引领，把育人目标凝聚为“培养具有阳光风貌、果敢精神、自主能力、合作态度，具备家国情怀和国际视野的幸福儿童”。

（2）具体目标：在深刻把握“阳光、果敢、自主、合作”的基础上，将之分别对应风貌、精神、能力及态度并分为低级、中级和高级 3 个阶段，最终具象外化成一种

可观、可感的学生生命样态。

（二）明确评价原则，建设有温度的幸福学生成长评价体系

（1）导向性原则：教育的出发点和归宿都是为了“人的发展”，因此评价内容要引导学生达成育人目标的要求。

（2）整体性原则：评价指标应在育人目标导向下，关注学生德智体美劳全面发展。

（3）客观性原则：评价主体在对学生进行评价时应公正、客观。

（4）发展性原则：学生每学期达成相应目标，最终成长为“具有阳光风貌、果敢精神、自主能力、合作态度，具备家国情怀和国际视野的幸福儿童”。

（5）统整性原则：关注学生的日常表现并及时记录和评价，期末进行劳动技能比赛如“开心闯关游”“动力加油站”等，进行多样化测评，综合过程性评价和终结性评价结果，形成对学生的总体评价。

（三）紧扣评价重点，建设有尺度的幸福学生评价体系

按照《深化新时代教育评价改革总体方案》及成都市教育局制定的《区（市）县“五育”并举教育质量综合评价实施方案》和指标框架，学校结合育人目标研发“幸福学生成长护照”5.0版，在“阳光风貌”“果敢精神”“自主能力”“合作态度”4个维度下，确定“身体健康”“心理阳光”“艺术素养”“公民素养”“自主管理”“合作能力”等10个方面，并分解为“身体机能”等30余项具体指标。一是研究评价总表，明确各项指标的具体比例，既为学生“画像”，又明晰学校育人质量的标准。二是研究分年级评价表，以可操作、可检测的指标描述明确学生应遵守的底线。

（四）创新评价工具，建设有深度的幸福学生成长评价体系

一是深化实施客观题评价法与主观题评价法，建设好1～3年级学生学业水平测试之“动力加油站”。

二是深入研究应用表现性测验评价法，做好1～6年级学生学业水平测试之“开心闯关游”。

三是探索应用评定量表评价法，以量表观察的方式对学生的表现性行为（主要是公民素养和个性品质）进行评价。

四是探索应用行为检核表评价法，记录与评价学生的行为（主要是公民素养和个性品质）和技能（主要是合作学习技能、劳动技能、研究性学习技能）等。

五是研究应用同伴评定法，发挥同伴的评价作用。

六是创新性使用成长记录评价法，以虚拟空间加纸质记录的方式记录学生成果、发展历程等。

（五）改革评价方式，建设有广度的幸福学生成长评价体系

1. 学业质量评价游戏化

学校多维开发学科学习评价内容，实行以“开心闯关游”和“动力加油站”为主要方式的多样学业质量评价，让学生在闯关游戏中展示学科素养。

2. 德育评价生活化

没有能与生活分离开的纯道德生活。学生的道德品质是在具体的生活实践中逐步形成和发展起来的，因此，采用“一日常规评价表”等方式，在真实的生活中进行评价。

3. 美育评价展示化

学校突出艺术学科特点，把过程性评价和终结性评价统一起来，通过“班级音乐会”“年级美术展”等丰富多彩的展示活动评价学生的艺术素养。

4. 体育评价赛事化

结合体育竞技性特点，学校举办春、冬季运动会，开展队列队形比赛、课间操比赛、手指操挑战赛等赛事活动，对学生体质、体育技能等进行评价。

5. 劳动教育评价情境化

学校在学科教学中渗透劳动教育，并开发、实施特色劳动教育校本课程，在真实的生活情境中提高学生的劳动技能，在真实的劳动场景中提升学生的综合素养。

（六）重视结果应用，建设有反馈的幸福学生成长评价体系

为了更好发挥评价的导向作用，学校强调评价结果的优质应用。首先，是对过程性评价结果的应用。如把学生在升旗仪式上的过程性表现与学生评优选先和入队资格挂钩。其次，是对终结性评价结果的应用。每学年按照“幸福学生成长护照”中的得分，评选班级魅力学生和校级魅力学生，并与推荐参评区级及以上评优选先挂钩。最后，将对学生的评价与对教师的评价结合。将对学生行为习惯、公民素养等方面的评价结果与对班主任的考核挂钩，对学生艺术素养与身体健康情况的评价结果与对艺体学科教师的评价挂钩。

四、实现学校教育质量内控机制的保障措施

（一）拓展生长场域，构建促进学生全面发展的课程土壤

学校在开齐开足国家课程、地方课程的基础上，不断完善学校课程体系，做到国家课程校本化、地方课程规范化、校本课程特色化，同时不断开发实施新特色课程。

（二）深化课堂改革，全面提升课堂教学质量

在学校主体教育研究的基础上，开展“以‘脑科学’为导向的小学生思维力培养”课题研究和“教学评一致性”实践研究，全面提升课堂教学质量和效益，减轻学生课业负担。

（三）建设家校社联动机制，全方位多元化促进学生全面发展

家庭教育是学校教育的起点，学校教育是家庭教育的延伸，社会教育是学校教育和家庭教育的有益补充。学校建立起家校社联动机制，开展“教师、同伴、家长、社区”多元评价，促进学生全面发展。

撰稿人：祝波、闫瑾、林琳

编辑手记

“五育”并举是落实“全面提高义务教育质量”这一重大课题的国家处方，既有“培养德智体美劳全面发展的社会主义建设者和接班人”的顶层设计，也有对当下义务教育阶段教育教学改革提出的明确要求。成都市双流区实验小学不断更新迭代教育质量整体内控体系，深化“五育”并举，坚持“五育”融合，致力建设“有根基、有温度、有深度、有尺度、有广度、有反馈”的学生全方位成长评价体系，打造了整体育人的坚实后盾和明晰指标。

《全视界·教育》编辑部　李广越

养其根 俟其实
——落实《中小学生守则》的“三步法”探索实践

成都市新都区教科院附属小学校

成都市新都区教科院附属小学校（以下简称“附小”）的育人理念“养其根 俟其实”，出自唐代诗人韩愈的《答李翊书》：“养其根而俟其实，加其膏而希其光。根之茂者其实遂，膏之沃者其光晔。”站在育人本位的立场，小学是奠基阶段，是培养根的阶段，根长得好，果实自然就好，而“养其根”的关键在于遵循教育规律，实施全面发展的教育。对于小学阶段的孩子来说，养根的关键就在于良好行为习惯的养成。

一、立足实际，明确德育方向

《教育部关于培育和践行社会主义核心价值观进一步加强中小学德育工作的意见》中明确提出，要将培育和践行社会主义核心价值观作为中小学德育工作的灵魂。《中小学生守则》是学校培育和践行社会主义核心价值观的重要抓手。《中小学生守则》从学习、生活、交往和生存等方面对中小学生提出了行为规范要求，落实《中小学生守则》有助于学生道德认知和道德行为的统一，有助于促进学生德行的养成和良好行为习惯的培养。

附小生源构成复杂，个体差异大。对于小学低年级的学生来说，他们需要学会遵守规则、懂得规则并在此基础上养成基本的文明习惯。学校通过习惯培养让学生对基本的为人做事的道理有一定的认识，使学生积极融入社会，提高其参与社会的能力。

二、全面铺开，落实守则有法

（一）实施方式

附小落实《中小学生守则》主要有三个步骤：第一步是言传身教明标准；第二步是强化考评养习惯；第三步是榜样引领立志向。

1. 第一步：言传身教明标准

低年级的孩子处于他律阶段，需要外界的引导，而教师和家长是孩子良好行为习惯养成和正确道德认知树立的重要引导者。基于此，附小通过言传、身教两种途径明确提出学生在该阶段的行为标准。言传重要载体是“国旗下讲话”，利用每周升旗仪式的“国旗下讲话”进行《中小学生守则》的解读，把抽象的道德认知诠释为该年龄段学生能理解并能执行的三四条行为标准。

例如对《中小学生守则》的第一条“爱国爱党爱人民”，教师在“国旗下讲话”中结合《小学生日常行为规范》，将其细化为学生可理解和执行的行为标准：一要知道党和国的全称；二要认识国旗、党旗；三要会唱国歌；四要在升降国旗、奏唱国歌时肃立、脱帽、行注目礼，少先队员行队礼。教师要明确告知孩子，在现阶段做到以上四条就是爱国爱党爱人民。

身教则主要是通过教师和家长的以身作则来潜移默化地影响孩子，教师需要了解《中小学生守则》每一条细化的标准是什么，并严格践行。同时学校也对家长发出倡议，请家长也参与标准执行和习惯养成，为孩子做好榜样。

2. 第二步：强化考评养习惯

为了更好地落实《中小学生守则》，教师除了每天督促学生认真落实一日常规，还会利用周一行知课的时间对本周学习《中小学生守则》进行侧重讲解和引导。引导学生按照细化的标准去做。

附小学生的常规评价机制的主要方式是“集章”。学生人手拥有一本集章手册，手册中的印章反映了学生在校期间全体任课教师的评价。集章手册的印章最后可以兑换“景行奖章”。由值周行政人员、值周教师和值周学生组成的考评队伍会对班级和学生进行常规检查及课间巡查，若发现学生有违反《中小学生守则》的情况，将会按照平时的考评标准双倍扣分并及时反馈给教师。学生在扣分后本周将不能兑换“景行奖章”，也会被取消本周评选班级“榜样学生”的提名资格。

3. 第三步：榜样引领立志向

除了日常的班级考评，学校每周还会对《中小学生守则》的内容进行进一步的升华。利用周五班会课的时间，全校统一开展《中小学生守则》榜样系列班会，例如在学“爱党爱国爱人民”时所选的榜样是杜国富，在学“自强自律健身心”时所选的榜样是苏炳添。

学校用榜样去改造学生，用家乡、学校中亲切感人的事迹去教育学生，让学生以一种崇敬的心理去对待榜样，用榜样的高尚德行激励自我，增强学生的道德认知，提升道德情感，并逐渐促使道德认知和道德情感成为道德动机，推动学生规范道德行为。

（二）实施保障

为了落实《中小学生守则》，学校的保障和评价从以下方面进行：第一，成立了由校长牵头的考评小组。成立了以拓展课程部为主要实施部门的过程监管小组。第二，起草和完善了《教科院附小落实〈中小学生守则〉考评方案》。第三，将学生、班级和班主任、辅导员都纳入评价体系。学校现有《教科院附小榜样学生评选实施方案》《教科院附小榜样班级评选实施方案》《教科院附小景行学子评选实施方案》《教科院附小景行教师评选实施方案》多种成熟制度。

三、初见成效，砥砺前行

目前，附小已有教师解读《中小学生守则》的成果集，并结合《中小学生行为标准》形成了《〈中小学生守则〉细化标准（低段）》。在升旗仪式中学生展演的校园剧、歌舞节目有十余个。榜样学生评选开展了二十三期，共评选各类榜样学生五百余人。为了从儿童视角更好地帮助孩子理解《中小学生守则》，学校还组织创作了《中小学生守则》学习系列漫画并在宣传栏中展示。

学生逐渐将《中小学生守则》内化于心、外化于行，养成了基本的行为习惯。迄今为止，附小迎接了大大小小的各种检查和视导，如新都区新体制学校学年教育督导、新都区课堂教学现状现场调研、新都区德育常规检查、成都市小学校长任职资格培训班校长团到校考察等，获得了来校嘉宾的一致好评。教师通过言传和身教对《中小学生守则》有了进一步的细化了解，有益于班级建设和学生管理工作的科学开展。家长通过和孩子一起学习、解读、演绎《中小学生守则》，在加强家校有效沟通的基础上也增强了对家庭教育的科学指导。

撰稿人：王英豪、刘红群、马悦

编辑手记

培育和践行社会主义核心价值观是学校落实立德树人根本任务的核心要求。《中小学生守则》是学校落实和践行社会主义核心价值观的重要抓手。成都市新都区教科院附属小学通过“言传身教明标准”“强化考评养习惯”“榜样引领立志向”三步法探索实践，有效促进了学生道德认知和道德行为的统一，培养了学生良好的行为习惯，其做法值得同类学校效仿。

四川省教育学会　朱远平

温润心智 “五育”并举

乐山市市中区实验幼儿园

乐山市市中区实验幼儿园经过持续实践，形成了“温润教育”的办园思想，秉承“在温润教育过程中让儿童愉悦生长，为后继学习和终身发展奠定良好基础”的办园宗旨，将“儿童、教师、家长共同愉悦生长”作为办园目标，坚持以温润文化育人，强化立德树人，“五育”并举，体现了全员育人、全程育人、全方位育人的“三全育人”模式，践行了“温润心智，愉悦生长”的办园理念，促进了幼儿德智体美劳全面发展。

一、温润心智，构建“三全育人”教育体系

（一）把立德树人作为教育的根本任务

通过温润教育来引导人、激励人，通过合适的教育方式来塑造人、发展人，以浸润的方式将保教融入各项活动之中，从落细、落小、落实入手，在幼儿的一日生活、游戏活动以及系列主题教育的指引下，以温暖、浸润、愉悦的态度引导孩子健康成长。

（二）以温润教育方式构建全面育人体系

创设促进师幼身心健康发展，涵盖幼儿园物质文化、精神文化、制度文化以及课程建设四个维度的温润育人文化环境，并在四个层次中将温暖润泽的文化内涵相互渗透、相互补充，形成一个有机的文化整体，从而营造具有启蒙性、服务性的温润教育氛围，构建促进幼儿德智体美劳全面发展的教育体系，用“三全育人”教育环境进一步促进教师专业化成长，陶冶幼儿情操，启迪幼儿智慧，塑造温润文化品牌，促进幼儿园健康快速发展。

二、构建温润文化环境，发挥环境育人功能

幼儿园创设温暖、安全、舒适的育人场域，在改善硬件设施的同时，体现温暖润

泽的文化特征和文化功能，构建适宜师幼和谐成长的物质文化环境，影响教职工和幼儿的思想和行为，提高师幼的生活质量、学习质量和生命质量，为孩子的幸福一生奠定良好的基础。

（一）营造“润物无声”的物质文化环境

以“儿童是具有独特发展特点的个体”的儿童观为指导，营造温润的物质文化环境，展示育人的文化氛围。

第一，构建温润如家的建筑文化，突出“以幼儿为本”的设计思想，全力将“培养具有核心价值观的人”的教育思想融入环境的每个方面，将“儿童、教师、家长共同愉悦生长”的目标融入园所的每个角落。

第二，构建支持生长的环境文化。园内目之所及都是为孩子创设的可以自由探索互动、能促进多元发展且充满爱的环境。

（二）营造“温暖滋润”的精神文化环境

构建包含先进办学理念、人文管理精神、价值生活观念的精神文化，形成全体教职工、孩子和家长发自内心认可的共同价值观。确立幼儿成长应具备的品质和素养，探索幼儿温润生长的方式和方法，使精神文化成为温润文化内涵的最高层次。

第一，营造温暖滋润的氛围和符号文化。自主设计并推出新的园徽、园旗、岗位胸牌、吉祥物“暖宝宝”等。

第二，营造重视安全的温馨的人际环境。以温润文化的人文精神为载体，加强软环境建设，积极创设温暖而舒适、自主而有序的园所，使幼儿感受到接纳、关爱和支持的良好人际环境。

第三，激发温暖的教育心态和行为。把以“幼儿为本”的理念与幼儿的需要紧密结合，以饱满积极的教育心态，让愉悦的教育态度和方式为孩子营造安全、温馨的心理环境，形成相对稳定和鲜明的，具有导向性、清晰性、独特性、渗透性的温润教育。

（三）实现科学与人文的制度管理

聚集幼儿园全体成员的教育思想、观念和愿望，完善制度文化，加强管理，突出体现幼儿园的办园理念和园风园貌。

1. 规范管理，确立认同参与

幼儿园从园所发展、教师成长角度出发，让教师当家做主，实现民主规范管理。在制度的提出、制订、实施等每一个步骤中都做到全员参与，让高挂在墙上的岗位职责转化为可见的行为。园长带头、党员干部示范、教师追随，把规范变成一种习以为常的行为，实现从“人管”到“自治”的美好境界。

2. 温情管理，营造和谐氛围

幼儿园以人性化的评估与考核为保障，采取正激励和柔管理的方式与手段，注重肯定和接纳，不断提高内驱力，园内人人都可以享受来自彼此的尊敬和关爱。保护孩子的权益，更加关注和尊重彼此，引导与规范自我教育行为，形成无形的精神力量。

3. 专业管理，培养高尚师德

将师德师风作为评价教师素质的第一标准，要求教师以身作则、为人师表、爱岗敬业，多层次、多渠道地完善自我修养，严谨治学、终身学习、不断进取，实现师德的升华。要求教师肩负起为党育人、为国育才的使命和责任，做有教育情怀、有道德情操、有理想追求的精神文化传播者。

4. 公正管理，实现自主高效

紧紧围绕幼儿、教师、园所三方发展的目标，探索践行“教育常态化、管理公正化”的策略，轻管束、重服务，引导、支持和协作，创造性地激活教师内在潜能，激发主体意识，使全员解决问题的能力不断提高，执行能力快速提升。

5. 培养六个温暖有力的教育团队

教育的根本任务是立德树人，学校努力培养信念坚定，有信仰、有情怀、有使命、有担当的教育团队，不断加强中华优秀传统文化和革命文化、社会主义先进文化方面的教育，弘扬爱国主义精神，使教师全身心奉献教育。培养忠诚、有担当、有作为的党员团队，培养人文、高效、创新的管理团队，培养挚爱、公平、专业的教师团队，培养细致、耐心、周全的后勤团队，培养热情、自知、好学的家长团队，培养自信、愉悦、友爱的幼儿团队。

6. 加强与社区合作，合作共赢谋发展

幼儿园借助社区的信息资源，争取社区党政及职能部门、各类服务机构的支持。充分发挥家长委员会作用，建立健全家校合作运行机制，带动和引领家长在培育幼儿中形成共享的价值观，面向社区宣传科学育儿知识，形成“浸润式整合”教育合力。争取自然人文环境的支持，拓展和延伸温润教育的实践范围，构建起学校、家庭、社会三位一体的综合育人格局，促进幼儿可持续发展。

（四）构建以愉悦生长为核心的课程体系

构建以一日生活环节教育为根本，游戏活动为核心，基于儿童兴趣生成的主题教学活动的“浸润式整合课程”教育模式。整合幼儿园活动、家园活动以及社会实践活动，通过活动课程建立起三位一体的温润教育格局；整合生活、游戏和主题教学，并依此创设包含生活课程、基础课程的“温润四季”园本课程、“温情暖意”品格特色课程等。

1. 一日生活皆课程，保教并重

以《幼儿园教育指导纲要（试行）》为准则，在一日生活各方面渗透教育因素，让教师和后勤保育之间形成相应的制度保障。重视“保”与“教”的相互作用，把传统的“保护身体发育”扩展为“促进幼儿个性发展和社会适应能力的提高”，将简单的“安全保护与卫生”扩展为“实施教育过程中生理、心理和社会保健”，做到教中有保、保中有教，把教育延伸到生活的深层，让幼儿从最贴近生活的保育工作中学会生活、学会学习，养成终身受益的良好生活习惯，获得生活能力和自我保护能力。

2. 游戏成为课程体系的核心

第一，培养具有游戏精神和能力的教师。第二，创设符合温润文化的游戏条件。第三，在游戏中追求最适宜幼儿发展的教育。第四，探索出小场地幼儿园实施游戏的系列策略。第五，通过教师观察来指导和丰富幼儿游戏。

3. 主题教学成为课程的基础

第一，改革主题教学课程，还给儿童本真有趣的生活。第二，整合主题教学课程体系，成为尊重儿童的直观体现。第三，植根“温润四季”园本课程，赋予新的教育方式。第四，开展“温情暖意”品格教育，让教学做合一。

三、成效及反思

在温润教育的浸润下，孩子的身心能与环境交互，并经后天学习潜移默化地形成良好的、持久的、稳定的德行品质，能展现出自信愉悦、快乐友爱、积极主动、认真专注、不怕困难、敢于探究和尝试、乐于想象和创造等良好品质。

立德树人、“五育”并举教育是积极向善的美德教育，在幼儿园的发展过程中应当得到传承。学校将始终坚持习近平新时代中国特色社会主义思想和党的十九大精神，把立德树人融入思想道德教育、一日生活教育、温润文化教育、社会实践教育等各个环节，切实发挥幼儿园、家庭、社会协同育人和全员育人、全程育人、全方位育人的“三全育人”作用，不断进行教育实践和创新，不断提升保教质量，让幼儿园孩子、教师、家长都过上有道德、有尊严的生活，促进孩子德智体美劳全面发展。

撰稿人：宋开颜、刘迪威、罗梅君、张兰骄、张平萍

编辑手记

基于立德树人，立足学生未来需要，学校如何探索整体育人的实践框架和操作策略？乐山市市中区实验幼儿园很好地以马克思主义关于人的全面发展思想为理论指导，遵循儿童的教育规律和成长规律，整合幼儿园的育人资源与要素，在温润教育理念的统领下，整体联动，通过规范学校制度、营造文化环境、构建课程体系，形成具有自身特色的全员育人、全程育人、全方位育人“三全育人”模式，切实提升了育人效能。

《教育科学论坛》编辑部　沈媛元

后记

立德树人是发展中国特色社会主义教育事业的核心所在，是培养德智体美劳全面发展的社会主义建设者和接班人的本质要求。2019 年四川省教育学会第四届理事会换届以来，以刘东同志为会长的新一届理事会本着“学术立会”的理念，决定将“立德树人优秀实践案例的征集与展示”学术活动作为重要工作来抓，计划通过 5～10 年的努力，把该项活动打造成为具有广泛影响力的品牌学术活动，以期推动全省基础教育学校把立德树人根本任务落地、落实、落细。

自 2019 年起，四川省教育学会联合四川省教育科学研究院、中国德育杂志社，围绕整体育人、综合育人、课程育人、活动育人、文化育人、实践育人、管理育人、协同育人等主题，连续开展了 4 届立德树人案例征集评选活动。2021 年案例展示活动，以“‘双减’政策背景下中小学育人生态建设的实践探索”为主题，设“‘营地’育人”“‘基地’育人”“‘心育’育人”“‘服务’育人”“‘协同’育人”等 5 个分会场，在 5 所学校现场展示，14 个学校（单位）参会交流，十余名专家参与现场准备指导工作。2022 年的案例展示活动因疫情推迟到 2022 年下半年举行。

为广泛宣传和推广四川省立德树人实践取得的优异成绩，进一步推动全省基础教育学校把落实立德树人根本任务引向深入，四川省教育学会秘书处组织陈理宣、朱远平、王朝贤、高玲、李萌芽、张文龙、沈媛元、陈敬、唐虹、邹蜜、黄欢、李广越、王渊等专家和专业编辑人员，将 2021 年、2022 年两届评选出的一等奖案例 67 个进行了审读、编辑与点评，最后结集由四川教育出版社出版。此书的出版，得到了中共四川省委教育工委副书记，教育厅党组成员、副厅长崔昌宏同志的关心并作序，得到了四川教育出版社、四川省教育融媒体中心（四川教育电视台）、《教育科学论坛》编辑部、《全视界·教育》编辑部的鼎力协助。为此，我们表示衷心的感谢！

未来，四川省教育学会还将继续把“立德树人优秀实践案例的征集与展示”学术活动征集评选的立德树人优秀创新案例编辑出版，不断向全省乃至全国推出四川基础教育全面落实立德树人根本任务的新鲜经验，助力四川基础教育高质量发展。

四川省教育学会

2022 年 7 月 31 日